STAUFFENBURG

Einführungen Band 12

Jörg Meibauer

Pragmatik

Eine Einführung

Zweite, verbesserte Auflage

STAUFFENBURG
VERLAG

Bibliografische Information der Deutschen Nationalbibliothek

Die Deutsche Nationalbibliothek verzeichnet diese Publikation in der Deutschen Nationalbibliografie; detaillierte bibliografische Daten sind im Internet über <http://dnb.ddb.de> abrufbar.

Unveränderter Nachdruck der 2. Auflage 2001

Postfach 25 25 · D-72015 Tübingen
www.stauffenburg.de

Gedruckt auf säurefreiem und alterungsbeständigem Werkdruckpapier.

Printed in Germany
ISSN 0948-3365
ISBN 978-3-86057-284-9

Inhaltsverzeichnis

Vorwort

Das vorliegende Buch ist eine Einführung in die linguistische Pragmatik, die auf das Deutsche bezogen ist. Die Pragmatik gehört neben der Phonologie, der Morphologie, der Syntax und der Semantik zu den Kerngebieten der Sprachwissenschaft; jede Studentin und jeder Student der germanistischen Linguistik sollte sich damit im Verlauf des Studiums einmal beschäftigt haben.

In 13 knappen Kapiteln werden die wichtigsten Bereiche der Pragmatik behandelt, wobei immer ein Fortschreiten vom Elementaren zum Komplexen angestrebt wird. Zu den fünf klassischen Gebieten der Pragmatik – *Deixis*, *Präsupposition*, *Implikatur*, *Sprechakt* und *Konversationsstruktur* – sind in dieser Einführung noch vier weitere Gebiete hinzugekommen, nämlich *Satztypen und Satzmodus*, *Indirektheit*, *Informationsstruktur* und *Spracherwerb und Pragmatik*. Diese Erweiterung des pragmatischen Spektrums reflektiert Tendenzen der pragmatischen Forschung in den letzten 15 Jahren.

In dieser Einführung wird das Verhältnis von Form und Funktion akzentuiert, welches in allen Teilgebieten der Pragmatik eine Rolle spielt. Dadurch ist es nicht nur möglich, an konkreten sprachlichen Analysen immer wieder zu zeigen, wie man pragmatisch argumentieren kann, sondern der Horizont wird auch geöffnet für den weitergehenden Versuch, Beziehungen zwischen den pragmatischen Teilgebieten herzustellen. In zwei *Intermezzo* genannten Kapiteln wird zusätzlich das Verhältnis von *Grammatik und Pragmatik* und von *Pragmatik und Kognition* reflektiert.

Ich habe mich bemüht, das Buch so verständlich zu schreiben, daß es für Studierende etwa im 3. Semester geeignet ist. Mindestens ein Einführungskurs in die Sprachwissenschaft sollte jedoch absolviert worden sein. Der Umfang der einzelnen Kapitel und des ganzen Buches orientiert sich an den Bedürfnissen des Hochschulunterrichts. Natürlich hat diese Konzeption zu einer strengen Auswahl der empirischen und theoretischen Schwerpunkte führen müssen; ich kann nur hoffen, daß ich diese Auswahl sinnvoll getroffen habe.

Im Anschluß an jedes Kapitel finden sich Übungsaufgaben, die zu eigenen pragmatischen Analysen anleiten sollen. Darüber hinaus werden Hinweise auf weiterführende Fachliteratur gegeben, die zum Selbststudium hinführen sollen. Wichtige Begriffe werden im Text fett hervorgehoben. Einige dieser Begriffe werden im Glossar zusätzlich knapp erläutert.

Möglicherweise gibt es trotz meiner Bemühungen um Verständlichkeit noch Kapitel oder Abschnitte, die als zu anspruchsvoll empfunden werden oder als Stolpersteine bei der Lektüre wirken. Für Hinweise darauf – und auch auf eventuelle Fehler und Widersprüche –, bin ich jederzeit dankbar.

Für kritische Kommentare zum gesamten Manuskript oder zu einzelnen Kapiteln bedanke ich mich herzlich bei Jochen Geilfuß-Wolfgang (Leipzig), Markus Steinbach (Mainz), Monika Rothweiler (Hamburg) und Susanne Uhmann (Wuppertal).

Mainz, im August 1999

Jörg Meibauer

1. Einleitung

Als am 10. Juli 1997 der damals amtierende Bundespräsident Roman Herzog von Jugendlichen in Kronach gefragt wurde, ob die Rechtschreibreform zurückgenommen werden sollte, antwortete er:

(1) Ich habe mich nie mit der Rechtschreibreform befaßt. Ich befasse mich nur mit wichtigen Dingen.
[Schwäbisches Tagblatt, 11.7.97, S. 2]

Wie die Jugendlichen auf diese Antwort reagiert haben, ist mir nicht bekannt. Es würde mich jedoch nicht wundern, wenn sie enttäuscht gewesen wären. Der Bundespräsident gibt ihnen ja deutlich zu verstehen, daß er etwas für unwichtig hält, was sie selbst für wichtig halten. Diese Meinung des Bundespräsidenten „Die Rechtschreibreform ist unwichtig" ist allerdings nicht wörtlich ausgedrückt, sie muß erschlossen werden. Wir nennen eine solche erschlossene Gesprächsandeutung eine **Implikatur**.

Durch seine Äußerung hat der Bundespräsident auch eine Behauptung aufgestellt. Würde man ihm nachweisen können, daß er sich in Wirklichkeit doch schon mit der Rechtschreibreform befaßt hat, könnte man ihn der Lüge überführen. Wir sagen, der Bundespräsident hat den **Sprechakt** der Behauptung ausgeführt.

Stellen Sie sich nun vor, Sie selbst hätten die Äußerung unter (1) gemacht. Der Ausdruck *ich* würde sich dann nicht auf den Bundespräsidenten Roman Herzog, sondern auf Sie beziehen. Der Ausdruck *ich* erlaubt diese Möglichkeit prinzipiell. Um zu wissen, worauf sich *ich* bezieht, muß man wissen, von wem die Äußerung stammt. Das Phänomen, daß sich ein Ausdruck wie *ich* auf verschiedene Personen beziehen kann, nennt man **Deixis**.

Die meisten Forscher würden die Deixis, Sprechakte und Implikaturen zu den Phänomenen rechnen, die eine pragmatische Theorie auf jeden Fall erfassen sollte. Manchmal wird die Pragmatik auch auf eines dieser Gebiete beschränkt, so, wenn Stalnaker (1972:383) Pragmatik als „the study of linguistic acts and the contexts in which they are performed" versteht.

Andere Forscher nehmen noch die Gebiete der Präsupposition und der Konversationsanalyse hinzu. Unter einer **Präsupposition** ist eine Gesprächsvoraussetzung zu verstehen. Zum Beispiel setzt der Bundespräsident voraus, daß es eine bestimmte Rechtschreibreform gibt. Die Äußerung des Bundespräsidenten gilt auch als Antwort auf eine Frage. Solche Handlungsabläufe wie Frage – Antwort, die ein Gespräch strukturieren, werden von der **Konversationsanalyse** untersucht.

Wir könnten nun einfach sagen, daß sich Pragmatik mit Deixis, Implikatur, Präsupposition, Sprechakt und Konversation befasse. Dies sind auch die Gebiete, die in dem grundlegenden Text von Levinson (1983/90) behandelt werden. Dennoch ist eine solche aufzählende Definition nicht sehr befriedigend, weil sie keine Antwort auf die Frage bereitstellt, was diese Gebiete eigentlich gemeinsam haben, und wie sie gegen andere Gebiete der Sprachwissenschaft abzugrenzen sind.

Im folgenden möchte ich daher drei Begriffspaare diskutieren, die bei der Bestimmung der Pragmatik eine wichtige Rolle spielen: Funktion – Form, Pragmatik – Semantik, Pragmatik – Grammatik. Die Diskussion dieser Begriffe dient hier zunächst einer ersten Orientierung; im weiteren Verlauf der Einführung werden sie aber immer wieder aufgenommen und aus verschiedenen Perspektiven betrachtet.

1.1 Funktion – Form

Die Sätze einer Sprache haben eine unterschiedliche **Form**, wie sich etwa in unterschiedlicher Anordnung und Auswahl von Wörtern und Konstruktionen zeigt. Und dennoch haben sie eine gemeinsame **Funktion**, nämlich die, daß sie der sprachlichen Verständigung von Menschen dienen.

Mit Sätzen kann man sich in verschiedener Weise verständigen. Man kann zum Beispiel eine Frage stellen, eine Behauptung machen oder eine Drohung aussprechen. Dies sind verschiedene Arten von sprachlichen Handlungen; solche sprachlichen Handlungen nennt man auch **Sprechakte**. Sprechakte sind also Funktionen von Sätzen in der menschlichen Verständigung. Es sind gewiß nicht die einzigen Funktionen, aber sehr wichtige.

Dies wollen wir uns an Beispielen klarmachen:

(2) a. Herzog hat sich nie mit der Reform befaßt.
    b. Hat sich Herzog nie mit der Reform befaßt?

Bei diesen Sätzen handelt es sich ganz eindeutig um unterschiedliche Konstruktionen (obwohl sie das gleiche Wortmaterial aufweisen). So liegt in Satz (2a) Zweitstellung des finiten Verbs *hat* vor, in (2b) dagegen Erststellung. Worin im einzelnen die Unterschiede zwischen diesen Sätzen bestehen, das muß uns die Grammatik sagen. Die Sätze haben aber sicherlich etwas Gemeinsames darin, daß man mit ihnen in der Kommunikation etwas „machen", einen bestimmten Sprechakt ausführen kann: mit (2a) eine Feststellung, mit (2b) eine Frage. Für solche Sprechakte gelten bestimmte Bedingungen: So gilt normalerweise bei der Frage für den Fragesteller, daß er die Antwort auf die Frage nicht weiß, und daß er annimmt, daß ihm sein Gesprächspartner die Antwort geben kann.

Die Funktionen der Sätze im beschriebenen Sinne, also das, was man mit ihnen in der Kommunikation „machen" kann, hat man lange Zeit für so selbstverständlich gehalten, daß man sie kaum einer gesonderten Untersuchung für wert befunden hat. Eine systematische Untersuchung von Sprechakten wurde erst mit J. L. Austins Werk *How to Do Things With Words?* (1962) eingeleitet. Es gibt nun pragmatische Ansätze, die gerade den funktionalen Aspekt für das Wesen der Pragmatik halten, wobei der Begriff der „Funktion" oft noch weit über die erläuterte Sprechakt-Funktion hinausgeht. Solch einen Ansatz vertritt zum Beispiel Verschueren (1995:13f.), wenn er Pragmatik wie folgt definiert (Hervorhebung im Original):

(3) „**Pragmatics** [is] a general **functional perspective** on (any aspect of) language, i.e. [...] an approach to language which takes into account the full complexity of its **cognitive, social, and cultural (i.e. ‚meaningful') functioning** in the lives of human beings."

Einen ebenso breiten Ansatz finden wir auch bei Mey (1993:42), der definiert:

(4) „Pragmatics is the study of the conditions of human language uses as these are determined by the context of society."

Konkret heißt das, daß auch eine Analyse der Institution des Bundespräsidenten zur Pragmatik gehört, weil ohne diese die Äußerung unter (1) gar nicht vollständig zu verstehen wäre; nur durch diese Institution erlangt die Äußerung eine gewisse öffentliche Relevanz.

Man vergleiche diese sehr weite Auffassung der Pragmatik mit einer sehr engen wie der von Grewendorf/Hamm/Sternefeld (1987:378), die ihre Auswahl von pragmatischen Gegenständen damit begründen, daß es sich „um jene ausgearbeiteten pragmatischen Theorien handelt, *die man für die Analyse grammatischer Phänomene heranzuziehen versucht hat.*" (Hervorhebung von mir, J.M.) Unter einer Grammatik wird dabei das System der phonologischen, morphologischen, syntaktischen und semantischen Regeln verstanden. Hier scheint es so, als habe die Pragmatik nur insofern Eigenwert, als sie zur Lösung grammatischer Probleme tauge.

Der Gegensatz zwischen Linguisten, die sich eher an der Form orientieren, und Linguisten, die sich eher an der Funktion orientieren, spielt eine große Rolle bei den verschiedenen Versuchen, Pragmatik zu definieren. Bei Leech (1983:46) findet sich folgende aufschlußreiche Skizze typischer formalistischer und funktionalistischer Positionen (meine Übersetzung):

(5) **Formalisten und Funktionalisten**

(a) Formalisten (z.B. Chomsky) neigen dazu, Sprache in erster Linie als ein mentales Phänomen zu sehen. Funktionalisten (z.B. Halliday) neigen dazu, Sprache in erster Linie als ein soziales Phänomen zu sehen.

(b) Formalisten neigen dazu, Sprachuniversalien als abgeleitet aus einem gemeinsamen genetischen Erbe der menschlichen Spezies zu erklären. Funktionalisten neigen dazu, Sprachuniversalien aus der Universalität des Gebrauchs abzuleiten, dem die Sprache in menschlichen Gesellschaften dient.

(c) Formalisten wollen den Spracherwerb durch eine dem Menschen eingebaute Fähigkeit zum Sprachenlernen erklären. Funktionalisten wollen den Spracherwerb durch die Entwicklung der kommunikativen Bedürfnisse und Fähigkeiten des Kindes in der Gesellschaft erklären.

(d) Vor allem aber untersuchen Formalisten Sprache als ein autonomes System, während Funktionalisten Sprache in Relation zu ihrer sozialen Funktion untersuchen.

Autonomie eines Systems soll dabei heißen, daß dieses System eigene Beschreibungsgrößen und Regeln enthält, die in keiner Weise auf die eines anderen Systems reduzierbar sind. Mit Autonomie (vs. Dependenz) verbindet sich oft die Vorstellung, einen Gegenstandsbereich zu erforschen, der einem von keiner anderen wissenschaftlichen Disziplin streitig gemacht werden kann.

Kein Zweifel, man kann formale Pragmatik betreiben, genauso wie funktionale Grammatik. Dennoch neigen aber Formalisten oft dazu, die Grammatik als ihr ureigenes Gebiet anzusehen, während sich die Pragmatik mit dem Rest zu beschäftigen habe (z.B. Vennemann/Jacobs 1982). Dagegen haben Funktionalisten wiederholt zu zeigen versucht, daß Pragmatik sogar als Teil der Grammatik betrachtet werden muß, diese also gar nicht im strengen Sinne autonom ist. Es gibt auch sehr viele vermittelnde Positionen, wie Croft (1995) ausführlich zeigt. Um diese Kontroverse zwischen Formalisten und Funktionalisten näher zu beleuchten, ist es nötig, eine klassische Grenzlinie anzusehen, und zwar diejenige, die (möglicherweise) zwischen Semantik und Pragmatik verläuft.

1.2 Pragmatik – Semantik

Die Grammatiken einer Einzelsprache sind in erster Linie Formenlehren. Ihre Aufgabe ist es, die phonologischen, morphologischen, syntaktischen und semantischen Formen einer Sprache genau zu beschreiben. Funktionale Aspekte werden in vielen Grammatiken (z.B. der Duden-Grammatik 1995) mitbehandelt, aber es gibt kein eigenes Pragmatik-Kapitel, in dem man Systematisches über die Pragmatik einer Einzelsprache erführe.

In vielen Arbeiten werden pragmatische Phänomene wie z.B. der Sprechakt der Semantik zugeschlagen (z.B. Lyons 1995). Der Grund dafür ist ein sehr allgemeiner Bedeutungsbegriff, der nicht nur die Bedeutung von Wörtern und Sätzen einer Sprache, sondern auch die Äußerungsbedeutung, verstanden als vom Sprecher intendierte Bedeutung, umfaßt.

Im allgemeinen geht man jedoch davon aus, daß die **wörtliche Bedeutung** eines geäußerten Satzes in der Semantik untersucht wird, während Bedeutungsaspekte, die nur aufgrund des Kontextes zustande kommen, Gegenstand der Pragmatik sind.

Zum Beispiel gehört es zur wörtlichen Bedeutung von (2a), daß sich Herzog nie mit der Reform befaßt hat. Die Bedeutung des gesamten Satzes ergibt sich aus den Bedeutungen der Wörter und Baueinheiten, die darin enthalten sind, und der Art und Weise der Konstruktion dieses Satzes. So hat das Wort *Reform* einfach eine bestimmte kontextunabhängige Bedeutung, die man in einem Wörterbuch nachlesen kann: ‚planmäßige Neuordnung, Umgestaltung, Verbesserung des Bestehenden (ohne Bruch mit den wesentlichen geistigen u. kulturellen Grundlagen‘ (DUW 1989).

Kontext*un*abhängig soll heißen, daß sich die Bedeutung nicht von Kontext zu Kontext plötzlich ändern kann; sie sollte im Gegenteil relativ stabil sein. Ob man aber mit (2a) eine bloße Feststellung macht, ein Kompliment oder einen Vorwurf, das alles kann nur aus einer genauen Kenntnis der Äußerungssituation erschlossen werden, ist also kontextabhängige Bedeutung.

Man kann also sagen, sowohl die Semantik als auch die Pragmatik haben es in einem sehr weiten Sinn mit Bedeutung zu tun, aber die Bedeutungen semantischer Einheiten sind im allgemeinen kontextunabhängig, die Bedeutungen der pragmatischen Einheiten im allgemeinen kontextabhängig.

In Übereinstimmung mit dieser Sicht steht der folgende Vorschlag von Gazdar (1979:2), der auch von Levinson (1983/90) vertreten wird:

(6) „Pragmatics has as its topic those aspects of the meaning of utterances which cannot be accounted for by straightforward reference to the truth conditions of the sentences uttered. Put crudely:
PRAGMATICS = MEANING – TRUTH CONDITIONS.“

Hier muß man zunächst einmal verstehen, was mit **Wahrheitsbedingungen** (engl. truth conditions) gemeint ist. Die Grundidee ist, daß man nur dann die wörtliche Bedeutung eines Aussagesatzes kennt, wenn man weiß, unter welchen Bedingungen er wahr oder falsch wäre. Diese Bedingungen nennt man daher die Wahrheitsbedingungen des Satzes.

Dazu betrachten wir das folgende Bild (aus der normalen Leseposition):

(7) 

In bezug auf dieses Bild ist der Satz „Die Hand zeigt nach rechts“ wahr, der Satz „Die Hand zeigt nach links“ jedoch falsch. **Wahr** und **falsch** nennt man **Wahrheitswerte.** Man kann die Wahrheit bzw. Falschheit dieses Satzes nur beurteilen, weil man die wörtliche Bedeutung dieser Sätze kennt. Das heißt ganz konkret, daß man die Bedeutungen der einzelnen Wörter, die in diesem Satz vorkommen, kennen muß, also die Bedeutungen von *die*, *Hand*, *zeigt*, *nach*, *rechts*, man aber auch wissen muß, wie sich diese Teilbedeutungen zu Bedeutungen von komplexeren Baueinheiten (wie z. B. *die Hand*) zusammenfügen. Würde man diese wörtliche Bedeutung nicht kennen, würde man zum Beispiel links und rechts „velwechsern“, wie Ernst Jandl gesagt hat, oder wäre man des Deutschen nicht mächtig, dann könnte man unmöglich eine entsprechende Beurteilung auf wahr / falsch vornehmen. Die formale Rekonstruktion der Wahrheitsbedingungen ist eine Aufgabe der Wahrheitsbedingungen-Semantik.

Aber muß man bei der Beurteilung nach wahr oder falsch nicht doch auf eine bestimmte Situation bezugnehmen? Die Antwort lautet *ja:* Wahrheitswerte kann man nur relativ zu bestimmten Äußerungssituationen festlegen. Die Festlegung der Bedingungen aber, unter denen ein Satz überhaupt wahr oder falsch sein kann, ist dagegen kontextunabhängig. Die Wahrheitsbedingungen sind nämlich so formuliert, daß bei einer beliebig vorgegebenen Situation entschieden werden kann, ob der vorliegende Satz in dieser Situation wahr oder falsch ist (vgl. Chierchia/McConnell-Ginet 1990). Der Satz

„Die Hand zeigt nach rechts" ist genau dann wahr, wenn die Hand nach rechts zeigt, sonst falsch.

Sinn dieses Ansatzes ist es, das semantische Wissen der Sprecher, das diese befähigt, einer unendlichen Menge von Sätzen eine wörtliche Bedeutung zuzuweisen, in formaler Weise zu rekonstruieren. Die Beschränkung auf Aussagesätze hebt man auf, indem man Beantwortungsbedingungen für Fragesätze und Erfüllungsbedingungen für Aufforderungssätze konstruiert.

Aber auch ein Ansatz wie unter (6) muß für die Definition der Pragmatik noch unbefriedigend bleiben. Aus der Gazdar-Formel in (6) geht ja hervor, daß sich Pragmatik nur mit gewissen *Bedeutungs*aspekten von Äußerungen beschäftigen soll. Regeln des Sprecherwechsels etwa, die eher strukturellen Charakter haben (vgl. Abschnitt 10.1), würden demnach gar nicht in den Bereich der Pragmatik fallen. Wir benötigen also einen Pragmatikbegriff, der zwar den Bedürfnissen der Wahrheitsbedingungen-Semantik Rechnung trägt, aber es auch erlaubt, sämtliche als pragmatisch empfundene Phänomene abzudecken.

1.3 Pragmatik – Grammatik

Betrachten wir noch einmal die Gegenüberstellung der typischen Überzeugungen von Formalisten und Funktionalisten unter (5). Man fragt sich unwillkürlich, ob nicht beides zutreffen könnte. Sprache könnte ein mentales und soziales Phänomen sein; die menschliche Sprachfähigkeit könnte genetisch codiert und geschichtlich bedingt sein; Kinder lernen Sprache, weil sie eine angeborene Sprachfähigkeit besitzen, die sich aber nur in der sozialen Interaktion entwickelt; und eine gewisse Autonomie grammatischer Komponenten braucht sich nicht mit ihrer (teilweisen) funktionalen Motiviertheit auszuschließen.

Die funktionalistischen Definitionen der Pragmatik, die Jef Verschueren und Jacob L. Mey vorgeschlagen haben, sind sicherlich legitim, aber sie haben den Nachteil, so allumfassend zu sein, daß Pragmatik nicht als eine Disziplin der Sprachwissenschaft gilt, sondern eher eine Perspektive ist, unter der das Verhältnis von Sprache und menschlicher Gesellschaft betrachtet wird. Da es fast keine Wissenschaft gibt, die sich nicht irgendwie auch mit Sprache befaßt (z. B. befassen sich auch die Soziologie oder die Theologie mit Sprache), ist die Selbständigkeit der Pragmatik gegenüber diesen anderen Gebieten berührt. Natürlich darf diese Selbständigkeit kein Dogma sein, sondern sie muß sich aus einem ureigenen, dabei sprachwissenschaftlichen Untersuchungsgegenstand ergeben.

Engere Begriffe der Pragmatik, wie etwa der von Gerald Gazdar, haben den Nachteil, daß Pragmatik eher negativ bestimmt wird: als eine Theorie über das, was in einer wohlgeordneten Semantik-Theorie nicht behandelt werden kann. Es ist zum Beispiel ziemlich unklar, ob das Phänomen der Höflichkeit in einer solchen, an den Bedürfnissen der formalen Semantik orientierten Pragmatik einen Platz erhält.

Gesucht ist also ein Pragmatik-Begriff, der beiden Aspekten, der Form und der Funktion, gerecht wird. Ohne empirische Analyse der Formen einer Sprache wird man nichts über ihre Funktionen herausfinden; aber will man etwas über ihre Funktionen herausfinden, dann darf man auch nicht bei einer reinen Analyse sprachlicher Formen stehenbleiben.

Am deutlichsten hat eine solche Sicht Leech (1983:76) vertreten:

(8) „Language consists of grammar and pragmatics. Grammar is an abstract formal system for producing and interpreting messages. General pragmatics is a set of strategies and principles for achieving success in communication by the use of grammar. Grammar is functionally adapted to the extent that it possesses properties which facilitate the operation of pragmatic principles."

Allgemeine Pragmatik (‚General pragmatics') zerfällt für ihn in die Gebiete der Sozio-Pragmatik, welche die sozialen Bedingungen in den Blick nimmt, die das Pragmatik-Grammatik-Verhältnis bestimmen (z. B. unterliegen die Griceschen Maximen und die Höflichkeit sozialer und kultureller Variation, vgl. die Abschnitte 3.1 und 8.5), und die Pragmalinguistik, welche das Pragmatik-Grammatik-Verhältnis untersucht, das spezifisch für eine Einzelsprache ist.

In diesem Sinne ist die vorliegende Einführung in die Pragmatik „pragmalinguistisch", denn hier sollen Aspekte der deutschen Pragmatik untersucht werden. Sie konzentriert sich auf das Pragmatik-Grammatik-Verhältnis, d.h. sie nimmt pragmatische Analysen auch in bezug auf Größen der Grammatik vor, die nicht genuin semantischer Natur sind: etwa solche der Syntax oder der Intonation. Sie zielt damit auf ein Verständnis von Pragmatik ab, (a) das die Eigengesetzlichkeit mancher grammatischer Phänomene respektiert, (b) das eine pragmatische Analyse grammatischer Phänomene unterstützt, (c) und die Entwicklung pragmatischer Analysekonzepte fördert.

1.4 Satz, Äußerung, Kontext

Betont man die kognitiven Fähigkeiten, die sich mit dem menschlichen Sprachbesitz verknüpfen, redet man von der **grammatischen Kompetenz**. Zu unserer grammatischen Kompetenz gehört die Fähigkeit, Sätze unserer Sprache richtig bilden und verstehen zu können. Daß wir dies können, setzen wir meistens als ganz selbstverständlich voraus. Bei näherer Betrachtung erweist sich aber die grammatische Kompetenz, die sich etwa in unser aller Fähigkeit zur Zerlegung von Sätzen und Wörtern in kleinere Bestandteile, in der Beurteilung von Bedeutungsgleichheit und -verschiedenheit, und in der Beurteilung sprachlicher Abweichung zeigt, als keineswegs selbstverständlich; man benötigt daher die Grammatiktheorie (als Theorie der grammatischen Kompetenz), um diese Fähigkeiten zu beschreiben und zu erklären.

Nun dient die menschliche Sprache zweifellos der Kommunikation. Gesetzt, ein Bewohner des Weltalls käme auf die Erde (z.B. nach Mainz), ausgerüstet mit einer perfekten Grammatik des Deutschen, er wäre doch hilflos, weil er nicht wüßte, wie er seine Grammatik anwenden soll. Was er benötigt, ist auch eine **pragmatische Kompetenz**. Diese zeigt sich zum Beispiel darin, daß wir in der Lage sind, Äußerungen zu bestimmten Situationen passend zu gestalten, daß wir pragmatische Schlüsse ziehen können und daß wir mißglückte Äußerungen erkennen und beurteilen können. Man kann die Pragmatik also als eine Theorie der pragmatischen Kompetenz auffassen; die pragmatische Kompetenz sagt uns, wie wir eine Grammatik in der Kommunikation zur Anwendung bringen, sei es in der Produktion oder der Interpretation von Äußerungen.

Dank unserer pragmatischen Kompetenz erkennen wir zum Beispiel, daß der Bundespräsident Herzog mit seiner Äußerung (1) zu verstehen gegeben hat, daß er die Rechtschreibreform für unwichtig hält.

Unsere grammatische Kompetenz sagt uns dagegen, daß die Gebilde unter (1) Sätze sind. **Sätze** sind Einheiten der Grammatik; sie sind durch die Regeln der Grammatik bestimmt und dadurch gewissermaßen abstrakte Objekte. In einer konkreten Kommunikationssituation werden Sätze ausgesprochen („geäußert"), und zwar durch Sprecher, die damit etwas mitteilen wollen. Geäußerte Sätze bezeichnet man als **Äußerungen**.

Es ist sehr wichtig zu verstehen, daß hier kein Widerspruch vorliegt. Man redet von Äußerungen nur, wenn man annimmt, daß sie in einer konkreten Kommunikationssituation auch tatsächlich gemacht worden sind; zum Beispiel wenn Herzog zu den Jugendlichen am 10.7.1997 in Kronach gesagt hat, daß er sich nie mit der Rechtschreibreform beschäftigt hat. Hier handelt es sich um eine Äußerung, aber zugleich auch um einen Satz. Es ist dabei zweitrangig, ob es sich um mündliche oder schriftliche Kommunikation handelt; auch schriftliche Mitteilungen sind Äußerungen.

Umgekehrt sind Sätze als potentielles Produkt einer Grammatik denkbar, die vielleicht noch nie geäußert worden sind und vielleicht auch nie geäußert werden. Es ist daher klar, daß nur Äußerungen Funktionen haben, aber nicht Sätze.

Wenn eine Äußerung gemacht wird, geschieht das in einer bestimmten Äußerungssituation. All das, was in einer Äußerungssituation für die menschliche Verständigung relevant ist, hat man auch als **Kontext** bezeichnet. Dazu werden im allgemeinen Sprecher, Hörer, Zeitpunkt und Ort gerechnet. Bei unserem Beispiel ist Roman Herzog der Sprecher, die Jugendlichen sind die Hörer, der Ort ist Kronach, der Zeitpunkt ist der 10.7.1997. Stellen wir uns weiter vor, wir hätten zusätzlich auch noch Journalisten als Zuhörer, dann würden wir die Jugendlichen als **Adressaten** der Äußerung bezeichnen (obgleich entsprechende Statements natürlich oft „mit Blick auf die Presse" gemacht werden.)

Neben diesem engen Kontext werden im Gespräch aber viele weitere Wissensbestände aktiviert, die zu einem reichhaltigeren Kontextbegriff führen: vor allem sind hier der gesamte Gesprächszusammenhang und das Hintergrundwissen, das für Sprecher und Hörer relevant ist und im aktuellen Gespräch eine Rolle spielt, zu nennen (vgl. Ochs 1979, Goodwin/Duranti 1992).

Die folgende Aufstellung mag einen Eindruck davon geben, was alles im Kontext eine Rolle spielen kann (vgl. Clark/Bly 1995):

Tabelle 1.1 Kontextrelevantes Wissen
(a) Visuelle Information, z. B. eine mentale Karte eines Gebäudes oder einer Stadt;
(b) räumliche Information, z. B. welche Position eine Person oder ein Objekt in Relation zu einer anderen Person oder einem anderen Objekt hat;
(c) Wissen über typische Handlungsabläufe (‚Skripts'), z. B. bei einem Restaurant- oder Arztbesuch;
(d) zeitliche Information, z. B. welche zeitliche Ordnung zwischen Ereignissen vorliegt;
(e) kausale Information, z. B. wie man in einem Raum Licht macht oder was eine Person traurig macht;
(f) kinematische Information, d. h. Wissen über typische Bewegungsabläufe von Objekten oder Personen;
(g) emotionale Information, d. h. Wissen über Emotionen wie Angst oder Liebe.

Da wir sehr viel wissen, kann es sich um eine riesige Wissensmenge handeln, die bei einem Gespräch verarbeitet wird. Möglicherweise erstellen Sprecher und Hörer im Gespräch **Situationsmodelle**, die das gerade relevante Wissen enthalten. Es ist eine ganz erstaunliche Fähigkeit von Menschen, die gerade relevante Wissensmenge so auf die jeweilige Äußerungssituation zu beziehen, daß sie sich gegenseitig verstehen können. Dem Zuschnitt ihrer Äußerungen kommt dabei eine wichtige Steuerungsaufgabe zu.

1.5 Zum Aufbau dieser Einführung

Am Beispiel der Begriffspaare Funktion – Form, Pragmatik – Semantik, Pragmatik – Grammatik habe ich einige Probleme angerissen, die bei der Bestimmung des Pragmatikbegriffs eine Rolle spielen. Wir haben dabei auch einige typische Auffassungen von Pragmatik kennengelernt.

Alle diese Auffassungen haben einige Plausibilität, und wir sind nicht gezwungen, uns für eine zu entscheiden und diese dann durchzuboxen. Verständnis für Pragmatik gewinnt man nur, wenn man sich tiefer auf die Motivation für die einen oder anderen Argumente einläßt, und wenn man selbst versucht, pragmatische Analysen durchzuführen.

Im Mittelpunkt dieser Pragmatik-Einführung steht das Verhältnis zwischen Pragmatik und Grammatik, oder zwischen pragmatischer und grammatischer Kompetenz. Wir beziehen uns dabei auf die Grammatik des Deutschen und bemühen uns um die Veranschaulichung pragmatischer Fakten anhand deutscher Beispiele. Wir legen keine bestimmte Grammatiktheorie zugrunde, um die Darstellung der Pragmatik nach Möglichkeit offen zu halten für verschiedene theoretische Interessen.

Die folgenden drei Kapitel befassen sich mit Deixis und Referenz, Implikaturen und Präsuppositionen. In all diesen Kapiteln geht es zugleich um die Abgrenzung von Semantik und Pragmatik. In einem ersten Intermezzo wird das Problem des Grammatik-Pragmatik-Verhältnisses noch einmal aufgenommen. Es folgen drei weitere Kapitel, die sich mit den Satztypen und dem Satzmodus, dem Sprechakt und der Indirektheit beschäftigen. Die Beziehung zwischen Satztyp, Satzmodus und Sprechakt wird als eine grundlegende Beziehung zwischen Grammatik und Pragmatik betrachtet. Das zweite Intermezzo behandelt das Verhältnis von Pragmatik und Kognition, d.h. es werden jene kognitiven Aktivitäten beleuchtet, die bei der Anwendung der pragmatischen Kompetenz eine Rolle spielen. Die letzten drei Kapitel befassen sich mit Konversationsstruktur, Informationsstruktur und der Pragmatik des Spracherwerbs. Ein knappes Schlußkapitel rundet die Darstellung ab.

Jedes Kapitel enthält einige Übungen, die zur Prüfung des Verständnisses und der Anregung zur eigenen pragmatischen Analyse dienen. Literaturhinweise erläutern kurz, wie man sich durch gezielte Lektüre weiterbilden kann.

Übungen

❶ Beschreiben Sie die Form und die möglichen Sprechakt-Funktionen in verschiedenen Situationen in bezug auf die folgenden Sätze/Äußerungen:

(a) Es ist schön hier.
(b) Ist es schön hier?

Können Sie sich eine Situation vorstellen, in der beide Sätze die gleiche Funktion aufweisen?

❷ Schlagen Sie in verschiedenen terminologischen Wörterbüchern unter dem Stichwort „Kontext" nach. Stellen Sie eine Liste aller Aspekte zusammen, die dort genannt werden, und veranschaulichen Sie diese an einer konkreten Äußerungssituation.

❸ Erläutern Sie am Beispiel des Satzes „Peter raucht und Frieda schläft" genau, unter welchen situativen Bedingungen er wahr oder falsch ist. Formulieren Sie mit eigenen Worten, inwiefern Sie damit etwas über wörtliche Bedeutung gesagt haben.

❹ Wenn Sie Levinson (1983/90: Kap. 1.2) sorgfältig lesen, stellen Sie fest, daß Levinson von einer „ostensiven Definition" nicht viel hält. Erläutern Sie, worum es sich handelt und welche Überlegungen dagegen sprechen.

Literaturhinweise

Ein Überblick über verschiedene Pragmatikbegriffe findet sich in LEVINSON (1983/90: Kap. 1). Zum Problemfeld „Form vs. Funktion" ist LEECH (1983: Kap. 3) lesenswert; vgl. darüber hinaus CROFT (1995) und NEWMEYER (1998). Die Grundannahmen der Wahrheitsbedingungen-Semantik werden in CHIERCHIA/MCCONNELL-GINET (1990: Kap. 2) erklärt. Eine elementare Erläuterung des Kontextbegriffs findet sich in OCHS (1979).

Zahlreiche Überblicks- und Spezialartikel enthält das *Handbook of Pragmatics* (VERSCHUEREN/ÖSTMAN/BLOMMAERT 1995ff.) mit seinen jährlichen Fortsetzungen. Eine Enzyklopädie der Pragmatik liegt mit MEY (1998) vor. In beiden Werken finden sich weitere Literaturverweise. Ein Lexikon der Pragmatik ist MOESCHLER/REBOUL (1994). In DAVIS (1991) und KASHER (1997) hat man Zusammenstellungen „klassischer" Arbeiten zur Pragmatik. Wer sich für die Geschichte der Pragmatik interessiert, findet in NERLICH/CLARKE (1996) reichhaltiges Material. Die bekannteste wissenschaftliche Zeitschrift, die sich ausschließlich mit Pragmatik befaßt, ist das *Journal of Pragmatics*.

Bei der Beschäftigung mit den einzelnen Bereichen der Pragmatik lohnt es sich immer, die Darstellungen in verschiedenen Einführungen oder Überblicken miteinander zu vergleichen. Auf jeden Fall sollte man LEVINSON (1983) konsultieren. Darüber hinaus sind die folgenden Werke zu nennen: BLAKEMORE (1992), GREEN ([1989]1996^2), GRUNDY (1995), LEECH (1983), MEY (1993), PECCEI (1999), THOMAS (1995), VERSCHUEREN (1998), YULE (1996). Eine kurze Charakterisierung dieser Einführungen findet sich im Anschluß an Kap. 13.

2. Deixis und Referenz

Alle sprachlichen Aktivitäten des Menschen vollziehen sich in Raum und Zeit, und so wundert es nicht, daß die Sprachen Mittel zur Verfügung stellen, mit denen man sich auf Personen, auf Orte und Zeitpunkte oder -spannen beziehen kann. Zum Beispiel kann ich mich auf die Person Boris Becker mit dem Eigennamen *Boris Becker*, mit der definiten Kennzeichnung *Deutschlands mehrmaliger Wimbledonsieger*, oder auch einfach mit dem Personalpronomen *er* beziehen. Während aber der Bezug des Eigennamens *Boris Becker* auf Boris Becker fest ist (wir nehmen an, es gibt nur ein Individuum dieses Namens), und bei der definiten Kennzeichnung Boris Becker durch die Beschreibung einer (wichtigen) Eigenschaft identifiziert wird, muß man bei dem Personalpronomen *er* genau die Äußerungssituation kennen, um zu wissen, daß sich *er* gerade auf Boris Becker bezieht und nicht auf eine andere männliche Person. Dieser kontextabhängige Bezug von Wörtern wie *er* wird **Deixis** (oder Indexikalität) genannt. Der Begriff Deixis kommt vom griechischen Wort für Zeigen; wie eine Zeigegeste von Situation zu Situation Unterschiedliches hervorhebt, so auch die deiktischen Ausdrücke.

Die sprachliche Bezugnahme auf Personen, Gegenstände oder Sachverhalte, ob sie nun kontextabhängig oder -unabhängig erfolgt, nennt man **Referenz**. Wird mithilfe deiktischer Ausdrücke referiert, spricht man von Deixis. Deixis ist also ein besonderer Fall von Referenz.

Einen der wichtigsten Beiträge zur Deixisforschung hat Karl Bühler mit seinem Werk *Sprachtheorie. Die Darstellungsfunktion der Sprache* (1934) gemacht. Bühler unterscheidet zwischen dem **Zeigfeld** und dem **Symbolfeld**. Das Zeigfeld umfaßt die deiktischen Ausdrücke, das Symbolfeld dagegen umfaßt ‚Nennwörter', also solche Wörter, die eine konstante, kontextinvariante Bedeutung haben (z.B. *Baum*, *süß*, *kleben*). Neben den Haupttypen der personalen, lokalen und temporalen Deixis (‚demonstratio ad oculos') wird die ‚Deixis am Phantasma' unterschieden. Damit ist Deixis in fiktionalen Welten oder Traumwelten gemeint. Zum Beispiel bezieht sich *ich* in einem fiktionalen Text nicht unbedingt auf den Autor.[1]

Nach Bühler hat das Zeigfeld als Zentrum die *Ich-jetzt-hier*-**Origo** (lat. origo ‚Ursprung'); gebräuchlich ist auch der Ausdruck ‚deiktisches Zentrum'. Der egozentrische Charakter der Deixis läßt sich an einem Beispiel der Raumdeixis verdeutlichen. Wenn ich etwa zu meinem Gesprächspartner als Zuschauer während einer Podiumsdiskussion sage „Rechts von Anton sitzt Berta", gehe ich von mir als Origo aus. Wenn nun der An-

---

[1] Ehrich (1992a:9) unterscheidet zwischen den **Zeigarten** personal, lokal, temporal und den **Zeigmodi** situativ, anaphorisch, imaginativ. Der imaginative Zeigmodus entspricht der Deixis am Phantasma; ob anaphorische Beziehungen zur Deixis gerechnet werden sollen, ist umstritten (vgl. Vater 1991a:9f.).

ton die Berta vorstellen will, kann er ebenfalls sagen „Rechts von mir sitzt Berta“, aber er muß hinzufügen „von Ihnen aus betrachtet“ (Origo beim Zuhörer), oder eine erklärende Geste machen. Sonst muß er sagen „Links von mir sitzt Berta“ (Origo bei Anton). Legt man in solchen Fälle die Origo nicht explizit fest, kommt es häufig zu Irritationen.

In diesem Kapitel beschäftigen wir uns zunächst mit den Haupttypen der Deixis und zeigen, inwiefern Deixis ein pragmatisches Phänomen ist. Anschließend betrachten wir Fälle nicht-deiktischer Referenz und argumentieren, daß auch diese pragmatischen Prinzipien unterliegt.

2.1 Typen der Deixis

Die Referenz deiktischer Ausdrücke wie zum Beispiel *ich – jetzt – hier* kann nur aufgrund der Kenntnis der Äußerungssituation festgelegt werden. Merkmale der Äußerungssituation werden also in der Sprache verankert. Die wichtigsten Typen der Deixis sind die Personaldeixis, die Temporaldeixis und die Lokaldeixis.

Die **Personaldeixis** betrifft die Identität der Gesprächspartner. Das zeigt sich in aller Deutlichkeit am Pronominalsystem, vgl. etwa die Pronomina *ich*, *du*, *er*, *sie*, *es*, usw. Worauf diese referieren, weiß man nur, wenn man die Äußerungssituation kennt. Wenn Sie von sich *ich* sagen, meinen Sie sich, wenn ich von mir *ich* sage, meine ich mich.

Daß die Interpretation von deiktischen Personalpronomina in hohem Maße kontextgebunden ist, zeigt die 1. Ps. Pl. *wir*:

(1) a. Wir können ja erst zum Griechen gehen. INKLUSIV
b. Haben wir schon ein Bäuerchen gemacht? EXKLUSIV

In (1a) haben wir das **inklusive** *wir*: Sprecher und Adressat sind Mitglieder einer und derselben Gruppe. In (1b) bezieht sich *wir* nur auf das angesprochene Baby (**exklusives** wir), die Sprecherin (oder der Sprecher) ist nicht mitgemeint.

Im Deutschen werden die Personalpronomina auch zum Ausdruck von Höflichkeit oder sozialer Nähe/Distanz verwendet. Das betrifft die 2. Ps. Sg. *Du* und die 3. Ps. Pl. *Sie*, mit der man sich auf Einzelpersonen oder auf Gruppen beziehen kann. Levinson (1983/90:Kap. 2.2.5) spricht in diesem Zusammenhang von **Sozialdeixis**, weil durch die Verwendung solcher Mittel soziale Beziehungen ausgedrückt werden. Höflichkeitsbezogene Ausdrucksmittel werden auch als **Honorifikum** bezeichnet (vgl. Haase 1995, Irvine 1995).

Die **Temporaldeixis** betrifft die zeitliche Orientierung. Besonders deutlich läßt sich dies an den temporalen Adverbien wie *heute*, *gestern*, *morgen* sehen. Wenn ich in dem Moment, wo ich dieses schreibe, *heute* sage, meine ich ein anderes Datum, als wenn Sie in dem Moment, wo Sie dies lesen, *heute* sagen. Auch die Tempora sind deiktisch, weil man immer den Sprechzeitpunkt kennen muß, um zu wissen, auf welchen Zeitpunkt sich der Sprecher bezieht. Dies kann man sich an einfachen Beispielen klarmachen:

(2) a. Boris Becker schlägt ein As. PRÄSENS
b. Boris Becker schlug ein As. PRÄTERITUM
c. Boris Becker wird ein As schlagen. FUTUR

Der Satz (2a) bezieht sich auf ein Ereignis, das zum Sprechzeitpunkt stattfindet; Ereigniszeit und Sprechzeit überlappen. Dagegen findet bei (2b) das Ereignis vor dem Sprechzeitpunkt statt und bei (2c) danach. Die Interpretation der Tempora hängt also immer von der Kenntnis der konkreten Äußerungssituation ab.

Neben den Begriffen der Ereigniszeit und der Sprechzeit benötigt man für die Tempusanalyse noch den Begriff der Referenzzeit. Im Satz *Es schneite, als wir ankamen* bezeichnet der Nebensatz einen Zeitpunkt in der Vergangenheit, zu dem das betreffende Ereignis des Schneiens stattfindet. Diesen Zeitpunkt nennt man die Referenzzeit. Vater (1991a) und Ehrich (1992a) unterscheiden zwischen einer intrinsischen Bedeutung des Tempus, die die Beziehung zwischen der Sprechzeit und der Referenzzeit betrifft, und einer kontextuellen Bedeutung, welche die deiktische Beziehung zwischen der Sprechzeit und der Ereigniszeit betrifft (vgl. Eisenberg 1994:120ff., Vater 1991a:35ff., Ehrich 1992a:65ff.).

Mit der Analyse des Präsens als Überlappung von Sprechzeit und Ereigniszeit trifft man jedoch auf Schwierigkeiten bei Äußerungen wie den folgenden (Beispiele aus Grewendorf/Hamm/Sternefeld 1987:414):

(3) a. Von 1801 bis 1807 lebt Hegel in Jena.
b. Ich höre, du willst verreisen.
c. [Als Reaktion auf eine Einladung:] Ich komme.

Hier liegt zwar jeweils das Präsens vor, aber mit dem historischen Präsens in (3a) und dem konstatierenden Präsens in (3b) bezieht man sich auf die Vergangenheit, mit dem futurischen Präsens in (3c) auf die Zukunft. Um die Standardanalyse für das Präsens zu retten, hat Grewendorf (1982) vorgeschlagen, daß die abweichenden Bedeutungen durch pragmatische Schlußfolgerungen abgeleitet werden (vgl. Kap. 3 und Lenerz 1986, Vater 1990a:61–64). Zum Beispiel kann man auf die bei (3b) relevante Vergangenheits-Bedeutung gerade dadurch stoßen, daß die (wörtliche) Präsens-Bedeutung in der Gesprächssituation als offensichtlich falsch erkannt wird.

Die **Lokaldeixis** betrifft die räumliche Orientierung der Gesprächspartner. Lokaldeiktische Ausdrücke finden sich bei den lokalen Adverbien wie z.B. *hier*, *da*, *dort*, den lokalen Präpositionen wie etwa *vor*, *hinter* und den Demonstrativpronomina (z.B. *dieser*, *jener*). Es ist klar, daß *hier* einen anderen Ort bezeichnet, wenn Sie in Frankfurt während eines Telefongesprächs „Hier regnet es" sagen, oder Ihre Gesprächspartnerin dasselbe in Honolulu sagt.

Ehrich (1992a:9ff.) sieht bei der (situativen) Lokaldeixis einen grundlegenden Unterschied zwischen dem **positionalen** Referenzsystem bei *hier*, *da*, *dort* und dem **dimensionalen** Referenzsystem bei *vor/vorn*, *hinter/hinten*, *links* (*von*)/*rechts* (*von*), *oben/unten*. Der Unterschied besteht darin, daß nur bei der dimensionalen Lokaldeixis die Orientierung, d.h. die Wahrnehmungsrichtung eine Rolle spielt. Beide Systeme haben aber gemeinsam, daß die deiktische Referenz von der Position von Sprecher und Hörer abhängig ist.

Für die Zweckmäßigkeit dieser Unterscheidung sprechen die Verhältnisse bei der **Redewiedergabe.** Vorausgesetzt, daß sich zitierte Sprecherin und zitierender Sprecher nicht am gleichen Ort befinden, dann kann die positionaldeiktische Äußerung (4a) nur mit (4b) wiedergegeben werden; eine entsprechende Übersetzung ist bei der dimensionaldeiktischen Äußerung (4c) unangebracht, vgl. (4d):

(4) a. Hier ist es kalt.
b. Sie sagte, es sei da (dort /*hier) kalt.
c. Der Stuhl steht rechts.
d. Sie sagte, der Stuhl stehe rechts (*links).

Neben den besprochenen Typen der Personaldeixis, Temporaldeixis und Lokaldeixis wird bei Levinson (1983/90: Kap. 2.2.4) noch die **Text- bzw. Diskursdeixis** genannt:

(5) a. Tack, tack, tack: *so* ging es die ganze Nacht.
b. *Das* war die blödeste Story, die mir jemals zu Ohren gekommen ist.
c. ... *Wie dem auch sei*, da können wir nichts machen.

Die kursivierten Elemente kann man insofern als textdeiktisch betrachten, als sie sich auf Teile des vorangehenden Textes beziehen.

2.2 Drei Probleme der deiktischen Interpretation

Viele Mißverständnisse entstehen in der Kommunikation dadurch, daß die Interpretation deiktischer Ausdrücke unklar ist oder bei Hörer und Sprecher voneinander abweichende Interpretationen vorgenommen werden. Um dies zu verhindern, arbeiten die Gespächsteilnehmer zusammen. Sie zapfen ihr Hintergrundwissen an, da, wo es nötig ist, und halten das im Gespräch erworbene Wissen auf dem neuesten Stand. Unter anderem sind, wie Klein (1978) am Beispiel *hier* gezeigt hat, dabei folgende Probleme zu lösen (vgl. auch Ehrich 1992b zu *jetzt*):

(a) **Problem der Origo-Festlegung**: Was als Origo zu gelten hat, ist nicht von vornherein klar; die Origo muß daher durch die Beteiligten festgelegt werden. Dies veranschaulichen die Beispiele unter (6):

(6) a. *Hier* möchte ich aber nicht leben!
(das Flugzeug befindet sich im Sinkflug über Stuttgart)
b. A: Du mußt *jetzt* drücken!
B: Jetzt?
A: Ja jetzt! Nun drück doch endlich!
c. *Vor* dem Auto ist ein Hund.

Hier bezieht sich normalerweise auf die Umgebung des jeweiligen Äußerungsortes. Da sich der Standort des Sprechers in (6a) aber mit großer Geschwindigkeit bewegt, ist nicht klar, welche Region gemeint ist; es könnte sich z.B. um Esslingen, Untertürkheim, Cannstatt handeln. Genauso stellt sich das Problem, wann *jetzt* ist; *jetzt* bezeichnet sicher die Umgebung des Sprechzeitpunkts, aber die Zeit kann „davonlaufen", wie man in (6b) sieht.

Wir haben in der Einleitung zu diesem Kapitel schon ein Problem der Origo-Festlegung anhand der Äußerung „Rechts von Anton sitzt Berta" kennengelernt. Dieses Problem taucht auch häufig bei lokalen Präpositionen auf. Zum Beispiel kann sich bei der Äußerung (6c) der Hund zwischen dem Betrachter und dem Auto befinden (z.B. an der Seite des Autos), oder vor dem Kühler des Autos. Im letztgenannten Fall redet man von einer **intrinsischen** Interpretation (sozusagen aus der Perspektive des Autos), die zuerst genannte Interpretation (aus der Perspektive des Betrachters) nennt man **extrinsisch** bzw. deiktisch.

(b) **Koordinationsproblem**: Normalerweise unterstellt man in der Konversation, daß Sprecher und Hörer ein gemeinsames Zeigfeld haben. In vielen Fällen liegt aber nur ein partielles Zeigfeld vor oder das Zeigfeld muß vom Hörer rekonstruiert werden. Dies ist z.B. der Fall bei der Mitteilung „*Hier* regnet es den ganzen Tag"; je nachdem ob es sich um den Teil eines Zettels in einer Flaschenpost, eine e-mail-Nachricht, eine Ansichtskarte handelt, werden sich unterschiedliche Deutungen ergeben. Sprecher/Schreiber und Hörer/Leser sind nicht in der gleichen Äußerungssituation, und der Hörer muß die Umgebung des Sprecherorts rekonstruieren.

Ähnlich verhält es sich mit einem Aufkleber „Ich komme *gleich*" auf der Tür eines Bürozimmers. (Wann um Himmels willen wurde er angeheftet? Wahrscheinlich schon am Vorabend!) Die relevanten Zeiteinheiten sind dehnbar: So bezieht man sich mit der Äußerung „Gleich kommt Ingo" auf das gegenwärtige Gespräch, sagt man jedoch „*Jetzt* rede ich, du bist *gleich* dran", bezieht man sich auf einen Redebeitrag als Teil eines Gesprächs. In all diesen Fällen stehen Sprecher und Hörer insofern vor einem Koordinationsproblem, als daß sie den relevanten Sprecherort oder die relevante Sprechzeit miteinander abstimmen müssen.

(c) **Abgrenzungsproblem**: Der Raum, auf den sich *hier* beziehen kann, kann unterschiedlich groß ausfallen; die Zeitspanne, auf die sich *jetzt* beziehen kann, ebenfalls:

(7) a. *Hier* geht es uns gut.
b. Früher war Verhütung ein Problem; *jetzt* hat man die Pille.

Bei (7a) kann man sich mit *hier* auf so unterschiedliche Räume wie Tübingen, Schwaben, Deutschland, Europa, oder die Erde beziehen; in (7b) ist mit *jetzt* nicht die unmittelbare Umgebung des Sprechzeitpunkts gemeint, sondern eine längere Zeitspanne (ca. 30 Jahre). Die gemeinte räumliche und zeitliche Ausdehnung muß also abgegrenzt werden. Daß sie nicht beliebig ist, zeigt sich an kontrastierenden Ausdrücken wie zum Beispiel *dort* gegenüber *hier* und *früher* gegenüber *jetzt*. Diese Ausdrücke mit deiktischer

Opposition zeigen deutlich die Notwendigkeit einer Grenzziehung bei der semantischen und pragmatischen Analyse.

2.3 Deiktika zwischen Semantik und Pragmatik

Wir haben bisher gesehen, daß die Referenz deiktischer Elemente nur in der Äußerungssituation genau zu bestimmen ist. Insofern haben diese Elemente einen pragmatischen, kontextabhängigen Charakter. Auf der anderen Seite würde man aber zögern, deiktischen Elementen gar keine wörtliche Bedeutung zuzuschreiben. *Ich* bedeutet in gewissem Sinne „Sprecher", *jetzt* „Sprechzeitpunkt" und *hier* „Sprecherort". Deiktische Elemente haben also sowohl eine semantische als auch eine pragmatische Seite.

Was die Semantik angeht, so liegt ein konkreter Vorschlag von Ehrich (1992b) vor. Ausdrücke wie *hier* und *jetzt* werden topologische Adverbiale genannt – topologisch deshalb, weil sie sich auf eine **Umgebung** des Äußerungsorts oder der Äußerungszeit beziehen. Äußerungsorte und Äußerungszeiten werden als **Regionen** verstanden. Eine **proximale** Umgebung liegt dann vor, wenn die Umgebung mit der Region des Äußerungsortes oder der Äußerungszeit überlappt.

Man kann dann sagen, daß *hier* eine Beziehung zwischen etwas in der proximalen Umgebung des Äußerungsortes und dem Äußerungsort selbst herstellt. Zum Beispiel wird im Satz „Hier regnet es" eine Beziehung zwischen dem Ereignis des Regnens und dem Ort, an dem sich der Sprecher befindet, hergestellt. Analog dazu stellt *jetzt* eine Beziehung zwischen etwas in der proximalen Umgebung der Äußerungszeit und der Äußerungszeit selbst her. Zum Beispiel wird im Satz „Jetzt scheint die Sonne" eine Beziehung zwischen dem Ereignis des Sonnenscheins und dem Zeitpunkt der Äußerung hergestellt.

Auf diese Weise lassen sich mithilfe einer streng definierten semantischen Beschreibungssprache wörtliche Bedeutungen für deiktische Ausdrücke angeben. Wir können davon ausgehen, daß Sprecher und Hörer über ein entsprechendes semantisches Wissen verfügen: Irgendwo in ihrem mentalen Wortschatzspeicher muß sich eine Bedeutungsangabe für *hier* und *jetzt* befinden (wobei diese natürlich anders aussehen mag, als sich dies Linguisten im Moment vorstellen). Diese Bedeutungsangabe ist notwendig, um den Unterschied zwischen den einzelnen Deiktika zu erfassen, aber auch um eine Startposition für die Erfassung des Bezugs im Kontext zu haben. Wie nun Hörer in einer konkreten Äußerungssituation herausfinden, auf was genau sich zum Beispiel Ausdrücke wie *hier* und *jetzt* beziehen, ist Gegenstand der pragmatischen Forschung.

2.4 Referenz

Nicht alle Ausdrücke, mit denen man überhaupt auf etwas referieren kann, haben deiktischen Charakter. Im Bereich der Nominalphrasen ist dies am deutlichsten bei den **Eigennamen** und den **definiten Kennzeichnungen**:

(8) a. Bernd Saurer, Montblanc, Struppi (EIGENNAMEN)
b. der Mann von Nastassja, der höchste Berg Europas, der Hund von Tim (DEFINITE KENNZEICHNUNGEN)

Eigennamen haben eine „feste" Referenz, sie identifizieren genau ein Individuum dieses Namens.[2] Definite Kennzeichnungen sind zusammengesetzte Ausdrücke, die ein Individuum aufgrund seiner Eigenschaften identifizieren.

Nicht alle Nominalphrasen referieren jedoch. Zum Beispiel referieren **Gattungsnamen** wie *Katze*, *Berg* und **Substanznamen** wie *Milch*, *Holz* nicht auf Einzeldinge; diese Ausdrücke werden erst in Verbindung mit anderen Ausdrücken wie zum Beispiel Artikeln, Quantoren oder Possessivpronomina referenzfähig: *unsere Katze*, *der Berg auf dem ich wohne*; *diese Milch*, *das Holz dort drüben*.

Der bestimmte Artikel kann als ein Zeichen dafür betrachtet werden, daß der Sprecher einen bestimmten Referenten im Sinn hat, aber man kann einerseits auch mit indefiniten Nominalphrasen referieren, vgl. (9a), und anderseits müssen auch definite Nominalphrasen nicht unbedingt ein bestimmtes Individuum identifizieren, vgl. (9b) (vgl. Green 1989:42ff.):

(9) a. Da draußen ist ein Mann, der auf dich wartet.
b. Der Bundeskanzler bestimmt die Richtlinien der Politik.

Es ist nun möglich, mit zwei unterschiedlichen definiten Kennzeichnungen das gleiche Individuum zu identifizieren. Zum Beispiel kann man mit dem Ausdruck *Deutschlands berühmtestes Fotomodell* und *die Verlobte des weltbesten Magiers* gleichermaßen auf Claudia Schiffer referieren. Man drückt das so aus, daß die **Extension** dieser Ausdrücke die gleiche ist. Die Art und Weise des Zustandekommens dieser Referenz auf Claudia Schiffer ist aber bei den beiden Ausdrücken jeweils unterschiedlich, d.h. sie haben eine unterschiedliche **Intension** (wörtliche Bedeutung). Dies sieht man am besten in einem Fall, wo jemand nicht weiß, daß es sich um die gleiche Person handelt. Man kann ihn dann darüber informieren, indem man sagt: „Deutschlands berühmtestes Fotomodell ist die Verlobte des weltbesten Magiers".

Selbst definite Kennzeichnungen müssen nicht immer referentiell verwendet werden. Mit dem Ausdruck *der Kanzlerkandidat der SPD* kann ich mich auf eine bestimmte Person beziehen (z.B. Gerhard Schröder), muß es aber nicht („wer immer es sein wird"). Den ersten Gebrauch nennt man nach Donnellan (1966) **referentiell**, den zweiten **attributiv**. Beim attributiven Gebrauch meine ich soviel wie ‚auf wen immer diese Beschreibung zutrifft'.

Die Beschreibung mithilfe einer definiten Kennzeichnung kann sogar streng genommen falsch sein, aber die Referenz dennoch gelingen. Dies läßt sich an dem folgenden Beispiel klarmachen. Auf einer Party beziehe ich mich auf eine Frau mit dem Ausdruck

---

[2] In der Referenzsemantik werden die referierenden Ausdrücke auch *Terme* genannt; die Entitäten, auf welche Terme referieren, heißen *Individuen*.

die Frau mit dem Mineralwasser. Die Referenz kann durchaus gelingen, selbst wenn sich hinterher herausstellen sollte, daß in dem Glas in Wirklichkeit Aquavit war. Wird dieser Ausdruck attributiv gebraucht, dann kann es passieren, daß es niemanden gibt, auf den die Beschreibung paßt; folglich mißlingt die Referenz. Die Unterscheidung referentiell – attributiv kann man als Evidenz dafür betrachten, daß nicht Ausdrücke an sich referieren, sondern daß Referenz eine sprachliche Handlung ist, die Sprecher in der Konversation ausführen, und die deshalb gelingen oder auch mißlingen kann (vgl. Green 1989:39f.).

2.5 Referenz als Handlung

Ein wichtiger pragmatischer Ansatz ist der von Searle (1971: Kap. 4), der davon ausgeht, daß Referenz nicht eine Beziehung zwischen einem Wort (mit einer bestimmten wörtlichen Bedeutung) und einem Gegenstand (= Individuum), sondern zwischen einem Sprecher und einem Gegenstand ist. Referieren ist für ihn eine **sprachliche Handlung**, für die man gewisse **Glückensbedingungen** aufstellen kann. So gelten die folgenden (gegenüber der Diskussion in Searle 1971 vereinfachten) Bedingungen, damit ein Referenzakt (bei bestimmter singularischer Referenz, z.B. *der Mann*) glücken kann:

Tabelle 2.1 Glückensbedingungen für Referenzakte (nach Searle 1971)

1. Der Sprecher muß sich eines Ausdrucks bedienen, der für seine Referenzabsicht *geeignet* ist.
2. Bedingung der Existenz: Der Gegenstand, auf den referiert wird, muß zum Zeitpunkt der Äußerung in einer aktualen oder möglichen Welt als *existent* angenommen werden, und zwar von Sprecher und Hörer.
3. Bedingung der Identifizierung: Der zur Referenz verwendete Ausdruck muß den gemeinten Gegenstand *eindeutig identifizieren*, d.h. nur auf *einen* als existent betrachteten Gegenstand zutreffen.
4. Der Sprecher muß einen Ausdruck verwenden, der dem Hörer die Identifizierung des gemeinten Gegenstands *ermöglicht*.

Man kann sich leicht selbst überlegen, in welcher Weise gegen diese Bedingungen verstoßen werden kann. Angenommen, ich will mithilfe des Ausdrucks *der Mann* auf einen bestimmten Mann referieren. Dann verstoße ich gegen die 1. Bedingung, wenn ich *der Junge* sagen würde. Gegen die 2. Bedingung würde ich verstoßen, wenn in der Äußerungssituation weit und breit kein Mann existieren würde. Bei einer Demonstration mit tausend männlichen Teilnehmern wäre *der Mann* kein Ausdruck, der einen bestimmten Mann identifizieren könnte: Verstoß gegen die 3. Bedingung. Und schließlich würde eine Formulierung wie *der Mann, der gestern geheiratet hat*, den betreffenden Mann möglicherweise identifizieren können, aber für den Hörer (mangels entsprechenden Hintergrundwissens) undurchschaubar bleiben; also läge ein Verstoß gegen die 4. Bedingung vor.

Diese Bedingungen sind sicherlich noch nicht detailliert genug, und sie müßten auch auf die verschiedenen Fälle der Deixis passen, zeigen aber doch, wie eine pragmatische Analyse des Referierens aussehen könnte. Allerdings entsteht der Eindruck, daß die Auflösung der Referenz genau dann erfolgt, wenn der Hörer den vom Sprecher intendierten Referenten ermittelt hat, und sonst scheitert. Tatsächlich scheint es jedoch so zu sein, daß Sprecher und Hörer sehr eng zusammenarbeiten, um das Verständnis zu sichern. Clark/ Wilkes-Gibbs (1992) sprechen hier von einem „kollaborativen Prozeß". In einem Kommunikationsexperiment mußten sich zwei Versuchspersonen (P1 und P2) über die richtige Anordnung von sog. Tangram-Figuren verständigen. (Solche Tangram-Figuren sind aus Dreiecken und Vierecken zusammengesetzt, so daß ihre Beschreibung nicht ganz einfach ist.) Vorbild war die Anordnung von 12 Figuren, die P1 vorlagen. P1 mußte versuchen, durch entsprechende referentielle Akte P2 dahin zu bringen, die gleiche Abfolge von Figuren vor sich liegen zu haben. Beide Versuchspersonen waren durch einen undurchsichtigen Schirm voneinander getrennt. Jedes Paar von Versuchspersonen mußte mehrere Durchläufe mit verschiedenen Figurenarrangements machen.

Bei der Auswertung zeigte sich recht deutlich die kooperative Natur des Referierens; so verbesserten die Teilnehmer sich selbst oder den anderen, oder sie erweiterten oder ersetzten ihre Referenzausdrücke, und zwar so lange, bis ein gegenseitiges Einverständnis hergestellt war. Darüber hinaus verfuhren sie äußerst ökonomisch, indem gegen Ende einer Versuchsserie die entsprechenden Referenzausdrücke immer kürzer wurden.

(10) a. All right, the next one looks like a person who's ice skating, except they're sticking two arms out in front.
b. Um, the next one's the person ice skating that has two arms?
c. The next one's the ice skater.
d. The ice skater.

Dies kann leicht dadurch erklärt werden, daß die Probanden auf dem bis dahin erreichten Hintergrund aufbauen konnten.

2.6 Anaphorische Referenz

Viele Ausdrücke, die einen deiktischen Gebrauch erlauben, werden auch noch auf eine andere Weise verwendet:

(11) a. Morgen kommt der Weihnachtsmann; *er* bringt uns sicher viele Gaben.
b. Nastassja kam in Hollywood an; *dort* herrschte wie immer gutes Wetter.

Ausdrücke wie *er* und *dort* nennt man **Anaphern** (altgr. ‚Rückbeziehung, Wiederaufnahme'); Anaphern beziehen sich zurück auf andere Ausdrücke in dem gleichen Text, die sog. **Antezedenten**, und sind mit diesen koreferent (d.h. sie beziehen sich auf das gleiche Individuum, vgl. Fn. 2, S. 18). So bezieht sich *er* in (11a) auf den Antezedenten *Weihnachtsmann* und *dort* in (11b) auf den Antezedenten *Hollywood.* Neben diesem sehr häufigen Fall des Zurückverweisens gibt es auch noch den Fall des Vorverweisens; man redet dann nicht von Anaphern, sondern von **Kataphern**.

Ob anaphorische Beziehungen zur Referenz gehören oder zur Deixis, ist umstritten. Vater (1991a:11) argumentiert, daß mit anaphorischen Ausdrücken nicht – wie bei der Diskursdeixis – auf den Text verwiesen wird, sondern auf einen Referenten der außersprachlichen Welt. Demgegenüber behauptet Ehrich (1992a:9, 28f.), daß Koreferenz für Anaphern zwar prototypisch, aber nicht zwingend sei. Zum Beispiel weise zwar in einem Satz wie „In einer Kleinstadt, da hat ein Künstler wenig Möglichkeiten" *da* auf *Kleinstadt* zurück, der Gebrauch von *da* sei aber nicht koreferentiell; es handele sich vielmehr um eine „gebundene Variable". Ein Austausch mit *hier* oder *dort* sei in solchen Fällen nicht möglich. Daher könne man die Anaphorik durchaus der Deixis, verstanden als textuelles Verweisen, zurechnen.

Neben dem Standardfall der anaphorischen Referenz, bei dem sich ein anaphorisches Pronomen auf einen in Genus und Numerus übereinstimmenden Ausdruck rückbezieht, gibt es auch den Fall, wo eine volle Nominalphrase in eine anaphorische Relation zu einem Vorgängerausdruck tritt. Im Text „Ein Mann kam ins Zimmer. Der Bursche sah ungepflegt aus" ist *der Bursche* eine Anapher zu *ein Mann.* Die Relation wird hier durch das semantische Wissen des Hörers aufgeschlossen, daß *Bursche* und *Mann* bedeutungsähnlich sind. Ein weiterer Typ der anaphorischen Beziehung liegt bei der **indirekten Anapher** vor, für die folgendes gilt: Es gibt keinen Antezedenten, sondern einen „Auslöser"; Auslöser und Anapher stehen in einer „assoziativen" Beziehung; eine Ersetzung der Anapher durch eine pronominale Anapher ist nicht möglich. Betrachten wir dazu den Witz in (12)(zitiert nach Schwarz 1997:450):

(12) Nachts stürzt ein Mann auf die Polizeiwache und berichtet erregt, *daß er soeben im Dunkeln an seiner Gartenpforte niedergeschlagen worden sei.* Ein Polizist wird beauftragt, am Ort des Überfalls Spuren zu sichern. Kurz darauf kommt er mit einer Riesenbeule am Kopf zurück: „Ich habe den Fall aufgeklärt." „Bravo", sagt sein Chef, „und wie?" „Ich bin auch auf *die Harke* getreten!"

Es gibt in diesem Text keinen expliziten Antezedensausdruck für *die Harke*, aber es gibt einen „Auslöser", nämlich den ganzen *daß*-Satz. Zu unserem Wissen über Harken gehört, daß man auf sie nicht treten darf, da einem dann der Stiel gegen den Kopf schlagen kann. Also ist der Mann nicht überfallen worden, sondern er wurde Opfer eines Unfalls. Die Aufklärung dieses Unfalls geschieht ironischerweise durch seine Wiederholung. Man beachte, daß in diesem Fall die indirekte Anapher nicht durch ein Pronomen ausgedrückt werden kann.

Solche Schlußprozesse sind komplexer Art, da verschiedene Wissenbereiche beteiligt sind; zur Auflösung der anaphorischen Relation ist nicht nur sprachliches Wissen, sondern auch Wissen über die Welt nötig.

2.7 Zusammenfassung

Die schiere Existenz von Deiktika zeigt eindringlich, daß eine Sprachanalyse, die von jeglichem Bezug auf die Situation der Äußerung abstrahiert, nicht weit führt. Ausdrücke der Personal-, Lokal- und Temporaldeixis bilden sprachliche Systeme, deren Sinn es ist, Sprechern und Hörern einen laufenden Austausch über die personalen, lokalen und temporalen Eckwerte der Konversation zu geben. Es scheint dabei eine Arbeitsteilung zwischen Semantik und Pragmatik zu geben: Einerseits haben Deiktika eine wörtliche Bedeutung, die in einem Lexikoneintrag für diese Ausdrücke zu fixieren wäre. Anderseits ist diese wörtliche Bedeutung nur die Grundlage, auf der eine genauere, situationsabhängige Referenz festzulegen ist. Auch bei nicht-deiktischen Ausdrücken spielen pragmatische Aspekte eine Rolle, weil referentielle Akte gelingen oder mißlingen können, und weil Hintergrundwissen in die Bestimmung der Referenz eingeht. Dies gilt auch für die Ermittlung anaphorischer Beziehungen.

Übungen

❶ Betrachten Sie den folgenden Dialog:
Ulrich [zeigt auf eine wertvolle Vase aus Murano-Glas, in der schreckliche Risse zu sehen sind]: Hast du das gesehen?
Agathe: Das hast du mich vorhin schon gefragt, aber ich bin seit gestern nicht mehr hier gewesen.

Identifizieren Sie in diesem Dialog alle deiktischen Elemente und ordnen Sie sie den verschiedenen Arten von Deixis zu.

❷ Ein Fahrlehrer sagt zu seinem Fahrschüler, während sie in ihrem Fahrschulauto fahren: „Halten Sie vor dem grauen Polo." Welche Interpretationsmöglichkeiten hat der Fahrschüler? Würde sich die Interpretation ändern, wenn die Äußerung nicht vom Fahrlehrer gemacht würde, sondern von einem Bekannten, den dieser kurz mitgenommen hat? Welche Bedeutung hat dann *vor*?

❸ Agathe verabredet sich am Dienstag mit einer Bekannten und sagt: „Wir sehen uns also am nächsten Donnerstag." Welche Mißverständnisse können dabei auftreten, und wie sind sie zu erklären (vgl. Levinson 1983/90: Kap. 2.2.2)?

❹ *Kommen* und *gehen* werden im allgemeinen als lokaldeiktische Verben betrachtet. Erläutern Sie das an dem folgenden Dialog:
Anton: Komm mal!
Ulrich: Ich komme gleich!
Agathe: Nun geh doch schon!
Ulrich: Ich gehe ja!
Agathe: Aber komm bald wieder!

❺ Distanz und Nähe werden oft als Begriffe betrachtet, die für die Beschreibung der Deixis wichtig sind. Überlegen Sie sich an Fällen der Personal-, Lokal-, Temporal- und Sozialdeixis, inwiefern einzelne Ausdrücke/Tempora als Distanz oder Nähe ausdrückend gelten können.

❻ Die folgenden Beispiele (aus Schwarz 1997) bieten weitere Probleme der Anaphorik. Beschreiben Sie, inwiefern:

(a) Siegfried trifft Alexander. Er ist traurig.
(b) Johannes hat sein altes Auto endlich doch noch zum Schrottplatz gebracht. Als er dann aber das zusammengepreßte Eisenpaket sah, wurde ihm weh um's Herz.
(c) Als K. müde nach Hause kam, stand auf dem Tisch ein Topf mit Suppe. Auf einem beigelegten Zettel stand: 5 Minuten lang kochen lassen.
(d) Tanja legt ihr Geld auf der Bank an. Sonja verwahrt es lieber im Wäscheschrank.

Literaturhinweise

Die gründlichste Einführung in die Analyse von Deixis und Referenz findet sich bei GREEN (1989/96^2:Kapp. 2,3); LEVINSON (1983/90:Kap. 2) beschränkt sich auf Probleme der Deixis. Als Klassiker können BÜHLER (1934), BAR-HILLEL (1954) und SEARLE (1971:Kap. 4) betrachtet werden. Überblick und Anregung bietet FILLMORE (1972) und, ausführlicher, FILLMORE (1997). Den psycholinguistischen Aspekt hebt LEVELT (1989:Kap. 2.2) hervor. Zum Erwerb der Deixis vgl. WALES (1986).

Einen Überblick über deiktische Ausdrücke im Deutschen bietet BLÜHDORN (1993). KLEIN (1978) identifiziert einige Hauptprobleme der deiktischen Beschreibung am Beispiel von *hier*. Eine formale semantische Analyse zu temporalen Adverbien (unter anderem *jetzt*) schlägt EHRICH (1992b) vor. SCHWARZ (1997) stellt verschiedene Typen anaphorischer Relationen vor. Wer sich generell mit Sprache in Raum und Zeit befassen möchte, möge die leicht zugänglichen Einführungen von VATER (1991a,b) lesen.

3. Implikatur

Wir haben gesehen, welche Probleme Sprecher und Hörer bei der Sicherung von Referenz und Deixis zu lösen haben, und wir haben auch gesehen, daß sie dabei eng zusammenarbeiten und sich gegenseitig behilflich sind. Tatsächlich kann der Hörer davon ausgehen, daß der Sprecher einen Porsche hat, wenn er sagt: „Mein Porsche muß dringend in die Werkstatt." Und er darf auch davon ausgehen, daß der Sprecher nicht von einem Porsche redet, wenn er in Wirklichkeit einen Jaguar meint.

In der Annahme, daß Sprecher und Hörer in der Kommunikation kooperieren, sieht man sich nun im Falle einiger Äußerungen, die man beobachten kann, anscheinend gründlich getäuscht. Betrachten wir dazu das folgende Beispiel (Schwäbisches Tagblatt, 5.9.97):

(1) [Fraktionsprecher Joschka Fischer (Bündnis 90/Die Grünen) auf die Frage, welchen SPD-Kanzlerkandidaten seine Partei bevorzuge:]
Wir haben uns auf der Klausurtagung für August Bebel entschieden.

Da August Bebel zum Sprechzeitpunkt schon lange nicht mehr lebt, muß die Äußerung von Fischer falsch sein. Wollte er die Journalisten belügen? Wahrscheinlich nicht, denn die Lüge wäre zu offensichtlich gewesen. Er wollte den Journalisten wohl vielmehr zu verstehen geben, daß man sich nicht einigen konnte, oder daß alle potentiellen Bewerber abgelehnt wurden. Letzten Endes kommen wir zu dem Schluß, daß Joschka Fischer hier nur scheinbar unkooperativ war.

3.1 Das Kooperationsprinzip und die Konversationsmaximen

Daß wir uns in der Kommunikation grundsätzlich kooperativ verhalten, aber gerade diese Kooperativitätsannahme Schlußfolgerungen ermöglicht, die weit über das wörtlich Gesagte hinausgehen, ist die Entdeckung des Sprachphilosophen Paul Grice (*1913–†1988). Grundlagen der rationalen Kommunikation sind nach Grice das Kooperationsprinzip und die Konversationsmaximen. Ich gebe im folgenden die englische Version zusammen mit einer deutschen Übersetzung wieder:

Tabelle 3.1 Kooperationsprinzip und Konversationsmaximen (Grice 1989)

Kooperationsprinzip: Make your conversational contribution such as is required, at the stage at which it occurs, by the accepted purpose or direction of the talk exchange in which you are engaged. [Mach deinen Beitrag zur Konversation genau so, wie es der Punkt der Konversation, an dem er erfolgt, erfordert, wobei das, was erforderlich ist, bestimmt ist durch den Zweck oder die Richtung des Gesprächs, in dem du dich befindest.]

(a) Maximen der **Quantität** (‚quantity'):
1. Make your contribution as informative as is required (for the current purposes of exchange). [Mach deinen Beitrag so informativ, wie es der gegenwärtige Konversationszweck verlangt.]
2. Do not make your contribution more informative than is required. [Mach deinen Beitrag nicht informativer, als verlangt.]

(b) Maximen der **Qualität** (‚quality'):
Try to make your contribution one that is true. [Versuche, einen wahren Beitrag zu geben.]
1. Do not say what you believe to be false. [Sage nichts, was du für falsch hältst.]
2. Do not say that for which you lack adequate evidence. [Sage nichts, für dessen Wahrheit du keine adäquaten Gründe/ Beweismittel anführen kannst.]

(c) Maxime der **Relevanz**[3] (‚relevance'):
Be relevant. [Sei relevant.]

(d) Maximen der **Modalität**[4] (‚manner'):
Be perspicuous. [Sei klar.]
1. Avoid obscurity of expression. [Vermeide obskure Ausdrucksweise.]
2. Avoid ambiguity. [Vermeide Doppeldeutigkeit.]
3. Be brief (avoid unnecessary prolixity). [Sei kurz (vermeide unnötige Weitschweifigkeit).]
4. Be orderly. [Verwende die richtige Reihenfolge.]

Bei einer flüchtigen Lektüre dieser Maximen könnte der Eindruck entstehen, es handele sich hier um eine Anleitung zu richtigem kommunikativem Verhalten. Im Alltagsverständnis ist eine Maxime ja eine Anweisung zu gutem oder ethisch richtigem Handeln. Es ist nun sehr wichtig, zu beachten, daß es sich darum bei Grice gerade nicht handelt: Es geht ihm nicht um moralische Normen, sondern um Regeln rationalen Ver-

[3] Diese Maxime wird gelegentlich auch als Maxime der Relation bezeichnet.

[4] Diese Maxime wird gelegentlich auch als Maxime der Art und Weise bezeichnet.

haltens. Zum Beispiel will Grice in der Qualitätsmaxime nicht sagen, daß es moralisch nicht zu vertreten ist, zu lügen, sondern daß Menschen ihren Gesprächspartnern rationalerweise unterstellen, daß sie es nicht tun. Es wäre nämlich in hohem Maße irrational, bei allen Behauptungen, die mir gegenüber jemand aufstellt, zunächst anzunehmen, daß mein Gesprächspartner gerade lügen könnte.

Sehen wir uns nun genauer an, wozu das Kooperationsprinzip und die Konversationsmaximen eigentlich gut sind. Das folgende Beispiel stammt von Grice selbst. Stellen Sie sich eine Situation vor, in der Anna und Berta über einen gemeinsamen Freund Charlie sprechen, der jetzt in einer Bank arbeitet.
Es ergibt sich folgender Dialog:

(2) Anna: Und wie geht es Charlie in seinem neuen Job?
Berta: Ach, bisher gut; im Gefängnis ist er noch nicht gelandet.

Wenn man nun nur betrachtet, was Berta **wörtlich** gesagt hat, wird man zu folgendem Resultat kommen. Die wörtliche Bedeutung der Äußerung von Berta enthält die Information, daß es Charlie in seinem neuen Job gut geht, und daß Charlie nicht im Gefängnis gelandet ist. Aber das ist noch nicht die ganze Geschichte: Je nach Situation kann darüber hinaus noch etwas anderes gemeint sein, zum Beispiel daß Charlie potentiell unehrlich ist.

Diese zusätzliche Bedeutung steckt nicht in der wörtlichen Bedeutung der Äußerung von Berta, sondern muß aus dem Kontext erschlossen werden. Diese zusätzliche Bedeutung heißt nach Grice die **konversationelle Implikatur** der Äußerung von Berta.

Wir wissen nun bereits, daß die Untersuchung der wörtlichen, kontextunabhängigen Bedeutung zur Semantik gehört, die Untersuchung kontextabhängiger Bedeutung dagegen in die Pragmatik. Wenn man nun genau wüßte, aufgrund welcher Kriterien die Unterscheidung zwischen wörtlichen Bedeutungen und konversationellen Implikaturen zustande kommt, hätten wir womöglich ein Kriterium für die Abgrenzung zwischen Semantik und Pragmatik gefunden.

Ein solches Kriterium ist sicherlich die Beobachtung, daß konversationelle Implikaturen durch einen **Schlußprozeß** ermittelt werden. Ein solcher Schlußprozeß der Hörerin Anna könnte in bezug auf unseren Dialog (2) etwa so aussehen:

1. Schritt: Berta hat bei ihrer Äußerung anscheinend die Maxime der Relation verletzt (was hat ihre Antwort mit meiner Frage zu tun?), außerdem die Maxime der Quantität (sie hat zu viel gesagt!). Ich habe aber keinen Grund zu der Annahme, daß Berta das Kooperationsprinzip bzw. die Konversationsmaximen verletzen wollte.

2. Schritt: Ich weiß, daß Charlie bei seinem letzten Bankjob unter verdächtigen Umständen gekündigt worden ist, und ich weiß, daß Berta das auch weiß. Ich kann die Äußerung von Berta nur dann als relevant ansehen (und folglich annehmen, daß Berta das Kooperationsprinzip einhalten will), wenn ich annehme, daß Berta darauf abzielt, daß Charlie potentiell unehrlich ist. (Gefängnis konnte bisher vermieden werden, also geht es Charlie gut.)

3. Schritt: Berta weiß, daß ich diese Implikatur herausarbeiten kann, und sie hat mich nicht daran gehindert, es zu tun. Also nehme ich an, daß Berta implikatieren wollte, daß Charlie potentiell unehrlich ist.

Der Verdacht, Berta könne mit ihrer Äußerung gegen das Kooperationsprinzip und/ oder die Konversationsmaximen verstoßen haben, ist also Auslöser dafür, über zusätzlich vermittelte Bedeutungen nachzudenken. Kann man eine solche Implikatur ermitteln, gewinnt sie für den weiteren Gesprächsverlauf den Status einer Hypothese.

Der Fall, den wir gerade diskutiert haben, ist einer, wo Maximen scheinbar verletzt werden. Es gibt aber auch Fälle, wo Implikaturen gerade durch die Befolgung von Maximen entstehen. Konversationelle Implikaturen können also grundsätzlich durch **scheinbare Verletzung** oder **Befolgung** des Kooperationsprinzips und der Konversationsmaximen auftreten.

Einige Standardbeispiele aus der Literatur bzw. authentische Beispiele sollen dies illustrieren (vgl. Grice 1989, Levinson 1983/90, Grewendorf/Hamm/Sternefeld 1987, Rolf 1994). Das Zeichen +> benutzt man für **implikatiert konversationell**.

Zunächst weitere Beispiele für die **scheinbare Verletzung** von Maximen, wobei wir die Maximen der Reihe nach durchgehen:

(3) **Quantität:**
A: Der Fritz hat die alle total abgezockt!
B: Geschäft ist Geschäft.
+> *Das mag nicht ganz korrekt sein, aber so ist nun einmal das Geschäftsleben!*

Die Äußerung von B hat die Form „N_i ist N_i"; solche Äußerungen gelten als **Tautologien**, das heißt sie sind immer wahr[5]: Man kann sich gar keine Situation vorstellen, in der eine tautologische Äußerung falsch sein könnte. Eigentlich sollten solche Äußerungen uninformativ sein, da man ohnehin weiß, daß jedes Ding mit sich selbst identisch ist. Dennoch haben solche Äußerungen bestimmte kommunikative Funktionen, wie sich in der Implikatur von B's Äußerung zeigt. Es liegt also ein scheinbarer Verstoß gegen die erste Quantitätsmaxime vor (vgl. Ward/Hirschberg 1990, Autenrieth 1997).

---

[5] Tautologien können natürlich auch andere Formen aufweisen, wie z.B. in

(a) Wenn Nastassja etwas macht, macht sie es.
(b) Entweder Franz spielt oder er spielt nicht.
(c) F6 bleibt F6.
(d) [Was heißt das?] Das heißt, was es heißt.
(e) Wo sie Recht hat, hat sie Recht.

(4) **Qualität:**
[Streitgepräch zwischen dem Unternehmervertreter Hans Joachim Langmann und dem Umweltminister Joschka Fischer, ZEIT 29.8.1986]
Langmann: Also, da wird doch ein Problem künstlich erzeugt, das so gar nicht besteht. Es ist eine nicht belegbare Behauptung, daß zum Beispiel aus unseren Müllverbrennungsanlagen so viel Dioxin kommt, das die Gesundheit gefährdet. Menschen sind dem Dioxin ausgesetzt, seit es Feuer – seit es Lagerfeuer – gibt…
Fischer: Ich finde es ja richtig herzig, daß Sie die heutige Chlorchemie mit einem Lagerfeuer vergleichen.
+> *Es ist unverantwortlich, die heutige Chlorchemie mit einem Lagerfeuer zu vergleichen.*

Wenn Fischer behauptet, daß er den Vergleich der heutigen Chlorchemie mit einem Lagerfeuer herzig findet, aber das Gegenteil meint, so ist dies ein Fall von **Ironie**. Bei der Ironie, so ließe sich argumentieren, liegt ein Fall scheinbarer Verletzung der Qualitätsmaxime vor. Wörtlich betrachtet, sagt der ironisch Sprechende die Unwahrheit (vgl. Lapp 1992). Wenn man aber Fischers politische Position kennt, läßt sich die passende Implikatur ableiten.

(5) **Relevanz:**
[Der Staatspräsident Mitterand wird von Journalisten in La Morne Rouge (Antillen) nach Äußerungen von Ministerpräsident Fabius gefragt. Fabius hatte Mitterand kritisiert, obgleich der Ministerpräsident sich der Politik des Staatspräsidenten unterzuordnen hat. Kölner Stadt-Anzeiger, 6.12.1985]
[Journalisten: Was halten Sie von den jüngsten Äußerungen von Ministerpräsident Fabius?]
Mitterand: Wie finden Sie La Morne Rouge? Ein schöner Ort, nicht wahr?
+> *Kein Kommentar.*

Beispiele mit scheinbarer Verletzung der Relevanzmaxime sind typischerweise solche, bei denen ein abrupter Themenwechsel vorkommt. Damit entsteht für den Hörer immer die Frage, inwiefern diese unpassende Reaktion als relevant für „den Zweck oder die Richtung des Gesprächs" (wie es das Kooperationsprinzip faßt) konstruiert werden kann.

(6) **Modalität:**
[Interview mit dem Präsidenten des Zentralverbandes des deutschen Kraftfahrzeuggewerbes, Rolf Leuchtenberger, ZEIT 9.8.1997]
Leuchtenberger: […] Ein Beispiel: Binnen weniger Jahre will ein deutscher Hersteller die Stückzahlen mal eben von 600 000 auf 1,2 Millionen erhöhen…
ZEIT: Meinen Sie Daimler-Benz?
Leuchtenberger: *Das haben Sie gesagt.* Mein Punkt ist, wer soll die Autos kaufen?
+> *L. kann/will nicht bestätigen, daß er gemeint hat, daß der deutsche Hersteller Daimler-Benz ist.*

Es ist zunächst vollkommen obskur von Leuchtenberger, zu sagen, daß die Journalisten in Erwägung ziehen, daß der „deutsche Hersteller“ mit Daimler-Benz identisch ist. Das wissen sie schließlich selber, denn sie haben die Frage ja gerade gestellt. Leuchtenberger hat damit scheinbar gegen die erste Untermaxime der Modalität verstoßen.

Auf der anderen Seite distanziert er sich auch nicht ausdrücklich von der Deutung der Journalisten, d.h. er ist nicht so informativ, wie er sein könnte (und verletzt damit die Maxime der Quantität). Und dies kann wiederum so gedeutet werden, daß er durchblicken läßt, daß die Journalisten wohl recht haben könnten mit ihrer Vermutung. Man sieht an diesem Fall, wie verschiedene Maximen zusammenspielen können.

Kommen wir nun zu den Beispielen, bei denen eine Implikatur durch die **Befolgung von Maximen** entsteht. Wir betrachten wieder alle Maximen der Reihe nach:

(7) **Quantität:**
Einige Mädchen trugen einen Pferdeschwanz.
+> *Nicht alle Mädchen trugen einen Pferdeschwanz.*

Um zu verstehen, daß (7) die entsprechende Implikatur transportieren kann, ist es wichtig, zu sehen, daß man

(7‘) Einige Mädchen trugen einen Pferdeschwanz, *ja sogar alle.*

durchaus äußern kann, ohne sich dabei in irgendwelche Widersprüche zu verwickeln. Wie kommt es dann, daß man (7) normalerweise im Sinne der Implikatur interpretiert? Ganz einfach: Wenn der Sprecher wirklich hätte sagen wollen „Alle Mädchen trugen einen Pferdeschwanz“, dann hätte er es gleich, ohne alle Umstände sagen sollen. Wenn man unterstellt, daß der Sprecher die Quantitätsmaximen beachtet, dann folgt daraus, daß er nur soviel sagen kann, wie für ihn vertretbar ist, also *Einige Mädchen trugen einen Pferdeschwanz*. Und das läuft auf die Implikatur hinaus, daß eben nicht alle Mädchen einen Pferdeschwanz getragen haben. Daß es sich wirklich um eine kontextabhängige Implikatur handelt, sieht man gerade an der Möglichkeit, diese durch einen Zusatz wie in (7‘), also *ja sogar alle*, zu streichen.

Implikaturen dieses Typs hat man **skalare Implikaturen** genannt, weil Ausdrücke wie *<alle, einige>* eine Skala bilden, bei der der linksstehende Ausdruck „stärker“ ist als der rechtsstehende. In einer solchen Skala <p, q> gilt immer: Aus der Behauptung, daß q, läßt sich die Implikatur -p ableiten. Skalare Implikaturen sind insofern ein wichtiges Phänomen, als sich hier eine gewisse pragmatische Regularität abzeichnet (vgl. Levinson 1983/90: Kap. 3.2.4, Hirschberg 1985).

(8) **Qualität:**
Hans hat eine große Überraschungseier-Sammlung.
+> *Der Sprecher glaubt, daß seine Aussage wahr ist und hat Gründe für ihre Wahrheit.*

Stellt jemand eine Behauptung auf, so ist man zu der pragmatischen Schlußfolgerung berechtigt, daß der Sprecher glaubt, daß seine Aussage wahr ist, und daß er gegebenenfalls Gründe dafür anführen kann. Umgekehrt: Wenn jemand äußern würde: *Hans hat eine große Überraschungseier-Sammlung, aber ich glaube es nicht*, dann würde sich dies für uns äußerst merkwürdig und widerspruchsvoll anhören.

(9) **Relevanz:**
Anna: Mir ist gerade das Benzin ausgegangen.
Berta: Gleich um die Ecke ist eine Tankstelle.
+> *Die Tankstelle ist offen.*

Diese Fälle kommen in der alltäglichen Kommunikation sehr häufig vor, so häufig, daß man sie kaum für etwas Besonderes hält. Die Beachtung der Relevanzmaxime ist für uns so selbstverständlich, daß wir immer nach der Relevanz des Gesagten suchen, und so auch größere thematische Sprünge überbrücken können. Haben wir aber den Eindruck, jemand verstößt systematisch gegen diese Maxime, hört unsere Toleranz rasch auf.

(10) **Modalität:**
[Nastassja betrat den Laden] und [kaufte ein Paar Jeans].
+> *Sie kaufte die Jeans in dem Laden.*

In (10) handelt es sich um einen Fall von Koordination, d.h. der Verknüpfung zweier Sätze mithilfe einer Konjunktion. In diesem Fall handelt es sich um die Konjunktion *und.* Man versteht eine solche Äußerung so, daß Nastassja die Jeans in dem Laden gekauft hat. Vertauscht man die Konjunkte (die koordinierten Sätze), dann fällt dieser Effekt weg, vgl. (10'):

(10') [Nastassja kaufte ein Paar Jeans] und [betrat den Laden].

In (10') kann es sich bei dem Laden auch um eine Drogerie handeln. In wiederum anderen Fällen läßt sich gar keine entsprechende Implikatur ausmachen:

(10'') [Nastassja schläft] und [Fritz bastelt].
[Fritz bastelt] und [Nastassja schläft].

Was hat das nun mit der Befolgung der Modalitätsmaxime zu tun? Die Idee ist, daß man die vierte Untermaxime „Verwende die richtige Reihenfolge!" so auffaßt, daß man bei einem Bericht über zwei Sachverhalte die Konjunkte nach der zeitlichen Abfolge dieser Sachverhalte anordnen sollte. Deshalb versteht man in (10) das *und* im Sinne von ‚und dann' bzw. bei unmittelbarer zeitlicher Aufeinanderfolge als ‚und darin'. Ich komme auf diesen Fall in Kap. 3.3 noch zurück.

Wir haben an diesen Beispielen der scheinbaren Verletzung und Befolgung des Kooperationsprinzips und der Konversationsmaximen gesehen, daß man mit ihrer Hilfe eine Reihe von Äußerungen beschreiben kann, bei denen über das wörtlich Gesagte hinaus noch eine zusätzliche Bedeutung erschlossen wird, welche nicht Teil der wörtlichen Bedeutung der Äußerung ist. Die Entdeckung des Kooperationsprinzips und der Konversationsmaximen wird von den meisten Sprachwissenschaftlern als ein Meilenstein der Pragmatik betrachtet; die Forschung ist jedoch nicht beim Griceschen Ansatz stehengeblieben, sondern es wurden sowohl Erweiterungen als auch Reduktionen des Maximeninventars vorgeschlagen.

So hat Grice selbst auf die Möglichkeit anderer Maximen – zum Beispiel ästhetischer, sozialer oder moralischer Art – aufmerksam gemacht; konkrete Vorschläge zu Maximen der Höflichkeit finden sich bei Leech (1983). Anderseits gibt es verschiedene Versuche zu einer Reduktion der Maximen, am prominentesten bei Horn (1984), Levinson (1987) und in der Relevanztheorie von Sperber/Wilson (1986); die Letztgenannten lassen nur die Relevanzmaxime gelten. Eine Auseinandersetzung mit diesen Ansätzen und ein Versuch der Reduktion der Modalitätsmaxime findet sich in Meibauer (1997).

3.2 Implikaturentypen und Implikaturentests

Wir überlegen uns nun, welche allgemeinen Eigenschaften konversationelle Implikaturen haben. Eine haben wir schon kennengelernt, nämlich daß konversationelle Implikaturen mithilfe eines Schlußprozesses ermittelt werden. Diese Eigenschaft wird Rekonstruierbarkeit genannt:

(a) **Rekonstruierbarkeit** (engl. **calculability**): Konversationelle Implikaturen sind aus der wörtlichen Bedeutung des geäußerten Satzes, dem Kooperationsprinzip und seinen Konversationsmaximen und dem jeweiligen Kontext mithilfe eines Schlußprozesses rekonstruierbar.

Wir haben auch gesehen, daß das Auftreten von konversationellen Implikaturen kontextabhängig ist. Es sollte also Kontexte geben, in denen bei gleicher Äußerung die entsprechende Implikatur nicht auftritt. Zum Beispiel könnten in Beispiel (2) Anna und Berta wissen, daß die Bank, bei der Charlie arbeitet, eine Geldwaschanlage der Mafia ist. Dann wird keineswegs implikatiert, daß Charlie potentiell unehrlich ist. (Vielmehr wird angedeutet, daß Charlie in Gefahr ist, weil die Sache möglicherweise bald auffliegt und die Bosse versuchen werden, alles auf den ehrlichen Charlie abzuwälzen, etc.) Wir halten also als zweite Eigenschaft fest:

(b) **Kontextabhängigkeit** (engl. **variability**): Es gibt Kontexte, bei denen (bei gleicher Äußerung) die entsprechende konversationelle Implikatur nicht auftritt, d.h. die jeweilige konversationelle Implikatur ist abhängig von dem Kontext, in dem sie auftritt.

Anstatt sich einen Kontext vorzustellen, in dem bei gleicher Äußerung die entsprechende Implikatur nicht auftritt, kann man auch einen sprachlichen Zusatz formulieren und sehen, ob er in der Lage ist, die Implikatur zu löschen. Zum Beispiel ist der hervorgehobene Zusatz in (7'): „Einige Mädchen trugen einen Pferdeschwanz, *ja sogar alle*" solch ein Löschungsausdruck. Als dritte Eigenschaft halten wir fest:

(c) **Streichbarkeit** (engl. **cancellability**): Implikaturen sind streichbar, d.h. im selben Kontext kann im Anschluß an die Äußerung eine Rücknahme der Implikatur stattfinden, ohne daß dies widersprüchlich wirkt.

Damit haben wir drei allgemeine Eigenschaften von konversationellen Implikaturen formuliert. Man kann diese Eigenschaften zugleich als Tests dafür benutzen, ob ein bei einer Äußerung auftretender Bedeutungseffekt eine konversationelle Implikatur ist. Dies ist genau dann der Fall, wenn dieser rekonstruierbar, variabel und streichbar ist. Wörtliche Bedeutungen dagegen brauchen nicht rekonstruiert zu werden, sie bleiben konstant auch durch wechselnde Kontexte hindurch, und ein Versuch, sie zu löschen, führt unausweichlich in einen Widerspruch. Damit haben wir aber nicht nur eine Handhabe, um konversationelle Implikaturen von wörtlichen Bedeutungen abzugrenzen, sondern zugleich haben wir auch ein Kriterium für die Abgrenzung von Semantik und Pragmatik.

Kann man denn aus wörtlichen Bedeutungen überhaupt etwas schließen? Doch, das kann man in der Tat. Sie haben sich vielleicht schon über die merkwürdigen Begriffe ‚Implikatur/implikatieren' (engl. implicature/to implicate) gewundert. Dabei handelt es sich um Fachwörter, die eigens dazu gebildet worden sind, jeglicher Verwechslung mit den semantischen Termini **Implikation/implizieren** vorzubeugen (vgl. Grice 1989:24).

Unter einer semantischen Implikation versteht man einen bestimmten Schluß aufgrund der Kenntnis der wörtlichen Bedeutung von Ausdrücken. Betrachten wir dazu die folgenden Beispiele:

(11) Nastassja küßte Charlie leidenschaftlich.

(12) a. Nastassja küßte Charlie.
b. Charlie wurde von Nastassja geküßt.
c. Charlie wurde geküßt.
d. Nastassja berührte Charlie mit ihren Lippen.

Falls der Satz (11) wahr ist, muß es gelten, daß die Sätze (12a) bis (12d) ebenfalls wahr sind. Umgekehrt, falls (12a-12d) falsch sind, kann (11) niemals wahr sein. Allgemein läßt sich die semantische Implikation folgendermaßen formulieren (vgl. Chierchia/McConnell-Ginet 1990:Kap. 3.1):

(13) **Semantische Implikation (Entailment)**

In jeder Situation, wo Satz p wahr ist, muß auch Satz q wahr sein. In jeder Situation, wo Satz q falsch ist, kann Satz p nicht wahr sein.

Im Sinne der Definition (13) sind die folgenden Sätze keine semantischen Implikationen, wie man sich leicht vergewissern kann:

(14) a. Nastassja heiratete Charlie.
b. Charlie küßte Nastassja.
c. Nastassja küßte Charlie mehrmals.
d. Nastassja küßte Charlie nicht.

Die semantische Implikation bezieht sich also auf Wahrheitsbedingungen von Sätzen; konversationelle Implikaturen sind dagegen unabhängig von Wahrheitsbedingungen.

Grice hat nun im Bereich der konversationellen Implikaturen zwischen solchen Implikaturen unterschieden, die in sehr starkem Maße kontextabhängig sind und solchen Implikaturen, die relativ kontextunabhängig sind. Die ersteren nennt er **partikularisierte** konversationelle Implikaturen, die letzteren **generalisierte** konversationelle Implikaturen.[6]

Ein charakteristisches Beispiel für eine partikularisierte konversationelle Implikatur liegt in dem Fall vor, wo Anna und Berta über Charlie, den Bankmitarbeiter, reden. Es leuchtet ein, daß die entsprechende Implikatur nur in einem ganz speziellen Kontext entstehen kann. Dagegen sind generelle konversationelle Implikaturen relativ kontextunabhängig. Zum Beispiel implikatiert die Äußerung *Ich habe Herrn Schmitz mit einer Frau getroffen* weitgehend kontextunabhängig und damit generell, daß die Frau nicht *seine* Frau ist. Daß es sich dennoch um eine konversationelle Implikatur handelt, kann man sich klarmachen, indem man den Streichbarkeitstest anwendet: *Ich habe Herrn Schmitz mit einer Frau getroffen, ich glaube, es war seine Frau.* Hier ergeben sich keinerlei Widersprüche. Allerdings muß man zugeben, daß der Begriff der relativen Kontextabhängigkeit noch klärungsbedürftig ist.[7]

Eine noch bedeutendere und schwierigere Unterscheidung ist aber die zwischen den konversationellen Implikaturen, die wir bisher besprochen haben, und den **konventionellen** Implikaturen. Was das ist, werden wir im Anschluß an den nächsten Abschnitt erfahren.

3.3 Asymmetrische Koordination

Wie aus dem Einleitungsabschnitt in *Logic and Conversation* (Grice 1989:22–24) deutlich hervorgeht, war ein zentrales Motiv für Grice, das Verhältnis zwischen einigen Zeichen in der Sprache der Aussagenlogik und ihren Gegenstücken in der natürlichen Sprache zu untersuchen. Ein Beispiel ist das logische Verknüpfungszeichen „&" (lat. *et*) und die deutsche **Konjunktion** *und*.

Sieht man sich Untersuchungen zur Bedeutung von Wörtern an, wird man oft eine gewisse methodische Grundeinstellung antreffen, die Posner (1979:361) folgendermaßen beschrieben hat:

6 Manchmal findet man auch die Bezeichnungen partikuläre und generelle Implikaturen.

7 In einem Kontext, wo über Schmitz das Gerücht geht, er sei homosexuell, ergibt sich eine andere Implikatur. Dies zeigt die grundsätzliche Kontextabhängigkeit der Implikaturen.

> „**Bedeutungsmaximalisten** versuchen, soviel wie möglich auf die wörtliche Bedeutung der sprachlichen Ausdrücke zurückzuführen und neigen zu der Annahme reichhaltiger Wortbedeutungen und vieldeutiger Wörter. **Bedeutungsminimalisten** dagegen räumen den pragmatischen Regeln zur Uminterpretation gegebener wörtlicher Bedeutungen einen größeren Spielraum ein und neigen zur Annahme minimaler Wortbedeutungen und eindeutiger Wörter."

Die Strategie, die Grice verfolgt hat, ist bedeutungsminimalistisch. Sehen wir uns das nun am Fall von *und* genauer an (ich folge dabei der Argumentation von Posner 1979).

Die Bedeutung des logischen Verknüpfungszeichens „&" kann man durch die folgende Wahrheitstabelle wiedergegeben. Hat man zwei Konjunkte p und q, und ordnet diesen die möglichen Kombinationen der Werte W (wahr) und F (falsch) zu, ergibt sich für die Verknüpfung von p&q, daß diese nur wahr sein kann, wenn p und q jeweils für sich wahr sind; sonst ist p&q immer falsch.

(15) Wahrheitstabelle für das logische Verknüpfungszeichen „&"

p	q	p & q
W	W	W
W	F	F
F	W	F
F	F	F

Dabei gilt, daß (a) Sätze mit beliebiger Bedeutung miteinander verknüpft werden können, und (b), daß die Reihenfolge der Sätze dabei ganz unerheblich ist.

(16) a. [2 mal 2 ist 4] **und** [„Güte" ist logisch nicht weiter analysierbar].
b. [Müller hat gerade ein Tor geschossen], **und** [die Aale laichen in der Sargasso-See].

Zum Beispiel kann man die Sätze unter (16) sehr gut einer logischen Analyse unterziehen, obwohl sie auf den normalen Menschen sinnlos wirken („Was ist der Zusammenhang?"). Und ob man die Abfolge in (16b) wählt oder „Die Aale laichen in der Sargasso-See, und Müller hat gerade ein Tor geschossen" ist aussagenlogisch gesehen ebenso uninteressant.

Dies ist anders in Fällen wie unter (17). Die Konjunkte gehören irgendwie „in den gleichen Zusammenhang", und eine Vertauschung ohne Bedeutungsveränderung ist nicht möglich:

(17) a. Peter heiratete Anna, und Anna bekam ein Kind.
b. Anna bekam ein Kind, und Peter heiratete Anna.

Man wird (17a) immer so verstehen, daß Peter *erst* Anna geheiratet hat und daß sie *dann* ein Kind bekommen hat, und (17b) umgekehrt. Und das macht, in vielen Ländern der Welt, einen großen Unterschied.

Soll man nun daraus schließen, daß *und* in manchen Fällen soviel wie *und dann* bedeuten kann? Vor dieser Aussicht schreckt der Bedeutungsminimalist zurück. Er tut deshalb gut daran, die beteiligten Bedeutungselemente zu isolieren und zu prüfen, ob sie wirklich zur wörtlichen Bedeutung gerechnet werden können.

Als erstes Bedeutungselement unterscheiden wir die **Konjunktivität**, also die wahrheitsfunktionale Bedeutung wie in (15). Eine Konjunktion p&q ist genau dann wahr, wenn p und q wahr sind. Unter **Konnexität** verstehen wir, daß der vom zweiten Teilsatz bezeichnete Sachverhalt in denselben Zusammenhang gehört wie der vom ersten Teilsatz bezeichnete Sachverhalt. Und unter **Sukzessivität** verstehen wir, daß der vom zweiten Teilsatz bezeichnete Sachverhalt in einem späteren Zeitintervall eintritt als der vom ersten Teilsatz bezeichnete Sachverhalt.

In bezug auf diese drei Bedeutungselemente können wir nun unsere Testkriterien anwenden. Beginnen wir mit dem Element Sukzessivität.

Dieses Element ist durchaus **kontextabhängig**, denn nicht durch jeden Gebrauch von *und* wird eine Reihenfolge zwischen den durch die Teilsätze bezeichneten Sachverhalte nahegelegt:

(18) a. 2 mal 2 ist 4, und die Wurzel aus 4 ist 2.
b. Der Mond dreht sich um die Erde, und die Erde dreht sich um die Sonne.

Sukzessivität scheint auch **streichbar** zu sein:

(19) Peter heiratete Anna, und Anna bekam ein Kind. Doch weiß ich nicht, in welcher Reihenfolge das geschah.

All diese Überlegungen weisen darauf hin, daß Sukzessivität den Status einer konversationellen Implikatur hat. Inwiefern diese **rekonstruierbar** ist, darauf kommen wir noch zu sprechen.

Wenn es gelänge, Sukzessivität als konversationelle Implikatur zu behandeln, dann besteht vielleicht auch Aussicht, weitere Fälle von *und*-Bedeutungen, wie zum Beispiel diejenigen unter (20), auf die gleiche Art zu behandeln:

(20) a. Anna ist in der Küche, und sie bäckt Krapfen.
„... und dort/und da ..."
b. Anna versank in einen tiefen Schlaf, und (sie) bekam eine frische Gesichtsfarbe.
„... und währenddessen/und dabei ..."

Gelänge das nicht, müßte man sich mit der Polysemie von *und* abfinden (das freut den Maximalisten und reut den Minimalisten). Was auch sehr gut den pragmatischen Charakter von Sukzessivität zeigt, ist die Beobachtung, daß Sukzessivität auch bei **Asyndese** (Verknüpfung ohne Verknüpfer) vorhanden ist:

(20') a. Anna ist in der Küche, sie bäckt Krapfen.
b. Anna versank in einen tiefen Schlaf, sie bekam eine frische Gesichtsfarbe.

Damit kann Sukzessivität nicht ausschließlich von *und* induziert sein.

Schön wäre es für den Bedeutungsminimalisten nun auch, wenn er Konnexität als Implikatur deuten könnte. Nun kann man feststellen, daß man zu einer Konnexitätsinterpretation nicht nur bei Asyndese wie in (20'a) neigt, sondern auch in Fällen wie (16a), wenn man *und* weglassen würde. Konnexität scheint daher nichts für *und* Spezifisches zu sein, sondern ist der allgemeine Versuch einen Hintergrund zu konstruieren, vor dem die Konjunkte einen Zusammenhang aufweisen.

Es ist natürlich für die Bedeutungsminimalistin sehr wichtig, daß nicht auch noch die Konjunktivität als konversationelle Implikatur entlarvt wird, denn wo bliebe sonst die „minimale" Bedeutung von *und*? Und tatsächlich läßt sich Konjunktivität nicht als konversationelle Implikatur deuten, wie der folgende Dialog zeigt:

(21) A: Anna hat geheiratet, sie hat ein Kind bekommen.
B: Es stimmt nicht, daß Anna geheiratet hat und ein Kind bekommen hat.

In Fällen wie (21B) kann man *und* nicht weglassen oder durch ein Komma ersetzen. (Wenn Asyndese möglich wäre, hätte man in diesem Fall vielleicht auch die Konjunktivität als implikatiert auffassen können.) Die Daseinsberechtigung des Wortes *und* liege hier allein „in seiner zusammenfassenden (nicht zusammenhangsstiftenden) Funktion" (Posner 1979:370).

Anhand des Beispiels (22) kann man zeigen, daß Konjunktivität ein nicht streichbarer Bedeutungsbestandteil der Konjunktion *und* ist:

(22) *Peter heiratete Anna, **und** Anna bekam ein Kind; der Gesamtsatz ist wahr, doch einer der Teilsätze ist falsch.

Wer die Konjunktivität von *und* durch den Streichungszusatz aufheben möchte, verwickelt sich in Widersprüche.

Was uns nun noch fehlt, ist die Probe, ob die konversationelle Implikatur in (17) auch **rekonstruierbar** ist.

Dazu rekurriert man gewöhnlich auf die vierte Maxime der Modalität. Wenn sie beachtet wird, heißt das auch, daß man der Reihe nach spricht, das heißt, Sachverhalte in der Formulierung einer Äußerung in der Reihenfolge präsentiert, wie es ihrer Abfolge in der Wirklichkeit entspricht. Wer also zunächst berichtet, daß Anna heiratet, und gleich danach ohne weitere Zeitangabe sagt, daß sie ein Kind bekam, macht sich „ungeordneter Berichterstattung" schuldig, wenn er damit sagen will, daß die Heirat erst nach der

Geburt erfolgt ist. Um einen solchen Verstoß gegen die Maxime der Modalität nicht annehmen zu müssen, interpretiert der Hörer die Formulierung als Andeutung einer gleichlaufenden Reihenfolge von Bericht und Berichtetem, also im Sinne von *und dann/und danach* (vgl. Posner 1979:372).

Insgesamt zeigt diese Analyse sehr anschaulich den bedeutungsminimalistischen Impetus des Griceschen Ansatzes. Zugleich wird auch deutlich, wie die Implikaturentheorie zur Analyse eines konkreten sprachlichen Phänomens eingesetzt werden kann und wie eine typische implikaturentheoretische Argumentation aussieht.

3.4 Konventionelle Implikatur und das Gesagte

Den Inhalt eines Satzes, der der Wahrheitsbewertung unterliegt, nennt man **Proposition (Aussage)**. Die Proposition macht also die wörtliche Bedeutung eines Satzes aus. Grice redet in diesem Zusammenhang von dem Gesagten (‚what is said‘) und stellt es dem Implikatierten (‚what is implicated‘) gegenüber; Gesagtes und Implikatiertes sind für ihn Unterfälle der Bedeutung (‚meaning‘).

Propositionen von Sätzen kann man in *daß*-Sätzen wiedergeben. Zum Beispiel kann die Proposition des Satzes *Übrigens, Franz spielt Fußball* als ‚daß Franz Fußball spielt‘ wiedergegeben werden. Das Wort *übrigens* hat keinen Einfluß auf die Proposition, es trägt nichts zur Bestimmung der Wahrheitsbedingungen bei. Nicht alle Wortbedeutungen gehen also in die Proposition ein.

Darüber hinaus bleibt die Proposition eines Satzes erhalten, wenn man den Satztyp ändert. Ob man nun sagt *Franz, spiele Fußball!* oder *Spielt Franz Fußball?* oder *Franz spielt Fußball*, immer dreht es sich um die Proposition ‚daß Franz Fußball spielt‘.

Betrachten wir nun die folgenden Fälle und fragen uns, was der Unterschied ist:

(23) a. Franz spielt Fußball und Arno schnarcht.
b. Franz spielt Fußball aber Arno schnarcht.

In beiden Fällen werden zwei Konjunkte p und q miteinander verknüpft. Der Satz (23a) ist genau dann wahr, wenn es der Fall ist, daß Franz Fußball spielt (Proposition von p) und daß Arno schnarcht (Proposition von q). Genau das Gleiche gilt aber auch von (23b). Die in (23b) vorhandene Extrabedeutung – daß nämlich zwischen p und q ein Gegensatz besteht – geht nach der Auffassung von Grice keinesfalls in eine Proposition ein. Anderseits handelt es sich auch nicht um eine konversationelle Implikatur, denn die Kriterien der Streichbarkeit, Kontextabhängigkeit und Rekonstruierbarkeit sind hier nicht anwendbar. Es muß also etwas Drittes neben dem Gesagten (der Proposition) und dem konversationell Implikatierten geben, und das ist die **konventionelle Implikatur**. Die konventionelle Implikatur bei *aber* besteht in der Signalisierung des Gegensatzes.

Während unsere drei Testkriterien zwischen konversationellen und konventionellen Implikaturen gut unterscheiden können, versagen sie bei der Unterscheidung zwischen konventionellen Implikaturen und semantischen Implikationen, denn auch letztere sind nicht rekonstruierbar, nicht streichbar und nicht kontextabhängig. Der Unterschied besteht allein darin, daß die Elemente, die konventionelle Implikaturen auslösen, keinen Beitrag zu den Wahrheitsbedingungen eines Satzes machen sollen.

In jüngster Zeit sind allerdings Zweifel an der Griceschen Konzeption des Gesagten angemeldet worden. Die Kritik besteht darin, daß man annimmt, daß pragmatische Schlußfolgerungen selbst zur Bestimmung des Gesagten, d.h. der vollständigen Proposition nötig sind. Von Carston (1988) ist für diese Anreicherung eines propositionalen Fragments der Begriff **Explikatur** geprägt worden, Bach (1994:270) kritisiert diese Begriffsbildung und schlägt stattdessen **Implizitur** vor.

Worum geht es bei dieser Debatte? Zunächst ist zu bemerken, daß es eine Reihe von Fällen gibt, bei denen wir eine rudimentäre Proposition vervollständigen müssen. Das tun wir ja schon dort, wo es um die Füllung deiktischer Variablen geht (vgl. Kap. 2), aber auch in den folgenden Fällen (vgl. Bach 1994:268):

(24) a. Du wirst schon nicht sterben. [→ von dieser kleinen Wunde]
b. Ich habe noch nichts gegessen. [→ nach dem heutigen Frühstück]

Die Proposition von (24a) ist, daß der Adressat nicht sterben wird. Das hat der Sprecher aber nicht gemeint. Im Äußerungskontext – ein Junge weint wegen eines Dorns in seinem Finger – muß die Proposition durch das Element *von dieser kleinen Wunde* erweitert werden. Und die Proposition von (24b) ist, daß der Sprecher nichts gegessen hat; auch das meint der Sprecher nicht. Zu ergänzen ist hier *nach dem heutigen Frühstück.* Diese Fälle werden von Bach (1994) als propositionale Erweiterung (‚expansion') bezeichnet; es müssen Elemente der Proposition hinzugefügt werden, damit sie explizit gemacht ist.

Ein weiteres Phänomen ist die semantische Unterbestimmtheit der Proposition, bei der eine propositionale Vervollständigung (‚completion') vorgenommen werden muß:

(25) a. Stahl ist nicht stark genug.
b. Charlie raubte fast die Bank aus.

Bei (25a) muß vervollständigt werden, *wofür* Stahl nicht stark genug ist, und bei (25b) muß vervollständigt werden, inwiefern Charlie *fast* die Bank ausgeraubt hat.

Hat man nun erst einmal akzeptiert, daß es Verfahren der Auffüllung oder Anreicherung von Propositionen gibt – und nichts anderes sind die Explikaturen oder Implizituren –, so liegt es nahe, auch die Fälle konventioneller Implikaturen in diesem Sinne zu analysieren.

Wie dies geht, soll nun an den uns schon bekannten Fällen der *und-* und *aber*-Koordination erläutert werden.

Zunächst einmal ist beobachtet worden, daß die Anordnung der Konjunkte, anders als Grice es aufgefaßt hat, doch einen Einfluß auf die Wahrheitsbewertung zu haben scheint. Dies wird deutlich an solchen Fällen wie in (26):

(26) a. Er stahl nicht das Geld und ging zur Bank;
er ging zur Bank und stahl das Geld.
b. Es ist besser zu heiraten und ein Kind zu bekommen,
als ein Kind zu bekommen und zu heiraten.

Schon Levinson (1983/90:35) hat daraus den Schluß gezogen, daß die Pragmatik einen eigenständigen Beitrag zur Bestimmung der Wahrheitsbedingungen leiste, daß die Semantik also nicht autonom gegenüber der Pragmatik sei. Bei Kempson (1988:159f.) wird nun vorgeschlagen, daß die Propositionen der beiden Konjunkte mit temporalen Indizes angereichert werden:

(27) Nastassja betrat den Laden [zum Zeitpunkt t_i]
und kaufte ein Paar Jeans [zum Zeitpunkt t_j].
(Dabei gilt: $t_i > t_j$)

Der einfachste Fall wäre anzunehmen, daß die Anordnung der Konjunkte der Abfolge der Ereignisse in der Wirklichkeit entspreche.[8] Nimmt der Hörer nun noch das Wissen hinzu, daß es in (manchen) Läden Jeans zu kaufen gibt, ist die relevanteste, mit am wenigsten Aufwand erreichbare Interpretation die, daß Nastassja die Jeans in dem Laden gekauft hat.

Bach (1994:274f.) argumentiert, daß die relevante Bedeutung von *aber* tatsächlich in eine Spezifizierung dessen, was gesagt werde, eingehe. Diese Implizitur könnte etwa so formuliert werden:

(28) Franz spielt Fußball [und im Gegensatz dazu] schnarcht Arno.

Im zweiten Konjunkt von (28) ist die Bedeutung des Gegensatzes, die durch *aber* transportiert wird, explizit ausgedrückt.

Beide Ansätze sind sich darin einig, daß man das Konzept der Spezifizierung einer Proposition (Explikatur/Implizitur) benötigt und daß bei dieser Spezifizierung pragmatische Schlußprozesse wirksam sind. Erreicht werden könnte durch eine solche Revision der Griceschen Auffassung von dem Gesagten, daß man auf bestimmte Maximen aus dem Griceschen Maximenbestand verzichten oder daß das umstrittene Konzept der konventionellen Implikatur abgeschafft werden könnte. Dies ist im Prinzip sicher wünschenswert, aber man hat nun ein neues Konzept zu explizieren, nämlich das der Explikatur/Implizitur.

---

[8] Diese Annahme ähnelt der vierten Maxime der Modalität sehr stark, aber die Grundidee des Ansatzes von Kempson ist, die Anreicherung der Proposition ausschließlich auf das Konzept der Relevanz zurückzuführen (vgl. Sperber/Wilson 1986, Carston 1988).

3.5 Zusammenfassung

Das Bedeutende an Grices Theorie der Implikaturen ist, daß hier ein Vorschlag unterbreitet wurde, wie man zwischen semantischen und pragmatischen Aspekten der Bedeutung unterscheiden kann. Er liegt einerseits auf der Linie der Gazdar-Formel: PRAGMATICS = MEANING – TRUTH CONDITIONS, anderseits entwickelt er für einen Teilbereich der Pragmatik eigenständige pragmatische Größen, nämlich die verschiedenen Arten von Implikaturen.

Darüber hinaus hebt die Implikaturentheorie die überragende Rolle pragmatischer Schlußprozesse hervor, d.h. solcher Schlußprozesse, die nicht-logischer Art sind und von der Einbeziehung des Sprecher- und Hörerwissens über die Äußerungssituation Gebrauch machen.

Zwar ist immer wieder eingewendet worden, daß der Gricesche Apparat viel zu mächtig sei und daß mit ihm schlechterdings alles irgendwie abgeleitet werden könne (vgl. exemplarisch Grewendorf 1982 vs. Lenerz 1986), aber dies darf nicht als ein grundlegender Mangel der Theorie begriffen werden, sondern eher als Anlaß zu weiterer Forschung, insbesondere aber zu dem Versuch, den Maximenkatalog oder die Implikaturentypen zu präzisieren, z.B. Maximen und Implikaturentypen zu reduzieren oder auch sinnvoll zu erweitern. Solche Versuche haben unter anderem Horn (1984), Sperber/Wilson (1986), Levinson (1987) vorgelegt, um nur die wichtigsten zu nennen.

Anzustreben sind auch weitere Untersuchungen zur Stellung der Implikaturentheorie innerhalb der Pragmatik, zum Beispiel zur Beziehung zwischen Implikaturentheorie und Sprechakttheorie (vgl. zu letzterer die Kap. 7 und 8). Auch hier gibt es inzwischen Analysen wie etwa die von Dascal (1994) oder Rolf (1994:Kap.4), aber die Sache verlangt nach noch mehr Erforschung. Im nächsten Kapitel werden wir auf die Beziehung zwischen Präsuppositionen und Implikaturen zu sprechen kommen.

Übungen

❶ Die pragmatische Reichweite der Implikaturentheorie kann man sich gut an der folgenden kleinen Geschichte klarmachen (vgl. Posner 1979):

„Ein Kapitän und sein Maat haben seit längerem Streit. Der Maat spricht gern dem Rum zu, und der Kapitän will dies nicht länger dulden. Als der Mann wieder mal besoffen ist, trägt der Kapitän ins Logbuch ein: *Heute, 11. Oktober, der Maat ist betrunken.* Als der Maat während seiner nächsten Wache diese Eintragung liest, wird er erst wütend, dann überlegt er kurz, schließlich trägt er ins Logbuch ein: *Heute, 14. Oktober, der Kapitän ist nicht betrunken.*“

(a) Erläutern Sie, worin der Witz an dieser Geschichte besteht, und beziehen Sie sich dabei auf die Gricesche Implikaturentheorie.

(b) Lesen Sie gründlich Grice (1989), und erläutern Sie dann anhand der Geschichte vom Maat und Kapitän, worin die Eigenschaft der Nicht-Abtrennbarkeit (engl. non-detachability) konversationeller Implikaturen besteht.

❷ Betrachten Sie die folgende Situation:

Frieda ruft ihren langjährigen Freund Fritz von ihrer Arbeitsstelle aus an, um sich mit ihm zu einem gemeinsamen Restaurantbesuch zu verabreden. Plötzlich sagt sie: „Gut, dann treffe ich Sie heute abend um 6 Uhr im Restaurant Maharadscha, und Sie können mir dann die Vorteile Ihrer Lebensversicherung einmal ausführlich unterbreiten", und legt dann auf.

Identifizieren Sie die wörtliche Bedeutung dieser Äußerung und eventuelle konversationelle Implikaturen, skizzieren Sie einen Schlußprozeß und wenden Sie die Testkriterien der Kontextabhängigkeit und der Streichbarkeit an. Um was für einen Implikaturentyp handelt es sich? [Übung nach Linke/Nussbaumer/Portmann 1994^2]

❸ In jedem der unten stehenden Paare implikatiert der Satz (i) konversationell den Satz (ii). Zeigen Sie für mindestens drei Paare Ihrer Wahl, daß es sich nicht um eine semantische Implikation (Entailment) handelt, arbeiten Sie die Implikatur qua Schlußprozeß so gut wie möglich heraus, und geben Sie (da wo nötig) die spezifischen Kontextbedingungen an.

[Übung nach Chierchia, G./McConnell-Ginet, S. (1990): Meaning and Grammar. An Introduction to Semantics. Cambridge, Mass.: MIT Press, S. 201]

(a) i. Sie schlug nach dem Ball.
ii. Sie verfehlte den Ball.

(b) i. Ich denke nicht, daß deine Lösung hinhaut.
ii. Ich denke, deine Lösung haut nicht hin.

(c) i. Anna hat einen Mann aus Paris mitgebracht.
ii. Der Mann ist nicht ihr Ehemann.

(d) i. Ich frage mich, wieviel Uhr es ist.
ii. Der Sprecher möchte vom Adressaten wissen, wieviel Uhr es ist.

(e) i. Die Arbeit von Hans wird respektiert.
ii. Viele Leute respektieren die Arbeit von Hans.

(f) i. Anna und Hans gingen ins Kino.
ii. Anna und Hans gingen zusammen ins Kino.

❹ Die Äußerungen (a)–(c) sind Zeitungsbelege. Erläutern Sie jeweils kurz die mit diesen Äußerungen verbundenen Implikaturen (Beachtung/Verletzung welcher Maximen; welcher Implikaturentyp?) und skizzieren Sie für *einen* dieser Fälle einen Schlußprozeß.

(a) „Von den zehntausend Antifaschisten, die es in Nazideutschland gegeben haben mag, lebten allein acht Millionen in der DDR.“ (Jurek Becker in: ZEIT 21/1994:58).

(b) „Ich glaube, die haben den Platz gesucht *und gesucht* und nicht gefunden. Die haben das Ganze wohl unterschätzt.“ (SÜDWESTPRESSE 8.4.94)

(c) „Und weil ihr Werk so klingt wie der beste Song, den Bob Dylan und Van Morrison nie zusammen geschrieben haben, gelten die kalifornischen ‚Counting Crows‘ als aufregende Newcomer dieser Popsaison.“ (SPIEGEL 28/1994:173)

❺ (a) In einem Zeugnis heißt es:

„Herr Baumeier hat sich stets darum bemüht, die Kundenbesuche pflichtgetreu durchzuführen. Er hat nicht wenige Kontakte hergestellt. Er war berechtigt, Werbevorführungen zu organisieren. Mehrere Kunden konnten so gewonnen werden.“

Dieses Zeugnis hört sich eher negativ an, obgleich es nur positive Formulierungen enthält. Erläutern Sie mithilfe der Griceschen Implikaturentheorie, wie dieser negative Eindruck zustande kommt. Geben Sie die entsprechenden Implikaturen an, und rekonstruieren Sie für einen Fall den Schlußprozeß. Zeigen Sie, daß es sich tatsächlich um Implikaturen handelt.

(b) Sie lesen in einem Gutachten über sich: „Ich kann Frau B. ohne Vorbehalt für diese Stelle empfehlen.“ Sie freuen sich. Später lesen Sie in einem anderen Gutachten von dem gleichen Gutachter über eine Konkurrentin den Satz: „Ich empfehle Frau K. mit Nachdruck.“ Jetzt freuen Sie sich nicht mehr. Erklären Sie warum; also, welche Implikatur, welche Maxime(n), welcher Schlußprozeß, welche Testkriterien eine Rolle spielen.

Literaturhinweise

Die Lektüre des klassischen Aufsatzes von GRICE (1989) ist ein Muß. Kurze Einführungen in die Implikaturentheorie finden sich bei GREWENDORF/HAMM/STERNEFELD (1987:401–420) und bei YULE (1996:35–46). Ausführliche Darstellungen sind LEVINSON (1983/90:97–166) und THOMAS (1995:55–86). Ein Handbuchartikel ist KEMMERLING (1991). Die grundlegende Kritik zu den Implikaturentests stammt von SADOCK (1978).

Weitere theoretische Ansätze: GAZDAR (1979) ist logisch-semantisch orientiert. LEECH (1983) bettet die Implikaturentheorie in eine allgemeine pragmatische Theorie ein. SPERBER/WILSON (1986) versuchen, die Implikaturentheorie in ihrer eigenen Relevanztheorie aufzuheben; eine relevanztheoretische Einführung liegt mit BLAKEMORE (1992) vor. ROLF (1994) führt eine an den Originaltexten orientierte Diskussion unter sprachphilosophischer Perspektive. Mit DAVIS (1998) liegt eine umfassende Kritik des Griceschen Ansatzes vor. Wichtige Neuformulierungen der Maximen liegen bei HORN (1984) und LEVINSON (1987) vor; vgl. dazu auch MEIBAUER (1997).

Weitere empirische Anwendungen: Anwendungen des Implikaturenkonzepts finden sich bezüglich vieler sprachlicher Phänomene: Neben Tempus (GREWENDORF 1982, LENERZ 1986, EHRICH 1992b), Satzverknüpfern (POSNER 1979, CARSTON 1995), Tautologien (WARD/HIRSCHBERG 1990, AUTENRIETH 1997) und skalaren Implikaturen (HIRSCHBERG 1985, PRIMUS 1997, GEURTS 1998) möchte ich hier auf Arbeiten zur Ironie (LAPP 1992) und Metapher (GOATLY 1997), zur metasprachlichen Negation (HORN 1989:Kap. 6, CARSTON 1996, CHAPMAN 1996) und zum Sprachwandel (MEIBAUER 1995) hinweisen.

4. Präsupposition

Wenn der Bundespräsident in dem Gespräch mit Jugendlichen sagt, daß er sich nie mit der Rechtschreibreform befaßt hat, dann setzt er voraus, daß es eine Rechtschreibreform gibt (vgl. Kap. 1, Bsp. [1]). Die Voraussetzungen, die ein Sprecher im Gespräch macht, nennt man Präsuppositionen (nlat. *praesupponere* ‚voraussetzen'). In diesem Fall betrifft die Präsupposition des Bundespräsidenten die Existenz einer Rechtschreibreform, man redet daher von einer „Existenzpräsupposition". Neben diesem Typ von Präsupposition sind noch eine Reihe anderer Präsuppositionstypen vorgeschlagen worden; einige davon werden wir in diesem Kapitel kennenlernen.

Während bei der Deixis im allgemeinen akzeptiert ist, daß deiktische Elemente sowohl eine semantische als auch eine pragmatische Seite haben, existiert im Bereich der Präsuppositionen eine anhaltende Debatte darüber, ob Präsuppositionen *nur* semantischer oder *nur* pragmatischer Natur sind. Einerseits gab es Versuche, die Präsupposition auf die semantische Implikation (Entailment) zu reduzieren, anderseits hat man versucht, sie als konventionelle oder konversationelle Implikaturen zu analysieren. Die Debatte ist noch nicht entschieden, und sie ist inzwischen recht verwickelt.

Ich vertrete im folgenden die Auffassung, daß präsuppositionale Elemente als Anzeiger von potentiellen Präsuppositionen dienen. Präsuppositionen selbst sind jedoch nicht semantische Eigenschaften von Sätzen oder den jeweiligen präsuppositionalen Elementen, sondern Voraussetzungen, die Sprecher relativ zu einer bestimmten Gesprächssituation machen. Präsuppositionale Elemente dienen dazu, diese Voraussetzungen klar zu machen.

4.1 Zur semantischen Definition der Präsupposition

Wenn ein Sprecher über den Bundespräsidenten den Satz (1a) äußert, dann setzt er (1b) voraus:

(1) a. Herzog hat sich mit der Rechtschreibreform befaßt. (= p)
    b. Es gibt eine Rechtschreibreform. (= q)
    c. p >> q

Verwendet man das Zeichen >> für **präsupponiert**, dann können wir schreiben „p >> q".

Negiert man den Satz (1a), sagt man also sein Gegenteil, dann stellen wir fest, daß die Präsupposition nicht verschwindet, sondern erhalten bleibt:

(2) a. Herzog hat sich nicht mit der Rechtschreibreform befaßt. (= NICHT p)
b. Es gibt eine Rechtschreibreform. (= q)
c. NICHT p >> q

Dieses Verhalten hat man **Konstanz unter Negation** genannt, und man hat in ihm die typische Eigenschaft der Präsupposition gesehen.

Genauso in dem folgenden Beispiel: Wenn jemand (3a) behauptet und ein anderer mit (3b) widerspricht, dann bleibt nichtsdestotrotz (3c) davon unberührt:

(3) a. Alle wissen, daß Jochen Tamagotchis sammelt.
b. Nicht alle wissen, daß Jochen Tamagotchis sammelt.
c. Jochen sammelt Tamagotchis.

Beide Sprecher nehmen die Gültigkeit der Präsupposition (3c) an.

Eine Definition, die gerade auf der Eigenschaft der Konstanz unter Negation aufbaut, ist die folgende (vgl. Levinson 1983/90, Kap. 4.1):

(4) **Semantische Präsupposition**
Ein Satz p präsupponiert semantisch einen anderen Satz q genau dann, wenn gilt:
(a) in allen Situationen, in denen p wahr ist, ist q wahr;
(b) in allen Situationen, in denen p falsch ist, ist q wahr.

Dies ist eine semantische Präsuppositionsdefinition, die auf Sätze und deren Wahrheitsbedingungen bezogen ist.

Präsuppositionen unterscheiden sich nach dieser Definition ganz deutlich von semantischen Implikationen (Entailments), vgl. Kap. 3.2. Wenn ich (5a) sage, folgt daraus (5c):

(5) a. Nastassja hat Charlie geküßt.
b. Nastassja hat Charlie nicht geküßt.
c. Nastassja hat Charlie mit ihren Lippen berührt.

Wenn ich nun (5a) negiere (= 5b), so kann daraus niemals (5c) folgen.

Aber sind Präsuppositionen tatsächlich semantische Schlüsse, wie dies die semantischen Implikationen sind? Einerseits spricht dafür, daß es gewisse präsuppositionale Elemente gibt, zu deren Eigenschaften es zu gehören scheint, Präsuppositionen „auszulösen“.[9] Aber anderseits hat sich gezeigt, daß Präsuppositionen in vielen Kontexten gar

[9] Die Redeweise von ‚presupposition-triggers‘ ist zwar einschlägig (vgl. Levinson 1983/90), aber irreführend, wenn man davon ausgeht, daß es immer Sprecher sind, die mit präsuppositionalen Elementen ihre Präsuppositionen anzeigen.

nicht auftauchen, obwohl die entsprechenden präsuppositionalen Elemente anwesend sind. Das würde man von einer semantischen Implikation niemals erwarten. Bevor wir uns näher mit diesem Problem beschäftigen, verschaffen wir uns erst einmal einen Überblick über die wichtigsten präsuppositionalen Elemente bzw. Konstruktionen.

4.2 Präsuppositionstypen

Es gibt viele sprachliche Phänomene, die man mit Präsuppositionen in Verbindung gebracht hat. Levinson (1983/90: 181ff.) listet 13 verschiedene Typen von Präsuppositionen auf. Ich folge hier dem Überblick von Yule (1996: Kap.4), der sich auf sechs Typen konzentriert.

Einen wichtigen Typ der Präsupposition, nämlich die **Existenzpräsupposition**, haben wir schon kennengelernt. Sie ist regelmäßig mit definiten Kennzeichnungen verbunden (vgl. Kap. 2.4). Eine solche definite Kennzeichnung liegt zum Beispiel in der Nominalphrase *die Rechtschreibreform* vor, aber auch in *Irenes Sohn*, *das Mädchen von nebenan* oder *die Spieler von Olympos Tübingen*.

Einem anderen Typ der Präsupposition, der faktiven Präsupposition, sind wir schon in Beispiel (3) begegnet. Hier ist das entscheidende präsuppositionale Element offensichtlich das Verb *wissen*. Es gehört zu einer Gruppe von Verben, die man nach Kiparsky/Kiparsky (1971) **faktive Verben** genannt hat:[10]

(6) wissen, bereuen, bemerken, erkennen, komisch sein, froh /traurig sein, stolz sein, leidtun...

An diesen Verben kann man sehr gut gewisse pragmatische Tricks (und die Möglichkeiten, darauf nicht hereinzufallen) studieren.

Stellen Sie sich folgende Szene (aus einem amerikanischen *court room drama*) vor: Der Staatsanwalt herrscht den Angeklagten im Kreuzverhör an: „Bereuen Sie, Ihre Geliebte vergiftet zu haben?" Der Angeklagte stottert: „Ja, ich bereue es!" Der Staatsanwalt nun: „Sehen Sie, der Angeklagte hat es selbst zugegeben, daß er seine Geliebte vergiftet hat!" Schnitt. Andere Szene. Der Angeklagte stottert jetzt: „Nein, ich bereue es nicht!" Der Staatsanwalt diesmal: „Sehen Sie diesen kaltblütigen Mörder, der seine Tat nicht einmal bereut!" Wie sich der Angeklagte auch benimmt, er reitet sich noch mehr rein. (In Wirklichkeit hätte natürlich der Verteidiger des Angeklagten – der früher einmal Linguistik studiert hat – gleich nach der Frage des Staatsanwalts gesagt: „Einspruch, Euer Ehren!", d.h. er hätte einen **Präsuppositionsprotest** erhoben.)

Den faktiven Präsuppositionen kann man die **nicht-faktiven Präsuppositionen** entgegenstellen, die sich ebenfalls mit gewissen Verben verbinden. Solche Verben sind *vorgeben*, *träumen*, *vorschweben*, *vorstellen*:

---

10 Die Gruppe kann noch unterteilt werden in epistemische (*wissen...*) und emotive (*bereuen...*) faktive Verben, vgl. Green (1989/96: Kap.4.2.1).

(7) Egon gibt vor, daß Nastassja seine Frau ist.
>> Nastassja ist nicht seine Frau.

Mit diesen Verben ist immer die Information verbunden, daß die Proposition im *daß*-Satz nicht wahr ist.

Als einen weiteren Präsuppositionstyp hat man die **lexikalische Präsupposition** identifiziert, die sich mit bestimmten Verben wie *schaffen*, *anfangen*, *aufhören*, aber auch Adverbien wie *wieder* verknüpft:[11]

(8) a. Irene hat es geschafft, einen Fallrückzieher zu machen.
b. Es ist ihr gelungen, einen Fallrückzieher zu machen.
c. Sie hat es versucht, einen Fallrückzieher zu machen.

Wenn ich (8a) äußere, dann behaupte ich, daß (8b) zutrifft und präsupponiere zugleich, daß (8c) gilt. Weil dies eine Eigenschaft ist, die mit der wörtlichen Bedeutung der betreffenden Ausdrücke zusammenhängt, nennt man diese Art von Präsupposition „lexikalisch".

Ein weiterer Präsuppositionstyp ist die **strukturelle Präsupposition**, die an bestimmte Satzstrukturen gebunden ist. Ich möchte hier den Ergänzungsfragesatz (W-Interrogativsatz) und den nicht-restriktiven Relativsatz nennen:

(9) Wer ist Professor in Trossingen? >> Jemand ist Professor in Trossingen.

Wie man an (9) sieht, scheint es der Fall zu sein, daß mit sämtlichen W-Interrogativsätzen, also solchen Fragesätzen, die ein Frageelement (w-Wort) aufweisen, eine bestimmte Präsupposition verbunden ist.[12] Wir befassen uns mit diesem Fall im nächsten Abschnitt noch genauer.

Bei den Relativsätzen unterscheidet man normalerweise zwei Arten, den restriktiven und den nicht-restriktiven Relativsatz. Den grammatischen Unterschied zwischen restriktiven und nicht-restriktiven Relativsätzen kann man sich an dem folgenden Satzpaar klarmachen:

(10) a. Der Mann, dem der Ferrari gehört, ist Immobilienmakler.
b. Der Mann, dem übrigens der Ferrari gehört, ist Immobilienmakler.

Ein restriktiver Relativsatz liegt vor, wenn der Relativsatz ein Individuum oder einen Sachverhalt identifiziert. Zum Beispiel kann ich auf eine Gruppe von Männern zeigen

---

[11] Unter dieser Rubrik werden bei Levinson (1983/90:Kap. 4.2) die drei Typen implikative Verben, Zustandsveränderungsverben und iterative Ausdrücke zusammengefaßt.

[12] Diese Präsupposition hat man auch als Existenzpräsupposition von W-Interrogativsätzen betrachtet. Ich folge hier Yule (1996) darin, durch W-Interrogativsätze und Relativsätze induzierte Präsuppositionen als „strukturelle" zusammenzufassen.

und (10a) äußern, aber nur von demjenigen Mann, dem der Ferrari gehört, sage ich aus, daß er Immobilienmakler ist. In (10b) liegt dagegen ein nicht restriktiver Gebrauch vor (zu testen über die mögliche Einfügung von *übrigens*), d.h. der Relativsatz leistet nicht die Identifizierung des Referenten. Zu beobachten ist nun, daß nicht-restriktive Relativsätze Präsuppositionen darstellen; sie sind im Gegensatz zu restriktiven Relativsätzen konstant unter Negation.

Der Überblick über die wichtigsten Präsuppositionstypen sei hier mit den **kontrafaktischen Präsuppositionen** abgeschlossen. Auch diese sind an eine bestimmte Satzkonstruktion gebunden, nämlich an den irrealen Konditionalsatz.

(11) a. Wenn du mein Freund wärst, würdest du dich nicht so verhalten. >> Du bist nicht mein Freund.
b. Hättest du nicht den Abschluß gemacht, könntest du jetzt nicht Fahrlehrer sein. >> Du hast den Abschluß gemacht.

Im Antezedens liegt immer eine Proposition vor, die das genaue Gegenteil der (als wahr angenommenen) Präsupposition bezeichnet. Zum Beispiel ist ‚Du hast nicht den Abschluß gemacht' das Gegenteil der Präsupposition ‚Du hast den Abschluß gemacht.' Der Unterschied zu der nicht-faktiven Präsupposition in (7) liegt darin, daß diese immer nicht wahr ist.

Die folgende Tabelle faßt die sechs erläuterten Präsuppositionstypen noch einmal zusammen:

Tabelle 4.1 Präsuppositionstypen

Typ	Beispiel	Präsupposition
existentiell	der / die / das X	>> X existiert.
faktiv	Ich bereue, das getan zu haben.	>> Ich habe das getan.
nicht-faktiv	Er gab vor, Lehrer zu sein.	>> Er war kein Lehrer.
lexikalisch	Sie schaffte es, abzuhauen.	>> Sie versuchte, abzuhauen.
strukturell	Wer kommt?	>> Jemand kommt.
kontrafaktisch	Wenn ich nicht krank wäre...	>> Ich bin krank.

4.3 Präsuppositionen oder Implikaturen?

Man sieht schon an den in der obigen Tabelle versammelten Typen, daß die präsuppositionalen Elemente und Konstruktionen doch recht verschieden sind. Um das Phänomen der Präsupposition richtig in den Zusammenhang von Grammatik und Pragmatik einzuordnen, müßte man eine Eigenschaft finden, die allen diesen Elementen gemeinsam ist.

Eine solche Eigenschaft scheint ihre **Löschbarkeit** (defeasibility) zu sein.[13] Wenn diese Eigenschaft generell zuträfe, könnte die Präsupposition auf keinen Fall auf die semantische Implikation (Entailment) zurückgeführt werden, denn semantische Implikationen sind niemals löschbar.

Zwei Beispiele mögen hier genügen, um die Löschbarkeit von Präsuppositionen zu demonstrieren (weitere in Levinson 1983/90: 186–191). Das erste Beispiel betrifft das englische Verb *know*, das normalerweise als faktiv betrachtet wird:

(12) a. John doesn't know that his wife used to be a go-go-dancer.
b. John's wife used to be a go-go-dancer.

Der Kontext für dieses klassische Beispiel ist, daß Leute, die John kennen, aber seine Frau nicht, in eine Diskussion darüber geraten, ob Johns Frau Go-Go-Tänzerin gewesen sei oder nicht. In diesem Kontext folgt aus der Äußerung von (12a) nicht die Wahrheit von (12b), im Gegenteil kann man die Äußerung als Argument für die Falschheit von (12b) verwenden. (Die Vergangenheit seiner Frau sollte John auf Dauer nicht verborgen bleiben können.) Im Deutschen muß man für diese Ignoranz-Lesart die Konstruktion *wissen davon, daß* verwenden (vgl. Reis 1977:142–148), das Englische und Deutsche verhalten sich also in diesem Punkt unterschiedlich.

Aber auch im Deutschen gibt es einige Verwendungsweisen des Verbs *wissen*, bei denen eine faktive Präsupposition nicht auftaucht (Reis 1977:142–148):

(13) a. Das russische Bäuerlein wußte schon längst, daß Lenin ein Jude und auch Stalin einer war.
(rein ‚kontentiver', auf den subjektiven Wissensinhalt bezogener Gebrauch)
b. Hanna: Ruth war gerade zum Kaffee da.
Fritz: So? Was wußte die Klatschbase denn alles?
Hanna: Ach, sie wußte zum Beispiel, daß Erna ein Kind kriegt.
(‚Verbum-dicendi-ähnlicher' Gebrauch)
c. Helmut übertreibt bei allem: Wenn Erna hustet, weiß er gleich, daß sie Aids hat, und natürlich weiß er, daß Fritz die Reps wählt, weil er gerne einen Lodenmantel trägt.
(wissen = ‚sicher sein')

Das Problem, das sich hier stellt, ist, ob es sich tatsächlich um nicht-faktiven Gebrauch des Verbs *wissen* handelt, oder um verschiedene Bedeutungsvarianten des Verbs *wissen*, die nicht faktiv sind.

---

13 Löschbarkeit (defeasibility) und Streichbarkeit (cancellability) (vgl. Kap. 3.2) meinen das gleiche, nämlich Aufhebung eines Bedeutungselements/Schlusses. Vgl. die Erläuterungen in Levinson (1983/90:114f.).

Das zweite Beispiel bezieht sich auf das faktive Verb *bereuen*. Man kann hier ebenfalls sehr schön sehen, daß die Kalkulation einer Präsupposition von Hintergrundwissen abhängig ist. Gehen wir nämlich davon aus, daß Franz seine Dissertation geschmissen hat, aber daß er ohnehin arbeitslos geworden wäre, dann ist die Präsupposition (14b), daß Franz promoviert hat, gelöscht.

(14) a. Wenigstens wird es Franz nicht zu bereuen haben, daß er promoviert hat.
b. Franz hat promoviert.

Gehen wir aber davon aus, daß Franz unmittelbar nach seinem Rigorosum (aufgrund seines Doktortitels) einen Superjob ergattert hat, dann taucht die Präsupposition (14b) wieder auf.

Wie wir in Kap. 3 gesehen haben, ist Löschbarkeit/Streichbarkeit eine wesentliche Eigenschaft von konversationellen Implikaturen. Es könnte daher sein, daß Präsuppositionen Bedeutungsgrößen sind, die mit konversationellen Implikaturen verwandt oder damit identisch sind. Wenn wir die einzelnen Typen von Präsuppositionen auf konversationelle Implikaturen reduzieren könnten, hätten wir den Präsuppositionen einen passenden Platz angewiesen.

Solche Reduktionsversuche hat man tatsächlich gemacht. Sehen wir uns dies am Fall der **Ergänzungsfragesätze** (W-Interrogativsätze) näher an, die wir schon im vorherigen Abschnitt kennengelernt haben. Es handelt sich dabei um Sätze wie die folgenden:

(15) a. Wer war für die Rechtschreibreform? >> Jemand war für die Rechtschreibreform.
b. Wo hat Arno die Jeans her? >> Irgendwo hat Arno die Jeans her.

Mit dem Gebrauch des w-Worts, also *wer* in (15a) und *wo* in (15b), scheinen in normaler Verwendung bestimmte Voraussetzungen verbunden zu sein, die man als Existenzpräsuppositionen der W-Interrogativsätze betrachtet hat (vgl. Levinson 1983/90:184).[14] Aber trifft dies auch zu? Überprüfen wir das anhand des Testkriteriums der **Konstanz unter Negation**, welches man unmittelbar aus der semantischen Präsuppositionsdefinition (4) ableiten kann.

Zunächst ist zu beobachten, daß die Definition (4) nur auf Deklarativsätze zu passen scheint, denn von W-Interrogativsätzen läßt sich nicht sagen, ob sie wahr oder falsch sind. Sieht man davon ab und prüft, ob die mutmaßlichen Präsuppositionen „erhalten" bleiben, ergibt sich sofort, daß dies nicht der Fall ist:

(16) a. Wer war nicht für die Rechtschreibreform?
b. Jemand war nicht für die Rechtschreibreform.
aber nicht: Jemand war für die Rechtschreibreform.

[14] Oder als „strukturelle Präsupposition", siehe Fn. 12 und Tabelle 4.1.

(17) a. Wo hat Arno die Jeans nicht her?
b. Von irgendwo hat Arno die Jeans nicht her.
aber nicht: Von irgendwo hat Arno die Jeans her.

Der Satz (16a) hat als Präsupposition (16b) und der Satz (17a) hat als Präsupposition (17b). (Als Kontext für (17a/b) kann man sich eine Kriminaluntersuchung vorstellen.) Das Ergebnis des Negationstests ist also, daß hier nicht von einer Präsupposition im Sinne der Definition (4) die Rede sein kann.

Nun läßt sich aber beobachten, daß es Typen von Ergänzungsfragen gibt, bei denen die entsprechenden Präsuppositionen fehlen. Dies sind ‚Polizeifragen' wie unter (18a), Angebote wie unter (18b) und rhetorische Fragen wie unter (18c):

(18) a. Wer hat am Freitag den schwarzen Porsche gesehen?
b. Wer will noch ein Gläschen Rotkäppchensekt?
c. Wer ist für die Rechtschreibreform?

In (18a) ist höchst unklar, ob es jemand gibt, der den schwarzen Porsche gesehen hat, in (18b) fraglich, ob jemand noch ein Gläschen Rotkäppchensekt mag, und in (18c) wird sogar angedeutet, daß niemand für die Rechtschreibreform ist. Da es also W-Interrogativsätze gibt, bei deren Gebrauch die untersuchten Präsuppositionen nicht notwendig auftauchen brauchen, bleibt daher nur die Alternative, die früher als Präsuppositionen eingestuften Voraussetzungen von W-Interrogativsätzen als konversationelle Implikaturen zu betrachten. Sie sind kontextabhängig, sie sind streichbar und rekonstruierbar (vgl. Jacobs 1991, Meibauer 1991).[15]

Als einen weiteren Fall, der zum Reduktionismus eingeladen hat, betrachten wir **Gradpartikeln** (= Fokuspartikeln); diese wurden ebenfalls von einigen Forschern als präsuppositionale Elemente analysiert. Bei Gradpartikeln hat man nun versucht, bestimmte präsuppositionale Effekte als konventionelle Implikaturen zu analysieren.

Gradpartikeln sind unflektierbare Ausdrücke, die zusammen mit einer Bezugskonstituente vorkommen. Zum Beispiel ist in *nur Köln* der Ausdruck *nur* eine Gradpartikel und *Köln* seine Bezugskonstituente. Gradpartikeln können zusammen mit ihrer Bezugskonstituente im Vorfeld deutscher Sätze (also links von der durch das finite Verb besetzten linken Satzklammer) stehen, wie zum Beispiel in *[Nur Köln] habe ich besucht*. Darin unterscheiden sie sich einerseits von Modalpartikeln (nicht im Vorfeld erlaubt) und Satzadverbien (im Vorfeld erlaubt, aber prinzipiell ohne Bezugskonstituente) (vgl. Meibauer 1994:Kap.2).

Die Gradpartikel *nur*, die wir zunächst behandeln, gehört mit *lediglich* und *erst* zur Gruppe der restriktiven Gradpartikeln.[16] Mit der Gradpartikel *nur* sind zwei Interpreta-

[15] Um konventionelle Implikaturen kann es sich nicht handeln, da diese nicht streichbar/löschbar sind.

[16] Im Unterschied zu den additiven Gradpartikeln wie z. B. *auch*. *Auch* fügt einer Menge etwas hinzu, *nur* beschränkt die Menge.

tionen verbunden, nämlich eine quantifizierende und eine skalierende. Betrachten wir zunächst die quantifizierende Interpretation, bei der auf eine Menge von Orten Bezug genommen wird:

(19) ***nur*: quantifizierende Interpretation**
a. Ich habe [nur Köln] besucht.
b. (ASS) Ich habe keinen anderen Ort außer Köln besucht.
c. (19a) >> Ich habe Köln besucht.

Den Bedeutungsaspekt (19b) hat man als Assertion (ASS = das was behauptet wird) analysiert, den Bedeutungsaspekt (19c) als Präsupposition. Da (19b) Gegenstand der Wahrheitsbewertung ist – wenn der Sprecher auch in Aachen gewesen wäre, würden wir ihn der Lüge bezichtigen –, kann man (19b) auch als Entailment analysieren.

Nun zu der skalierenden Interpretation:

(20) ***nur*: skalierende Interpretation**
a. Fritz ist [nur Hilfsarbeiter].
b. (ASS) Fritz ist nicht mehr als ein Hilfsarbeiter.
c. (20a) >> Fritz ist Hilfsarbeiter.

Bei der skalierenden Interpretation spielt immer eine Skala eine Rolle, hier zum Beispiel eine Skala der Berufe, wobei die Elemente der Skala nach bestimmten Kriterien, in unserem Fall „Ansehen des Berufs", geordnet sind.

Bei solchen additiven Gradpartikeln nimmt man an, daß die Präsupposition gleich der Bedeutung des Ausgangssatzes minus der Bedeutung der Gradpartikel ist. Die Bedeutung von *nur* geht in die Wahrheitsbedingungen des Satzes ein, und wird daher zur Assertion gerechnet. Und tatsächlich würden wir einen Satz wie *Nur Ingo fuhr nach Rottenburg* als falsch beurteilen, wenn sich herausstellt, daß er dies in Begleitung von Berta getan hat.

Wenn man versucht, die Präsupposition durch Zusätze wie *möglicherweise nicht einmal* zu löschen, scheitert man; das spricht zunächst für deren Stabilität. Zum Beispiel ergibt sich in bezug auf (19a):

(21) Löschung der Präsupposition *Ich habe Köln besucht*:
*Ich habe nur Köln besucht und möglicherweise nicht einmal Köln.

Allerdings hat man Fälle wie die folgenden entdeckt, wo die Präsupposition für nur bei quantifizierender und skalierender Interpretation aufhebbar ist (vgl. Altmann 1976: 81, Reis 1977:57):

(22) a. [Nur Hans] mag Bier, und möglicherweise nicht einmal er.
(quantifizierend)
b. Hans verdient [nur 1.000,– DM] und möglicherweise sogar noch weniger.
(skalierend)

Nicht in jeder Verwendung von *nur* ist also die typische Präsupposition anwesend.[17] Genau dieses Verhalten, nämlich einen Einfluß auf die Wahrheitsbedingungen zu haben und in bestimmten Kontexten löschbare Bedeutungsbestandteile aufzuweisen, spricht aber dagegen, *nur* als Träger konventioneller Implikaturen aufzufassen. Beides lassen konventionelle Implikaturen per definitionem nicht zu.

Betrachten wir nun noch die additive Gradpartikel *sogar*. Diese Gradpartikel gehört in eine Gruppe mit *auch*, *gerade*, *insbesondere*, *gleichfalls*, *schon*, *noch*, *selbst*. Anders als die restriktiven Gradpartikeln liefern diese Partikeln keinen Beitrag zu den Wahrheitsbedingungen eines Satzes, sondern lösen nur eine Präsupposition aus (König 1991a:790f.).

Sogar ist eine Gradpartikel, die nur skalierend verstanden werden kann:

(23) ***sogar*: skalierende Interpretation**
Petra hat [sogar den Fahrtenschwimmer].
>> Petra hat den Freischwimmer.

Assertiert wird ein hoher Wert auf einer Skala, zum Beispiel {Fahrtenschwimmer, Freischwimmer} mit „Fahrtenschwimmer“ als höchstem Wert. Präsupponiert wird die Gültigkeit für die tieferen Werte auf der Skala, also Freischwimmer in unserem Beispiel.

Darüber hinaus taucht gelegentlich noch ein evaluatives Bedeutungselement auf, das man **Erwartungspräsupposition** genannt hat:

(24) Erwartungspräsupposition von (23):
Man erwartet nicht, daß Petra den Fahrtenschwimmer hat.

Diese Erwartungspräsupposition sieht jedoch verdächtig nach einer konversationellen Implikatur aus. Sie ist nämlich sehr gut streichbar, sie ist kontextvariabel und vermutlich auch rekonstruierbar. All dies spricht dagegen, sie (wie König 1991b:57) als konventionelle Implikatur anzusehen.

Während also die Zurückführung der Präsupposition auf die konversationelle Implikatur bei den W-Interrogativsätzen durchaus erfolgreich ist, bleiben bei dem Versuch, die Präsuppositionen von Gradpartikeln als konventionelle Implikaturen zu erweisen, erhebliche Zweifel. Das Phänomen der Löschbarkeit zeigt jedoch in Richtung eines pragmatischen Ansatzes in der Präsuppositionsforschung.[18]

---

[17] Zum allgemeinen Problem nicht-präsuppositionaler Kontexte siehe Reis (1977:99–122).

[18] Neben der Löschbarkeit ist auch das sogenannte **Projektionsproblem** zu beachten (vgl. Levinson 1983/90:191–198, Yule 1996:30–33). Damit ist das Phänomen gemeint, daß Präsuppositionen in manchen komplexen Konstruktionen nicht „überleben“, obwohl sie das eigentlich tun sollten. Zum Beispiel sollte in der folgenden Koordination aus S_1 und S_2:
$[_{S1}$Ich stellte mir vor, $[_{p}$daß Fritz krank war$]]$und $[_{S2}$niemand merkte, $[_{q}$daß er krank war$]]$.
die Präsupposition q (aufgrund des faktiven Verbs *merken*) gültig sein. Die Präsupposition p ist dagegen (aufgrund des nicht-faktiven Verbs *vorstellen*) nicht gültig. Im koordinierten Satz überlebt die Präsupposition q letztlich nicht, d.h es gilt, daß Fritz nicht krank war.

4.4 Zum Konzept der pragmatischen Präsupposition

Ein pragmatischer Ansatz in der Präsuppositionsforschung kann davon ausgehen, daß es präsuppositionale Elemente oder Konstruktionen gibt, die potentiell der Indizierung von Präsuppositionen dienen. Ob sie dies in einer konkreten Äußerungssituation auch tun, hängt davon ab, ob der Sprecher tatsächlich diese Präsuppositionen hat und dem Gesprächspartner zu verstehen geben will, daß er sie hat.

Es gibt eine Reihe von Versuchen, die Präsupposition rein pragmatisch zu definieren (Levinson 1983/90: 204–225; Lambrecht 1994: 51–65). Diese Ansätze arbeiten immer mit dem Begriff des gemeinsamen Hintergrundwissens (engl. mutual background knowledge, common ground). Eine entsprechende Definition könnte wie folgt lauten (vgl. Levinson 1983/90:205, Lambrecht 1994:52, 60):

> (25) **Pragmatische Präsupposition**
>
> Ein Sprecher präsupponiert mit seiner Äußerung eine Proposition p, wenn er davon ausgeht, daß diese den Gesprächspartnern wechselseitig bekannt ist oder als gegeben akzeptiert wird.

Daß Präsuppositionen einerseits eine sprachliche Basis haben, anderseits aber abhängig vom jeweiligen gemeinsamen Hintergrundwissen sind, zeigt sich an dem Phänomen der **pragmatischen Akkomodation** (vgl. Lambrecht 1994:65–73). Darunter ist eine Anpassung an die jeweils nötigen präsuppositionalen Wissensbestände zu verstehen. Vergleiche dazu den folgenden Dialog:

(26) [A zeigt auf die 4jährige Nastassja]
A: Wie alt ist er?
B: Sie ist vier!

Durch den Gebrauch von *er* in der Äußerung wird präsupponiert, daß es sich bei Nastassja um einen Jungen handelt. Durch die Verwendung von *sie* in der Äußerung von B wird jedoch eine neue Präsuppositions-Situation geschaffen, wobei dies nicht als explizite Korrektur aufgefaßt wird. Wenn also eine Äußerung nach einer bestimmten Präsupposition verlangt, dann wird diese einfach im Nachhinein als existent angenommen.

Auf der Tradition, unter einer Präsupposition ein gemeinsames **Hintergrundwissen** zu verstehen, baut auch der Vorschlag von Chierchia/McConnell-Ginet (1990:23–28, 280–295) auf. Chierchia und McConnell-Ginet gehen von der Beobachtung aus, daß Präsuppositionen in verschiedenen Abwandlungen eines Satzes auftauchen:

(27) a. Ingo hat aufgehört zu dealen.
b. Ingo hat nicht aufgehört zu dealen.
c. Hat Ingo zu dealen aufgehört?
d. Wenn Ingo aufgehört hat zu dealen, laust mich der Affe.

Alle diese Sätze präsupponieren *Ingo hat gedealt*. Man kann dieses Faktum zu einem Test benutzen, den Chierchia und McConnell-Ginet einprägsam den **S-Familien-Test** nennen. Die Sätze unter (27) bilden solch eine S-Familie: positiver und negativer Deklarativsatz, Entscheidungsfragesatz und Konditionalsatz.

Für semantische Implikationen (Entailments), also Folgerungen aus Deklarativsätzen, gilt das nicht (eine Assertion kann als die Menge der semantischen Implikationen aus einem Aussagesatz verstanden werden). Zum Beispiel liegt zwischen (28a) und (28b) die Beziehung einer semantischen Implikation vor:

(28) a. Nastassja küßt Arno.
b. Nastassja berührt Arno.

Man vergleiche aber nun die entsprechende Familie:

(29) a. Nastassja küßt Arno nicht.
b. Küßt Nastassja Arno?
c. Wenn Nastassja Arno küßt, laust mich der Affe.

(28 b) folgt keineswegs aus (29 a–c). Somit ist gezeigt, daß semantische Implikationen und Präsuppositionen etwas Unterschiedliches sein müssen.

Was der S-Familien-Test daher eigentlich macht, ist die Hintergrundhaftigkeit einer Information zu ermitteln. Alle Propositionen, die den S-Familien-Test bestehen, können im Sinne der pragmatischen Präsuppositionsdefinition zum gemeinsamen Hintergrundwissen gerechnet werden. Durch die Verwendung entsprechender präsuppositionaler Mittel kann der Sprecher diesen Hintergrund explizit machen.

Insgesamt steht eine korrekte Analyse des Präsuppositionsphänomens noch aus;[19] es gilt eine Vielzahl von präsuppositionalen Elementen und Konstruktionen zu erfassen, und manches Mal entsteht der Eindruck, man müßte eine umfassende Theorie der Grammatik und Pragmatik bereits haben, um der Präsupposition ihren Platz anweisen zu können. Es ist nicht ganz unplausibel, diesen Platz letztlich in einer Theorie der Informationsstruktur zu sehen, denn der Begriff des gemeinsamen Hintergrunds und überhaupt die Unterscheidung zwischen altem, schon bekanntem und neuem, frisch in das Gespräch eingeführten Wissen ist gerade ein zentraler Gegenstand dieser Theorie (vgl. Kap. 11).

4.5 Zusammenfassung

Ausgehend von der semantischen Definition der Präsupposition, die auf Konstanz unter Negation basiert, haben wir die wichtigsten Typen der Präsupposition (existentiell, faktiv, nicht-faktiv, lexikalisch, strukturell und kontrafaktisch) kennengelernt. Das Phäno-

[19] Vgl. dazu die Schlußbetrachtungen in Levinson (1983/90:225) und Grundy (1995:85f.).

men der Löschbarkeit weist darauf hin, daß Präsuppositionen kontextabhängig sind. Die Reduktion auf konversationelle Implikaturen gelingt bei W-Interrogativsätzen, aber die Reduktion auf konventionelle Implikaturen bei Gradpartikeln ist problematisch. Ein pragmatischer Präsuppositionsbegriff geht zwar von der Existenz präsuppositionaler Elemente und Konstruktionen aus, nimmt aber an, daß es immer Sprecher sind, die mit dem Gebrauch dieser Elemente auf dem angenommenen gemeinsamen Hintergrundwissen aufbauen bzw. dieses im Konversationsverlauf modifizieren.

Übungen

❶ Diskutieren Sie bezüglich der folgenden Sätze, inwiefern die in eckigen Klammern gesetzten Teile als präsupponiert gelten können:

(a) Nastassja entdeckte/vergaß, [daß Arno Berta bewundert].
(b) Es war in Altingen, [als Olympos Tübingen den TSV Hirschau 10:0 besiegte].
(c) Nastassja gab vor, glücklich zu sein. [Sie war nicht glücklich.]
(d) Wenn ich nicht krank wäre, würde ich kommen. [Ich bin krank.]
(e) Wann hat Olympos Tübingen den TSV Hirschau geschlagen?
[Olympos Tübingen hat den TSV Hirschau irgendwann geschlagen.]
(f) Dettenhausen II hat Olympos Tübingen fast geschlagen.
[Dettenhausen II hat Olympos Tübingen nicht geschlagen.]

❷ Zu den additiven Gradpartikeln wird *auch* gerechnet. Geben Sie ein Beispiel für eine quantifizierende und eine skalierende Interpretation, und erläutern Sie, was jeweils die Assertion und die Präsupposition ist.

❸ Erläutern Sie den Unterschied zwischen semantischer Implikation (Entailment) und Präsupposition an dem folgenden Beispiel:

(a) Ingo schaffte es nicht, den Job zu kriegen.
(b) Es war schwierig für Ingo, den Job zu kriegen.
(c) Ingo kriegte den Job nicht.

❹ Führen Sie den S-Familien-Test anhand des Satzes (a) durch, und zeigen Sie an einem selbstgewählten Beispiel, daß dieser Test bei semantischen Implikationen (Entailments) nicht klappt.

(a) Es war Nastassja, die dem Chef Sekt über die Hose gegossen hat.

❺ Bei Green (1996^2:Kap. 4.2) finden sich zwei Abschnitte, in denen die Konnotationen von lexikalischen Ausdrücken als Präsuppositionen behandelt wer den. Lesen Sie die entsprechenden Abschnitte gründlich, schlagen Sie in einem terminologischen Wörterbuch nach, was unter Konnotation zu verstehen ist, und diskutieren Sie kritisch Greens Vorschläge.

Literaturhinweise

Zur Einführung in die Präsuppositionsdiskussion siehe GREWENDORF/HAMM/STERNEFELD (1987:Kap. VII.D), YULE (1996:Kap. 4), GRUNDY (1995:Kap.4), GREEN (1996^2: Kap. 4.2) und LEVINSON (1983/90:Kap. 4). Als Klassiker ist STRAWSON (1950) zu empfehlen. HELBIG (1988) enthält eine Einführung in den Bereich der deutschen Partikeln; detaillierte Analysen zu den Gradpartikeln finden sich in ALTMANN (1976) und KÖNIG (1991a, b). Weitere Analysen zu den einzelnen präsuppositionalen Elementen bei REIS (1977). Ob Präsuppositionen im Griceschen Rahmen analysiert werden können, diskutiert VAN DER SANDT (1988:Kap. 3). Siehe dazu auch den Handbuchartikel von HORN (1996). Zu einem pragmatischen Präsuppositionsbegriff siehe CHIERCHIA/MCCONNELL-GINET (1990:23–28, 280–295) sowie LAMBRECHT (1994:51–73).

5. Intermezzo I: Grammatik und Pragmatik

Obwohl wir noch nicht alle Bereiche der Pragmatik kennengelernt haben, ist es doch angebracht, eine kurze Rückschau zu halten. In den letzten Kapiteln, die sich mit Referenz und Deixis, mit Implikaturen und Präsuppositionen beschäftigt haben, waren wir immer mit Abgrenzungsproblemen konfrontiert: Zum Beispiel war die Frage, in welchem Maße die Deixis oder die Präsupposition semantischen oder pragmatischen Charakter hat. Mit der Griceschen Theorie der Implikaturen haben wir eine wichtige pragmatische Theorie kennengelernt, die die Grenzziehung zwischen Semantik und Pragmatik explizit zum Gegenstand der Forschung macht.

Trennt man zwischen Semantik und Pragmatik, trennt man meistens auch zwischen Grammatik und Pragmatik, denn die Semantik wird im allgemeinen als ein Teilgebiet der Grammatik betrachtet. Im Kap. 1 haben wir denn auch die Grammatik der Pragmatik gegenübergestellt. Die grundlegende Berechtigung der Unterscheidung zwischen Grammatik und Pragmatik wird sicher von sehr vielen Linguisten anerkannt, wobei es natürlich Unterschiede in der Benennung oder theoretischen Ausgestaltung gibt. Als Kronzeugen zitiere ich hier Chomsky (1977:3):

> „A person who knows a language normally knows how to use it to achieve certain human ends. We may say that he attains a system of ‚pragmatic competence‘ interacting with his grammatical competence, characterized by the grammar. Thus we distinguish grammatical and pragmatical competence as two components of the attained cognitive state.“

Aus diesem Zitat könnte man schließen, daß es sich bei der grammatischen Kompetenz und der pragmatischen Kompetenz um eigenständige, gut gegeneinander abgegrenzte Fähigkeiten handele, die miteinander in Beziehung treten („interagieren“), um so die menschliche Kommunikation zu ermöglichen.[20] Wir wollen in diesem Intermezzo etwas grundsätzlicher über die Problematik der Abgrenzung der Grammatik und Pragmatik und die Interaktion dieser Gebiete nachdenken.

5.1 Modularität und Autonomie

Seit Jerry Fodors Buch *The Modularity of Mind* (1983) ist es populär geworden, die verschiedenen Teilbereiche, die an der menschlichen Sprachfähigkeit beteiligt sind, als mehr oder minder modular zu charakterisieren.

---

[20] Chomsky redet hier von Kompetenzen, andere Forscher, die nicht den Anspruch erheben, das implizite Wissen von Sprechern über ihre Sprache zu erforschen, bevorzugen es, von Ebenen oder Komponenten zu sprechen.

Was ist nun unter **Modularität** zu verstehen? Der Begriff Modularität bezieht sich ganz allgemein auf Theorien oder Modelle, deren Aufbau eine gewisse Ähnlichkeit mit aufeinander gestapelten Kästchen hat (Wiese 1982:18). In diesem Sinne könnte man die Grammatik als einen Kasten (Modul) betrachten, welcher Syntax, Phonologie, Semantik und das Lexikon als vier kleine Kästchen (Submodule) enthält:[21]

(1)

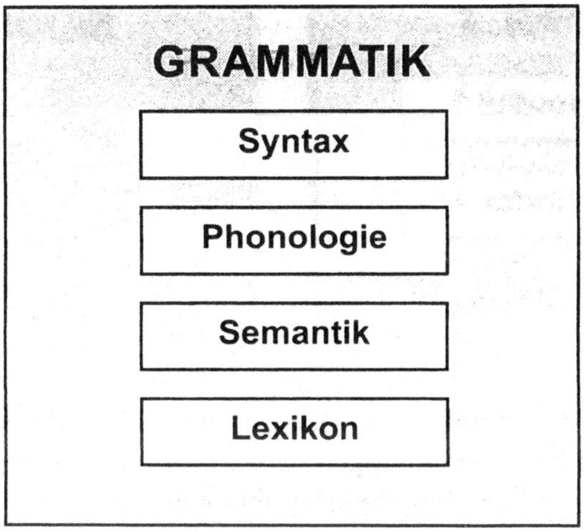

Oft wird bei der Erläuterung des Modularitätsgedankens auf Analogien zurückgegriffen; so, wenn bestimmte Organe des menschlichen Körpers als Module aufgefaßt werden, oder wenn wir die Komponenten eines technischen Geräts, zum Beispiel einer HiFi-Anlage oder eines Computers, als Module identifizieren. Zu fragen ist immer, inwiefern eine solche Analogie dem Gegenstand Sprache angemessen ist.

Bei näherem Hinsehen lassen sich drei Verwendungsweisen des Begriffs Modularität ausmachen. Erstens kann man Modularität als ein **methodisches Prinzip der wissenschaftlichen Entdeckung** auffassen (Modularität$_1$). Anstatt Gebilde der Natur wie etwa das Blatt einer Pflanze als nicht weiter strukturierte Gebilde zu sehen, versucht zum Beispiel der Biologe, Module des Blattes zu identifizieren. Zweitens kann man unter Modularität eine **Eigenschaft von Modellen oder Theorien** verstehen (Modularität$_2$). Diese können mit bestimmten Aspekten der Realität übereinstimmen, brauchen es aber nicht. Und drittens kann man unter Modularität ein **inneres Organisationsprinzip des menschlichen Geistes** verstehen (Modularität$_3$). Dies ist die Sichtweise, die zum Beispiel Chomsky (1977) und Fodor (1983) bevorzugen.

Das Gegenteil von Modularität ist **Homogenität**. Dies bedeutet, daß ein gegebenes Modell, eine Theorie oder ein Bereich des menschlichen Geistes (zum Beispiel das mentale Lexikon, der in unserem Gehirn gespeicherte Wortschatz) in sich nicht weiter

---

21 Wir gehen hier davon aus, daß die Morphologie ein Teil des Lexikons (oder zumindest sehr „lexikonnah") ist. Morphologische Prozesse, seien es Prozesse der Wortbildung oder der Wortformbildung, sind auf Wörter bezogen, und diese stehen im Lexikon.

untergliederbar ist. Dieser Begriff der vorhandenen oder nicht vorhandenen inneren Unterteilung in Submodule wird auch als **interne Modularität/Homogenität** bezeichnet. Läßt man zwei Systeme interagieren, kann man dagegen von **externer Modularität/Homogenität** sprechen. Machen wir uns das einmal anhand des folgenden Schaubilds klar:

(2)

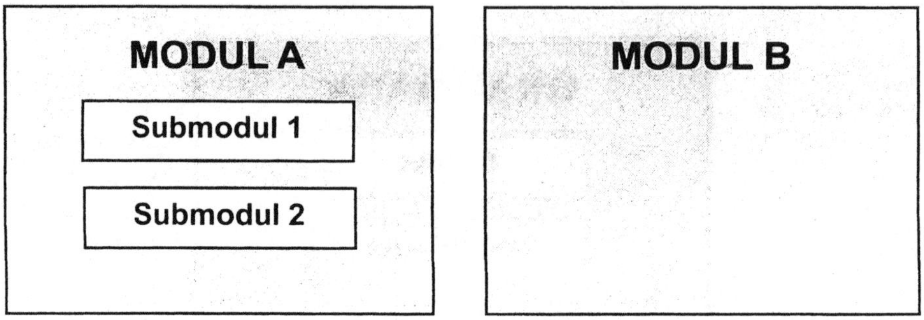

Das Modul A ist intern modular und extern – gegenüber Modul B – ebenfalls modular. Dagegen ist Modul B intern homogen und extern – gegenüber Modul A – modular.

Betrachten wir nun einfach das Modul A als Grammatikmodul und das Modul B als Pragmatikmodul. Dann stellen sich die folgenden Fragen:

(a) Läßt sich Modul A (mit seinen Submodulen) gegenüber Modul B in sinnvoller Weise abgrenzen?

(b) Ist Modul B ein eigenständiges Modul, oder ist es ein Submodul von Modul A?

(c) Ist Modul B intern modular oder homogen?

(d) Reichen die Module A und B aus, um den „attained cognitive state" im Sinne des obigen Chomsky-Zitats zu erfassen?

Ich möchte im folgenden einige typische Argumente und Ansichten in bezug auf diese Fragen vorstellen.

Die Fragen (a) und (b) hängen eng mit dem Begriff der **Autonomie** zusammen. Was darunter zu verstehen ist, hat Reis (1977:2) folgendermaßen formuliert:

> „Über (den Grad der Autonomie) von A gegenüber B entscheidet, ob die in Bereichen A, B bzw. unter den Gesichtspunkten A, B zu charakterisierenden Größen und Gesetzmäßigkeiten ganz, teilweise oder nicht identisch sind; dies aber ist im einzelnen empirisch, durch Untersuchung der einschlägigen Daten entscheidbar."

Nach unseren bisherigen Untersuchungen scheint es zumindest so, daß das Submodul Semantik eine gewisse Autonomie gegenüber einem Modul Pragmatik besitzt. Die Größen, von denen wir bisher geredet haben, waren Referenz, Deixis, Implikaturen und Präsuppositionen, und wir haben uns bemüht, hier eher semantische von eher pragmatischen Aspekten zu trennen. Diese Trennung, wie überhaupt die Idee der Autonomie, ist keinesfalls so zu verstehen, daß die Module gewissermaßen autark sind; sie „interagieren“ miteinander, d.h. liefern einander Information und sind in diesem Sinne auch abhängig voneinander, **dependent**.

Die Frage (b) ist insofern radikal, als sie die Modularisierung in zwei Module Grammatik und Pragmatik in Frage stellt. Ist Pragmatik nicht vielleicht als *ein Teil* der Grammatik anzusehen? Hat sie als Submodul der Grammatik nicht den gleichen Status wie die Syntax, die Phonologie, die Semantik und das Lexikon? Dies werde ich im nächsten Abschnitt diskutieren.

Die Frage (c) betrifft das Problem des inneren Aufbaus der Pragmatik. Ist Pragmatik von Natur aus „flach“, ohne innere Struktur? Oder lassen sich – ganz wie bei der Grammatik – auch hier Submodule ausmachen? Selbst bei den Forschern, die die letzte Frage bejahen würden, gibt es solche, die neben einem pragmatischen Modul noch weitere Module postulieren (vgl. Frage [d]) und solche, die das pragmatische Modul in weitere Submodule unterteilen möchten.

Im Prinzip gibt es also reichhaltige Möglichkeiten der Modularisierung; es kommt natürlich darauf an, diejenigen Bereiche der sprachlichen Wirklichkeit zu finden, die uns einen verläßlichen, empirisch begründeten Aufschluß über die richtige Modellbildung erlauben.[22]

5.2 Pragmatik innerhalb der Grammatik?

Es liegt sicher in der Tradition der neueren Sprachwissenschaft mit ihrer Unterscheidung zwischen langue/parole, Sprachsystem/Sprachverwendung, Kompetenz/Performanz, wenn die Grammatik der Pragmatik gegenübergestellt wird. Es zeigt sich aber, daß es auch gute Gründe gibt, die Pragmatik als Teil der Grammatik zu betrachten.

Ein Argument dafür wäre das Wissen über bestimmte Aspekte der Verwendung von Satztypen. Die meisten Sprachen dieser Welt verfügen über entsprechende sprachliche Formen; die wichtigsten Satztypen des Deutschen sind die folgenden (vgl. Kap. 6):

(3) a. *Deklarativsatz* (Aussagesatz)
Nastassja schneidet sich die Haare.
b. *E-Interrogativsatz* (Entscheidungsfragesatz)
Schneidet sich Nastassja die Haare?
c. *W-Interrogativsatz* (Ergänzungsfragesatz)
Wer schneidet sich die Haare?
d. *Imperativsatz* (Aufforderungssatz)
Schneide dir die Haare!

---

[22] Auf einige Dogmen in der Debatte um die Modularität weist Sadock (1983) hin: (a) Module brauchen nicht notwendig **scharfe Grenzen** zu haben (z.B. gibt es keine Grenze zwischen Erdatmosphäre und Weltraum); (b) sie brauchen nicht **interaktiv einfach** zu sein (man denke etwa an komplexe Prozesse der Rückkopplung und Kontrolle); (c) das **Überlappungsverbot** ist unbegründet (so hat etwa der Tintenfisch zwei Herzen).

Diese Sätze haben eine bestimmte phonologische, syntaktische, und semantische Form. Die Grammatik des Deutschen muß diese Form bestimmen. Wie aber schon durch die deutschen Bezeichnungen für diese Satztypen suggeriert wird, dienen diese Satztypen bestimmten sprachlichen Funktionen: Mit einer Äußerung wie (3a) wird normalerweise eine Feststellung oder Behauptung gemacht, mit (3b,c) werden gewöhnlich Fragen gestellt, mit (3d) wird eine Aufforderung ausgesprochen.

Gehört nicht dieses Wissen, daß bestimmte Satztypen normalerweise so und nicht anders verwendet werden, auch in die Grammatik? Dies würde bedeuten, daß man die Pragmatik als ein eigenes grammatisches Submodul betrachtet. Und tatsächlich wurde diese Position von Harnish/Farmer (1984:261) vertreten:

> „But as soon as we see linguistic competence as a capacity we see that some knowledge of language use (e.g. speech acts) has as much right to be included as a part of the language system as do our phonological and syntactic abilities. It is our opinion that any theory of language that leaves out all aspects of language use simply fails to describe the language correctly.“

Entsprechend der Annahme, daß Pragmatik ein Teil des Sprachsystems sei, ergibt sich bei Harnish/Farmer das folgende Modell (der Begriff „Grammatik“ wird hier nicht verwendet, aber wir können ihn mit dem Begriff „Sprachsystem“ identifizieren):

(4)

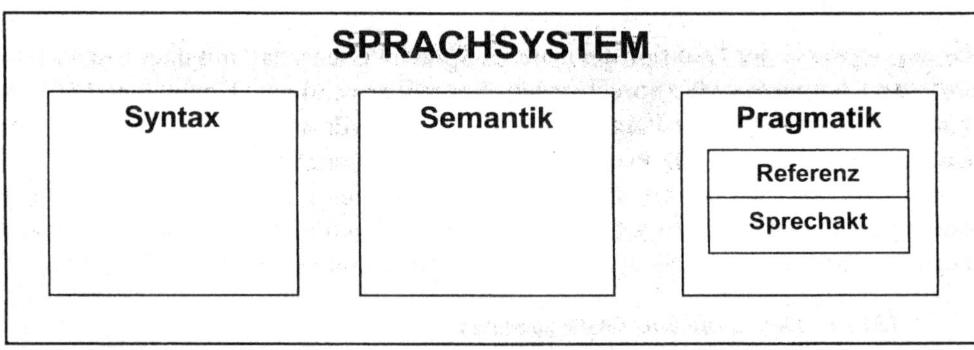

Was hier die Pragmatik als Modul des Sprachsystems zur Verfügung stellt, sind die Submodule der Referenz (siehe Kap. 2) und des Sprechakts (siehe Kap. 7). Gegenstand der Pragmatik sind für Harnish/Farmer jedoch nur die normalen, „wörtlichen“ Verwendungen von Sätzen, nicht diejenigen, die in einer speziellen Äußerungssituation eine Umdeutung erfahren. Zum Beispiel würde die Pragmatik das Ergebnis liefern, daß (3d) als Aufforderung verstanden werden kann, würde aber nicht die Verwendung von *Komm nach Köln!* in der Äußerung *Komm nach Köln, und du siehst den dreckigsten Fluß Deutschlands!* erklären können. Hier wird das erste Konjunkt nicht als Aufforderung verstanden, nach Köln zu kommen, sondern eher im Sinne von ‚Wenn du nach Köln kommst, dann siehst du den dreckigsten Fluß Deutschlands!‘, also als konditionaler Sprechakt. Nicht alle Aspekte des Sprach*gebrauchs* werden also durch die Pragmatik als Teil des Sprach*systems* abgedeckt.

In diesem Modell ist aber Pragmatik keine umfassende Theorie des Sprachgebrauchs mehr. So ist aus diesem Modell jedenfalls nicht ersichtlich, wie zum Beispiel all das, was mit konversationellen Implikaturen zusammenhängt, erfaßt werden kann. Es scheint vielmehr so, daß man zwei Pragmatik-Module annehmen muß, eines, das als Submodul Teil der Grammatik ist, und eines, das systematische Aspekte des Sprachgebrauchs behandelt.

Die prinzipielle Möglichkeit, daß (Teile der) Pragmatik Teil der Grammatik sein könnte(n), sollte bei allen Überlegungen zur Modularität immer mitbedacht werden. Zumindest die Tatsache, daß zur Ermittlung der Wahrheitswerte von Äußerungen die Kenntnis der Äußerungssituation nötig ist, wie wir am Beispiel der Deixis gesehen haben, zeigt in diese Richtung.

5.3 Pragmatik außerhalb der Grammatik?

Wenn die Pragmatik als etwas betrachtet wird, das außerhalb der Grammatik liegt und ihr gegenüber autonom ist, dann sind zwei Haltungen möglich: Pragmatik kann als wesentlich **nicht-modular** oder als wesentlich **modular** aufgefaßt werden. Charakteristische Positionen dazu sollen hier kurz vorgestellt werden: Verschueren (1987) und Wilson/Sperber (1991) als Vertreter der nicht-modularen Partei; Bierwisch (1980) und Motsch/Reis/Rosengren (1990) als Vertreter der modularen Partei.

Für Verschueren (1987) ist Pragmatik grundsätzlich nicht-modular. Pragmatik stellt für ihn keine separate Komponente dar wie etwa die Phonologie, Syntax und Semantik, sondern ist eine **funktionale Perspektive** auf diese Gebiete, und mehr noch, auf alle Aspekte der Sprache. Während Komponenten wie Phonologie, Syntax und Semantik bestimmte grundlegende Analyseeinheiten haben, nämlich den Laut, den Satz und die Bedeutung, kann man bei der Pragmatik solche analytischen Grundbegriffe nicht ausmachen. Und während Disziplinen wie Soziolinguistik, Psycholinguistik, anthropologische Linguistik und Neurolinguistik ihren eigenen Gegenstandsbereich haben, nämlich die Gesellschaft, die Kognition, die Kultur und das Gehirn, kann ein solcher Bezug auf einen bestimmten Gegenstandsbereich bei der Pragmatik nicht festgestellt werden.

Die Art der Perspektive geht von dem Begriff der **Adaption** aus. Sprache wird daraufhin befragt, was sie zum menschlichen Überleben beiträgt; sprachliche Prozesse sind für Verschueren Adaptionsprozesse. Daher ist in seinem Ansatz die Bezugswissenschaft der Sprachwissenschaft nicht wie bei Chomsky die kognitive Psychologie, sondern die Biologie. Diese Sichtweise schließt nicht die Untersuchung sozialer Faktoren aus, denn diese verkörpern ja gerade die Lebensbedingungen der menschlichen Gattung. Ob nun die sprachliche Anpassung in der Kleingruppe, in größeren Verbänden oder auf der Ebene der Menschheit untersucht wird, immer spielt dabei der prozessuale Aspekt eine Rolle. Die Funktion dieser Adaptionsprozesse zu untersuchen, ist Aufgabe der Pragmatik.

Dieser Ansatz trägt einerseits sicher der Schwierigkeit Rechnung, daß zwischen den möglichen Submodulen der Pragmatik auf Anhieb kein innerer Zusammenhang erkennbar ist, und man sich auch nur unter Zögern zu einer bestimmten Basiseinheit der Analyse, sagen wir den Sprechakt, bekennen mag. Anderseits scheint die typische adaptionistische Fragestellung – etwa die: wie konnten sich im Verlauf der Evolution im Deutschen vier Satztypen herausschälen? – bei genauer Betrachtung zu umfassend, als daß man sich vorstellen könnte, wie man sie jemals konkret beantworten sollte. Der Versuch, sie zu beantworten, scheint mit Notwendigkeit in die Modularisierung zu führen, und sei diese auch nur als methodisches Prinzip zu verstehen.

Daß die Pragmatik nicht-modular sei, darauf bestehen auch Wilson/Sperber (1991). Sie warnen davor, Pragmatik nach dem Muster der Grammatik zu modellieren; die Grammatik sei ein „special-purpose modular system", während die Pragmatik „simply the domain in which grammar, logic and memory interact" sei (S. 583). Die Gemeinsamkeit von Grammatik und Pragmatik erschöpfe sich darin, daß beide in den Bereich der kognitiven Psychologie gehören und eben mit Sprache zu tun haben.

Pragmatische Prozesse sind nach Wilson/Sperber (1991:584) jene Prozesse, die verwendet werden, um die Lücke zwischen der semantischen Repräsentation von Sätzen und der Interpretation von Äußerungen im Kontext zu schließen:

> „Pragmatics, then, is a theory of the cognitive principles and abilities involved in utterance interpretation, and of their cognitive effects."

Wilson und Sperber gehen davon aus, daß es eine notwendige Beziehung zwischen der Modularität des Sprachsystems und seinem *Code*charakter gibt. Wenn man also von einer modularen Pragmatik redet, muß man annehmen, daß es so etwas wie einen pragmatischen Code gibt. Dieser müßte Hörer befähigen, die Sprecherintention abzuleiten. Ein Algorithmus zur Ableitung der Menge der notwendigen Kontextannahmen, die der Sprecher bei seiner Äußerung macht, existiert jedoch nicht. Oft können Hörer einfach nicht den adäquaten Zugang zum erforderlichen Hintergrundwissen haben, oder es gibt eine Menge von möglichen, sich aber gegenseitig ausschließenden Hintergrundannahmen. Das bestmögliche Ergebnis einer Äußerungsinterpretation ist eher **Ähnlichkeit** zwischen den Gedanken des Sprechers und denen des Hörers, und dies spricht nach Meinung von Wilson und Sperber gegen die Modularität der pragmatischen Prozesse und damit der Pragmatik.

Die beschriebenen Vagheiten bei der Äußerungsinterpretation sind jedoch kaum als Argumente gegen die Modularität der Pragmatik zu werten; im Gegenteil, nach dem bisher Erörterten könnte man meinen, daß eine modulare Betrachtungsweise ein guter Ausgangspunkt ist, um etwa das Konzept der Ähnlichkeit zu erfassen. Festzustellen, wo keine Grenzen, wo fließende Übergänge sind, setzt ja gewissermaßen voraus, daß man Vorstellungen von der Identität des Gegenstands hat. Zum Beispiel kann man konstatieren, daß es keine exakte Grenze zwischen der Erdatmosphäre und dem Weltraum gibt, aber dies setzt voraus, daß man angeben kann, was eine Atmosphäre ist. Module allein dadurch zu charakterisieren, daß sie einen Algorithmus enthalten, ist wohl eine viel zu enge Konzeption des Modularitätsbegriffs.

Wir kommen nun zu solchen Ansätzen, die von einer modularen Pragmatik ausgehen. Einen wichtigen Vorschlag finden wir bei Bierwisch (1980). Bierwisch nimmt folgende Module an:

(5)

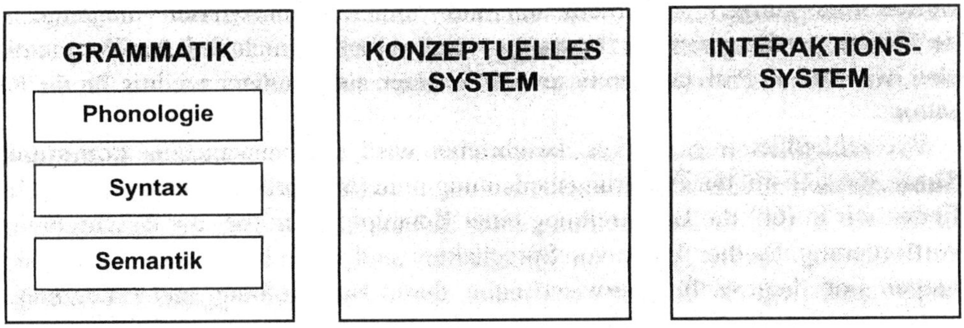

Die Motivation dieser Modularisierung läßt sich an dem folgenden Beispiel (6a) gut verdeutlichen. Bei dieser Äußerung lassen sich dann die in (6b-e) formulierten Bedeutungsaspekte unterscheiden:

(6) a. **ins** Dafür mußt du bezahlen.
b. **sem** Zum Zeitpunkt x der Hervorbringung von ins ist es für den Angesprochenen notwendig, für ein identifiziertes z zu bezahlen.
c. **m** Nastassja ist zum Zeitpunkt t verpflichtet, dem Trainer 20,– DM als Gegenwert für eine Übungsstunde zu geben.
d. **cs**$_1$ Der Sprecher von ins will, daß Nastassja weiß, daß Nastassja zum Zeitpunkt t verpflichtet ist, dem Trainer 20,– DM als Gegenwert für eine Übungsstunde zu geben, und er will, daß Nastassja weiß, daß er hinreichende Evidenz dafür hat.
e. **cs**$_2$ Der Sprecher von ins fordert Nastassja auf, dem Trainer 20,– DM als Gegenwert für eine Übungsstunde zu geben.

Eine Äußerung wie (6a) nennt Bierwisch **Inskription** (ins); er wählt diesen Begriff, um schriftliche wie auch mündliche Äußerungen erfassen zu können. Das Medium der mündlichen Äußerungen sind Schallwellen, das Medium der schriftlichen Äußerung ist die Schrift.

In jeder Äußerung gibt es eine **Satzbedeutung** (sem); die Satzbedeutung von (6a) wird in der Paraphrase (6b) wiedergegeben. Sie setzt sich aus den Bedeutungen der Wörter und der Konstruktion des Satzes zusammen, läßt aber die Referenz deiktischer Ausdrücke wie *dafür*, *du* und den exakten Zeitpunkt der Äußerung offen. Die Satzbedeutung wird im semantischen Submodul der Grammatik bestimmt.

Die Spezifizierung deiktischer Ausdrücke wird erst auf der Ebene der **Äußerungsbedeutung** (m) möglich. Es ist einsichtig, daß dafür ein konkreter Äußerungskontext benötigt wird. In unserem Fall handelt es sich bei der Angesprochenen um Nastassja, der Zeitpunkt ist als t spezifiziert, und *bezahlen* heißt soviel wie ‚jemandem (hier: dem Trainer) Geld (hier: 20,– DM) als Gegenwert für eine Leistung (hier: Übungsstunde) geben'.

Warum werden die Äußerungsbedeutungen dem **konzeptuellen System** zugeordnet? Unter dem konzeptuellen System kann man sich ganz allgemein ein System vorstellen, das das Welt- und Situationswissen und darauf beruhende begriffliche Strukturen enthält. Wissen über die Welt – etwa daß man bei der Benutzung öffentlicher Verkehrsmittel im

Besitze eines gültigen Fahrscheins sein muß – und Situationswissen – diejenige, mit der der Trainer gerade spricht, ist Nastassja – sind sicherlich nicht Teil der Grammatik, sind aber, wie man am Fall der Deixis am deutlichsten sieht, äußerst wichtig für die Konversation.

Was schließlich in cs_1 und cs_2 beschrieben wird, sind verschiedene **kommunikative Sinne**, die sich mit der Äußerungsbedeutung m in (6c) verbinden können. Zum Beispiel finden wir in (6d) die Beschreibung einer Behauptung, in (6e) die Beschreibung einer Aufforderung. Da dies Typen von Sprechakten sind, Sprechakte aber sprachliche Handlungen sind, liegt es für Bierwisch nahe, deren Beschreibung und Erkennung in ein eigenes Modul, das **Interaktionssystem**, zu verlagern.

Dies ist ein recht plausibles Modell, das die wesentlichen Module, die aus linguistischer Sicht bei der Produktion und Interpretation beteiligt sind, erfaßt. Es ist aber auch ein Modell, das Kritik auf sich gezogen hat: Einmal, was die Unterscheidung zwischen Semantik/semantischer Form und konzeptuellem System/konzeptueller Struktur angeht (vgl. Meyer 1994), und dann, was die Unterscheidung zwischen konzeptuellem System/konzeptueller Struktur und Interaktionssystem/kommunikativem Sinn angeht. Konzentrieren wir uns hier auf den zweiten Punkt: Muß man wirklich zwei Module annehmen, wo man vielleicht auch mit einem – der Pragmatik – auskommen könnte?

Die Unterscheidung zwischen konzeptuellem System und Interaktionssystem wird in Motsch/Reis/Rosengren (1990) kritisiert. Für Bierwisch ist ein Argument für die Trennung der beiden Systeme, daß Sprache auch nicht-kommunikativ verwendet werden kann, z. B. beim bloßen Nachdenken, bei „kalkulativem" Gebrauch. Ein bestimmter kommunikativer Sinn entsteht nach seiner Auffassung nur bei einem passenden Interaktionszusammenhang.

Es gibt allerdings eine Größe auf der Ebene der Äußerungsbedeutung, die weder Element der semantischen Struktur eines Satzes ist, noch mit dem kommunikativem Sinn gleichzusetzen ist, und das ist die **kognitive Grundeinstellung**. Ein Einstellungstyp, d.h. eine Haltung, die ein Sprecher (= S) zum Inhalt einer Äußerung (= p) einnimmt, ist an einen bestimmten Satztyp gebunden:

Tabelle 5.1 Zuordnung von kognitiven Grundeinstellungen und Satztypen

Kognitive Grundeinstellung	Satztyp
S ist der Überzeugung, daß p.	*Deklarativsatz*
S wünscht zu wissen, ob p gilt/für welches X p gilt.	*E/W-Interrogativsatz*
S wünscht, daß p.	*Imperativsatz*

Gibt es nun Situationen, wo zwar eine kognitive Grundeinstellung ausgedrückt wird, aber kein kommunikativer Sinn? Das gibt es Bierwisch zufolge in der Tat.

In einem nicht-interaktionalen Kontext, zum Beispiel wenn ein Erwachsener zu einem dreimonatigen Säugling spreche, werde nur die Äußerungsbedeutung realisiert, nicht aber ein kommunikativer Sinn (Bierwisch 1979:125):

(7) Hast du ein feines Breichen gegessen? Bist du schön satt geworden? Na, nun mach ein Bäuerchen! Siehst du, so ist es brav.

Das wäre also ein Argument für die Trennung von Äußerungsbedeutung und kommunikativem Sinn. Motsch/Reis/Rosengren (1990) ziehen diese Argumentation jedoch in Zweifel. Sie argumentieren, daß auch Äußerungen wie unter (7) einen kommunikativen Sinn haben, der durch bestimmte Handlungsziele vorgegeben sei. Ob diese ein Säugling im strengen Sinne verstehen kann, d.h. die damit verbundenen Sprecherintention erkennen kann, sei eine davon unabhängige Frage.

Motsch/Reis/Rosengren (1990) plädieren daher dafür, Sätzen ein bestimmtes **Sprechaktpotential** zuzuordnen. Dieses wird in einem pragmatischen Submodul spezifiziert. Als weitere Submodule werden ein System für die Äußerungsbedeutung (ohne Einstellungstypen, dafür mit kontextueller Anreicherung durch Implikaturen), und ein System der Informationsgliederung angenommen (vgl. Kap. 11). Damit erhalten wir im Grunde wieder ein zweimoduliges System wie in (8):

(8)

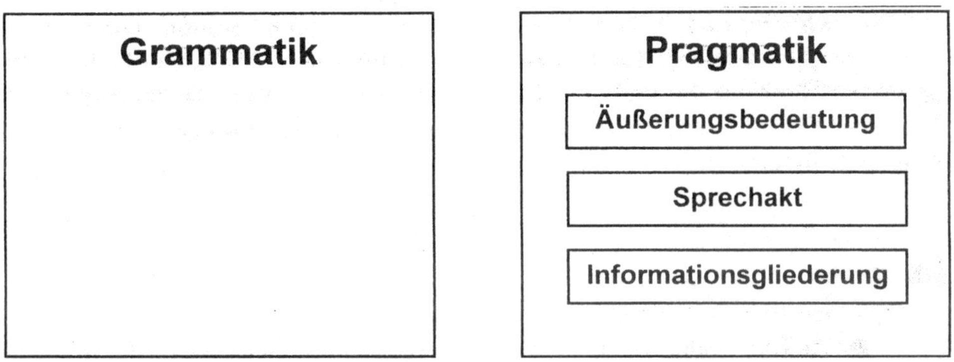

Die Grammatik spezifiziert nach diesem Modell Potentiale, die in konkreten Äußerungssituationen realisiert werden. Welchen Status in diesem Modell aber zum Beispiel die Implikaturen oder die Konversationsstruktur haben, bleibt ungeklärt.

Will man diese modularen Modellvorstellungen genauer überprüfen, bietet es sich an, das Verhältnis von Satztypen und Sprechakttypen weiter zu verfolgen. Satztypen werden durch die Grammatik bestimmt, Sprechakttypen durch die Pragmatik. Die nächsten drei Kapitel werden sich auf die damit angeschnittenen Fragen konzentrieren.

5.4 Ist Pragmatik modular?

Wir haben oben drei Begriffe von Modularität unterschieden. Es ist klar, daß Modularität$_1$ für alle modularen Ansätze gilt. Man kann sicherlich auch soviel sagen, daß die modularen Ansätze mit Modularität$_2$ übereinstimmen; so reden Motsch/Reis/Rosengren (1990) in diesem Zusammenhang von diversen „Kenntnissystemen“, die Gegenstand der Theoriebildung seien. Während Bierwisch (1987:666) die Linguistik durchaus als

„kognitive“ Wissenschaft begreift, ist er jedoch vorsichtig, was Modularität$_3$ anbetrifft (meine Hervorhebung, J.M.):

> „Der Ansatz der kognitiven Wissenschaften zielt darauf ab, Theorien der funktionalen Architektur des Gehirns zu entwickeln, die wesentliche Aspekte dieser Fähigkeit erfassen und die mit ihr verbundenen Erscheinungen zu erklären gestatten, *ohne daß wir die physiologische Realisierung dieser funktionalen Struktur anzugeben haben.*“

Die neurobiologische Erforschung des Gehirns ist zweifellos keine Aufgabe der Linguistik, dennoch wäre es naiv, kognitive Linguistik zu betreiben, ohne „neurolinguistische“ Ergebnisse überhaupt zu berücksichtigen. Es ist ja offensichtlich, daß sprachliche Fähigkeiten einen Sitz an bestimmten Stellen des Gehirns haben, d.h. im Gehirn lokalisierbar sind. Beweise dafür gibt es aus der Erforschung von Aphasien und aus der experimentellen Forschung. Und es ist genau dieser Zusammenhang, auf den die Studie von Fodor (1983) abzielt.

Wir werden im Kap. 9 „Intermezzo II: Pragmatik und Kognition“ das Thema kognitive Pragmatik weiterverfolgen; dabei wird zunächst der Ansatz von Fodor (1983), und daran anschließend die nicht-modulare, aber kognitive Relevanztheorie von Sperber/Wilson (1986/1995) einerseits, und der modular-kognitive Ansatz von Kasher (1991a, b) anderseits dargestellt.

Übungen

❶ Auf der Ebene von m (= Äußerungsbedeutung) wird durch die Information aus dem Kontext ct nicht nur die Referenz deiktischer Ausdrücke festgelegt, es finden dort auch – vermittelt durch das konzeptuelle System (bei Bierwisch 1980 = PC) – Festlegungen begrifflicher Art statt. Ein einschlägiges Phänomen ist für Bierwisch die konzeptuelle Verschiebung (Metonymie).

Diskutieren Sie anhand der folgenden Beispiele, ob *Schule* mehrdeutig (polysem) ist, oder ob man mit Bierwisch eine Grundbedeutung sem unterscheiden kann, der mehrere auf m abgeleitete Bedeutungen zuzuordnen wären:

(a) Die Schule hat gerade angefangen.
(b) Die Schule ist eine wichtige Grundlage der Kultur.
(c) Die ganze Schule machte einen Ausflug.
(d) Die Schule benötigt dringend ein neues Dach.
(e) Fritz macht die Schule meistens keinen Spaß.

❷ Lesen Sie den in Wunderlich (1980:158–164) wiedergegebenen Ausschnitt aus Bierwisch (1980).

(a) Schlagen Sie alle Ihnen unbekannten Begriffe in einem oder mehreren terminologischen Wörterbüchern (z.B. Bußmann 1990) nach.

(b) Erläutern Sie den Unterschied zwischen G, PC [= KONZEPTUELLES SYSTEM in (5)] und IAS.

(c) Erläutern Sie den Unterschied zwischen sem, m und cs anhand der folgenden Beispiele:

i. Hier zieht es.
ii. Morgen sieht es hier anders aus.
iii. Das Buch ist zu schwer für deine Tochter.

(d) Angenommen, der Unterschied zwischen konventionellen und konversationellen Implikaturen ist berechtigt: Auf welcher Ebene (sem, m, cs) müßte Bierwisch (1980) diesen Unterschied erfassen?

Literaturhinweise

Zum Modulbegriff gibt WIESE (1982) einen guten Überblick. SADOCK (1983) argumentiert gegen allzu enge Autonomiehypothesen. Nicht-modulare Pragmatikauffassungen werden von VERSCHUEREN (1987, 1995) und WILSON/SPERBER (1991) vertreten; modulare Auffassungen finden sich bei BIERWISCH (1980), HARNISH/FARMER (1984) und MOTSCH/REIS/ROSENGREN (1990). Zur Kritik der Zwei-Ebenen-Semantik von Manfred Bierwisch vgl. MEYER (1994).

6. Satztypen und Satzmodus

In den meisten, vermutlich sogar in allen Sprachen der Welt lassen sich verschiedene Satztypen (oder Satzarten) unterscheiden. Solche Satztypen – zum Beispiel Aussagesatz, Fragesatz und Aufforderungssatz – sind in fundamentaler Weise mit Typen von sprachlichen Handlungen verknüpft. Diese Verknüpfung zu rekonstruieren, ist eine wichtige Aufgabe der Pragmatik.

Satztypen sind sicherlich ein wichtiges Kapitel der deutschen Grammatik, aber sie werden in den meisten Grammatiken eher stiefväterlich behandelt (vgl. aber Zifonun/Hoffmann/Strecker et al. 1997). Was dem Grammatikschreiber Schwierigkeiten macht, ist die klare Abgrenzung von Satzform und Satzfunktion. Es gibt zwar ein Gefühl dafür, daß Satztypenunterschiede von den möglichen Verwendungen her motiviert sind, aber für die präzise Erfassung dieser Unterschiede benötigt man eine Theorie über Grammatik *und* Pragmatik.

Befragt man Grammatiken oder auch Studenten, von welchem Satztyp die Sätze unter (1) sind, erhält man sehr oft die Antworten, daß es sich bei (1a) um einen Aufforderungssatz handele, bei (1b) um einen Fragesatz (vgl. Näf 1984):

(1) a. Du bleibst nachher noch hier!
    b. Sie wohnen schon lange hier?

Dies zeigt, daß man bei (1a) dazu neigt, den Satztyp nach Maßgabe einer typischen Funktion, der Aufforderung, festzulegen; tatsächlich handelt es sich aber bei (1a) um einen Aussagesatz.

Ähnlich bei Satz (1b), der typischerweise als Frage benutzt wird; die Satzform ist jedoch, wenn man von der steigenden Intonation einmal absieht, diejenige eines Aussagesatzes.

Um dieser Verwechslung von Form und Funktion terminologisch vorzubeugen, empfiehlt es sich, für die Formtypen lateinische Namen zu verwenden, für die Funktionstypen (Sprechakttypen) deutsche. Wir reden also von Deklarativsätzen (statt von Aussagesätzen), Interrogativsätzen (statt von Fragesätzen) und Imperativsätzen (statt von Aufforderungssätzen); dazu von Behauptungen, Fragen und Aufforderungen als Bezeichnungen für sprachliche Handlungen.

Mit dieser terminologischen Konvention ist aber noch nicht viel gewonnen; wir müssen uns fragen, nach welchen formalen Kriterien Satztypen zu unterscheiden sind.

6.1 Die Form von Satztypen

Folgt man dem Beschreibungsansatz von Altmann (1987, 1993a), dann lassen sich die folgenden Unterscheidungskriterien anwenden:

(i) Reihenfolgemerkmale
(ii) Morphologische Merkmale
(iii) Kategoriale Merkmale[23]
(iv) Intonatorische Merkmale

Im folgenden will ich diese Merkmale erläutern und an Beispielen illustrieren.

Zu (i): Unter **Reihenfolgemerkmalen** sind allgemein Merkmale, die sich auf die lineare Anordnung von Elementen im Satz beziehen, zu verstehen, insbesondere die Stellungen des finiten Verbs und von Frageausdrücken.

Im Deutschen unterscheidet man zwischen drei **Verbstellungstypen,** die mithilfe einer Einteilung des Satzes in **Stellungsfelder** (topologische Felder) definiert werden (vgl. Grewendorf 1988:Kap. 4). Wir betrachten zunächst die Fälle, wo die **linke Satzklammer** (LSK) durch ein finites Verb besetzt ist (Tabelle 6.1, a.–d.). Das **Vorfeld** besetzt hier den Platz vor dem finiten Verb; bei Verb-Zweit-Sätzen muß es besetzt sein (a. und b.), bei Verb-Erst-Sätzen kann es nicht besetzt werden (c. und d.). Das **Mittelfeld** erstreckt sich zwischen dem finitem Verb und dem abhängigen Bestandteil des Verbs, welcher in der **rechten Satzklammer** (RSK) steht. Das **Nachfeld** beginnt nach diesem abhängigen Verbbestandteil; es könnte grundsätzlich zum Beispiel durch eine temporale oder lokale Angabe oder durch einen Nebensatz[24] besetzt werden (und bleibt hier nur aus Platzgründen leer). Die Stellungsfelder entstehen also durch die verbale Klammer. Im Fall e. steht in der LSK nicht das finite Verb, sondern eine Konjunktion, wodurch der gesamte Verbkomplex in die rechte Satzklammer gerückt wird. Deshalb redet man hier von einem Verb-Letzt-Satz[25]. Auch in diesem Fall kann das Vorfeld nicht besetzt werden. Damit ergeben sich die folgenden Verbpositionen: **Verb-Erst** (unbesetztes Vorfeld), **Verb-Zweit** (besetztes Vorfeld) und **Verb-Letzt**:

Tabelle 6.1 Verbstellungstypen

VORFELD	LSK	MITTELFELD	RSK	NACHFELD	
a. Nastassja	**will**	Model	**werden.**	∅	**V2**
b. Wer	**will**	Model	**werden?**	∅	**V2**
c. ∅	**Will**	Nastassja Model	**werden?**	∅	**V1**
d. ∅	**Werde**	Model!	∅	∅	**V1**
e. ∅	**Ob**	Nastassja Model	**werden will?**	∅	**VL**

V1 = Verb-Erst, V2 = Verb-Zweit, VL = Verb-Letzt

23 Altmann (1993a:1011) redet hier von „kategorialer Füllung". Den Vorschlag der Umbenennung verdanke ich Jochen Geilfuß-Wolfgang.

24 Wobei ein solcher Nebensatz selbst wiederum der Feldereinteilung unterliegt. Das Felderschema läßt sich daher auch auf komplexe Sätze erweitern.

25 In unserem Beispiel handelt es sich um einen selbständigen Verb-Letzt-Satz; für unselbständige, von einem Hauptsatz abhängige Verb-Letzt-Sätze (= Nebensätze) gilt das Gleiche.

Frageausdrücke stehen normalerweise im Vorfeld, aber sie können auch im Mittelfeld, oder (bei mehrzieligen W-Interrogativsätzen) im Vor- *und* Mittelfeld auftauchen:

(2) a. **Wann** bist du gekommen?
b. Du bist **wann** gekommen?
c. **Wer** ist **wann** gekommen?

Zu (ii): Nun zu den **morphologischen Merkmalen**. Hier ist vor allem der Verbmodus zu nennen. Man unterscheidet im Deutschen folgende Verbmodi: Indikativ, Konjunktiv des Präsens (Konjunktiv I) und Konjunktiv des Präteritums (Konjunktiv II), sowie den Imperativ. Spezifisch für bestimmte Satztypen sind vor allem der Imperativ (ohne den Verbmodus Imperativ gibt es auch keinen Imperativsatz), und der Konjunktiv II, der notwendig für Optativsätze[26] (Wunschsätze) ist:

(3) a. **Gib** mir mal den Tintenkiller!
b. **Hätte** ich doch noch Schokolade!

Ein weiteres morphologisches Merkmal ist die Finitheit des Verbs. Wir haben bisher nur Sätze mit finiten, d.h. flektierten Verbformen betrachtet. Es gibt aber auch infinite Sätze wie zum Beispiel die folgenden:

(4) a. Alle mal **herhören**!
b. Rasen nicht **betreten**!
c. **Aufgepaßt! /Stillgestanden!**

Zu (iii): Als weiteres Unterscheidungskriterium betrachten wir die **kategorialen Merkmale**, also solche Merkmale, die sich auf bestimmte Wortarten (= Kategorien) beziehen. Altmann (1993a:1011) redet hier von der „kategorialen Füllung", worunter „die Füllung einer bestimmten Strukturstelle eines Formtyps durch Ausdrücke einer bestimmten Kategorie" zu verstehen sei; darunter fallen etwa das Verb (finit oder nicht finit) und die W-Ausdrücke. Einschlägig sind aber vor allem die satzeinleitenden Konjunktionen bei selbständigen Verb-Letzt-Sätzen, vgl. (5), das Subjektspronomen bei Imperativsätzen, vgl. (6), und die Modalpartikeln, vgl. (7):

(5) a. **Ob** sie wohl kommt?
b. **Daß** ich nicht lache!
c. **Wenn** ich bloß abgesagt hätte!

(6) a. Komm her! Kommt her!
b. Komm **du** mal her! Kommt **ihr** mal her!

---

[26] Die Duden-Grammatik (1995:596) spricht hier von Desiderativsätzen.

c. Gehen **wir**!
d. Hauen **Sie** ab!

(7) a. Ingo hat ***denn/*etwa** keinen Bock.
b. Hat Ingo **denn/etwa** keinen Bock?
c. Wer hat **denn/*etwa** keinen Bock?

Die Füllung der Satzeinleiter-Position mit einer bestimmten Konjunktion ist obligatorisch bei den selbständigen Verb-Letzt-Sätzen. Die Füllung der Subjektsposition ist fakultativ bei Imperativsätzen mit der 2. Ps. Imp. im Sg. oder Pl. (siehe 6a/b); obligatorisch ist die Füllung jedoch bei der 1. Ps. Pl. (Adhortativ) und dem Sie-Imperativ (siehe 6c/d). Modalpartikeln sind in der Regel fakultativ, haben aber eine bestimmte Distribution auf Satztypen, vgl. (7).

Zu (iv): Schließlich betrachten wir die **intonatorischen Merkmale**, insbesondere Intonation und Akzent. Daß diese zur Satztypenunterscheidung wichtig sind, zeigt sich an den folgenden Paaren (Großbuchstaben stehen im folgenden für Akzente):

(8) a. Lassen Sie das Buch da!
b. Lassen Sie das Buch da?

(9) a. ICH gehe nicht oft an die Wodkaflasche. DU gehst aber oft an die Wodkaflasche.
b. Jetzt hast du schon wieder die Schnapsflasche in der Hand! DU gehst aber oft an die Wodkaflasche!

In (8a) haben wir fallende Intonation, der Satz ist ein Imperativsatz. In (8b) haben wir dagegen steigende Intonation, der Satz ist ein Interrogativsatz. In (9a) ist der Akzent im zweiten Satz ein Kontrastakzent, da *du* und *ich* miteinander kontrastieren; der zweite Satz ist ein Deklarativsatz. In (9b) kann es sich dagegen im zweiten Satz nicht um einen Kontrastakzent handeln, da *du* im ersten Satz ja schon erwähnt wird. Es handelt sich bei dem Akzent im zweiten Satz um einen **Exklamativakzent**, der Satz ist ein Exklamativsatz (Ausrufesatz).

Von diesen Kriterien (i–iv) sind sicherlich die Kriterien der kategorialen Merkmale und der intonatorischen Merkmale die problematischsten. Probleme, die sich mit den kategorialen Merkmalen verbinden können, lassen sich gut am Beispiel der Modalpartikeln beobachten. Beim Kriterium der kategorialen Merkmale soll es sich ja um ein rein formbezogenes Kriterium handeln, d.h. der semantische Gehalt von bestimmten Lexemen, die eine Strukturstelle ausfüllen, darf keine Rolle spielen. Wenn man aber W-Interrogativsätze mit der Modalpartikel *schon*[27] betrachtet, vgl. (10a/b),

---

27 Wenn *schon* im Mittelfeld steht, kann es sich auch um das Temporaladverb handeln. Im Vorfeld ist diese Lesart aber immer ausgeschlossen.

(10) a. Wer hat das **schon** gewollt?
b. Wer **schon** hat das gewollt?
c. Wer hat das gewollt?

dann sieht man, daß diese immer rhetorisch, im Sinne einer Behauptung ,Niemand hat das gewollt' oder auch ,Nur X hat das gewollt', verstanden werden müssen (vgl. Meibauer 1986). Bei einem entsprechenden Satz ohne die Modalpartikel hat man dagegen kontextabhängig immer die Wahl zwischen einer Interpretation als Frage und der rhetorischen Deutung, vgl. (10c). Wenn nun diese konkrete Füllung als ein Formmerkmal betrachtet wird, ist man möglicherweise gezwungen, einen eigenen Formtyp „rhetorischer W-Interrogativsatz (mit der Modalpartikel *schon*)" anzusetzen. Dies würde zu einer bedenklichen Vermehrung des Satztypeninventars führen.

Aus einem ähnlichen Grund sind auch die intonatorischen Merkmale problematisch. Nimmt man nämlich neben den verschiedenen Akzenttypen und der Intonation (genauer, dem Tonverlauf in der Nukleussilbe) noch weitere Merkmale wie den Offset/Onset (Tonhöhe am Äußerungsende/Äußerungsanfang) und die Pausenstruktur hinzu, ergeben sich weitere feine Differenzierungen hinsichtlich der anzunehmenden Satztypen (vgl. Altmann 1993a, Oppenrieder 1991).

Ob man intonatorische Merkmale überhaupt als formale Merkmale, die Satztypen im Verbund mit anderen Faktoren mitbestimmen, werten soll, ist umstritten. Im Modell von Brandt/Reis/Rosengren/Zimmermann (1992) wird grundsätzlich bestritten, daß intonatorische Merkmale einen Satztyp festlegen. Für sie hat die Intonation ausschließlich pragmatische Funktionen.

Wendet man die beschriebenen Merkmale bei der Klassifikation der Satztypen an, erhält man folgende Grundtypen mit Verb-Erst-Stellung (V1) und Verb-Zweit-Stellung (V2):

Tabelle 6.2. Satztypen mit Verb-Erst-Stellung und Verb-Zweit-Stellung (nach Altmann 1987, 1993a)

V1-Deklarativsatz	[Der Postbote kam.] Klingelte dreimal.
V2-Deklarativsatz	Der Postbote klingelte dreimal.
E-Interrogativsatz (V1)	Klingelte der Postbote dreimal?
W-Interrogativsatz (V2)	Wer klingelte dreimal?
V1-Imperativsatz	Klingele dreimal!
V2-Imperativsatz	DU klingele dreimal!
V1-Optativsatz	Hättest du doch dreimal geklingelt!
V1-Exklamativsatz	Klingelt DER aber heftig!
V2-Exklamativsatz	DER klingelt aber heftig!
W-Exklamativsatz (V2)	Wie klingelt der!

Darüber hinaus sind die folgenden **Verb-Letzt-Typen** zu unterscheiden:

(11) a. Ob er wohl dreimal geklingelt hat?
b. Wer wohl dreimal geklingelt hat?
c. Daß du JA dreimal klingelst!
d. Daß er doch dreimal klingeln würde!
e. Wenn er doch dreimal klingeln würde!
f. Daß du auch immer dreimal klingeln mußt!
g. Wie der immer klingelt!

Bei diesen muß man vor allem beachten, daß es sich keinesfalls um Nebensätze handelt (s. Fn. 25, S. 71). Von Nebensätzen können wir nur dann reden, wenn es einen Hauptsatz gibt, in den sie eingebettet und von dem sie abhängig sind. Dies ist nun bei den selbständigen Verb-Letzt-Typen nicht der Fall. Wie diese Typen in das Satztypensystem zu integrieren sind, diskutieren wir im nächsten Abschnitt.

An Versuchen, das Satztypeninventar zu reduzieren, hat es nicht gefehlt. Wie wir schon bemerkt haben, kann man die Relevanz bestimmter Unterscheidungskriterien bestreiten. Man ist allerdings dann gezwungen, die benötigten Differenzierungen an anderer Stelle im Grammatik-Pragmatik-Modell einzufangen. Zum Beispiel ist derjenige, der die formale Bedeutsamkeit intonatorischer Merkmale bestreitet, dazu gezwungen, ihnen einen systematischen Platz in der Pragmatik zuzuweisen. Daß diese intonatorischen Differenzierungen durchaus real sind, kann man in Tests beweisen (vgl. Altmann/Batliner/Oppenrieder 1989).

Weitere Versuche der Reduktion von Typen hängen mit theoretischen Auffassungen über die Grammatik zusammen. Altmann (1987, 1993a) und seine Mitarbeiter(innen) verwenden ein an der syntaktischen Oberfläche orientiertes Modell. Andere, wie etwa Rosengren (1992b, 1993a), die in Übereinstimmung mit der Theorie der generativen Grammatik eine Unterscheidung zwischen Grundstrukturen und daraus durch Bewegungen abgeleiteten Strukturen vorsieht, argumentieren zum Beispiel gegen die Existenz von Exklamativsätzen und Optativsätzen.

Die Gretchenfrage „Wieviele Satztypen?“ hängt also von grundsätzlichen theoretischen Überlegungen ab. Dies soll hier noch einmal an unserem Ausgangsbeispiel (1b) *Sie wohnen schon lange hier?* gezeigt werden. Dies ist für Altmann (1987, 1993a) ein **Mischtyp**, weil dieser Satz Merkmale eines Deklarativsatzes (Verb-Zweit-Stellung) mit denen eines E-Interrogativsatzes (steigende Intonation) mischt. Für denjenigen, der Intonation als Formmerkmal ablehnt, gibt es einen solchen Zwitter nicht; für ihn ist und bleibt (1b) ein Deklarativsatz. Damit ist zwar Ökonomie im Satztypensystem erreicht, aber der Fragecharakter muß pragmatisch abgeleitet werden, wobei natürlich auch auf den Faktor steigende Intonation Bezug genommen werden muß.

6.2 Satzmodus als Einstellungstyp

In Tabelle 6.2 haben wir drei Sorten von Exklamativsätzen aufgeführt. Exklamativen Charakter haben aber auch die selbständigen Sätze mit Verb-Letzt-Stellung in (11f,g). Stellen wir diese hier einmal zusammen:

(12) a. Klingelt DER aber heftig!
b. DER klingelt aber heftig!
c. Wie klingelt der!
d. Daß du auch immer dreimal klingeln mußt! (= 11f)
e. Wie der immer klingelt! (= 11g)

Alle diese Sätze transportieren ein Bedeutungsmoment, das man mit ‚Sprecher ist erstaunt, in welchem Maße p der Fall ist' wiedergeben könnte. Dieses Bedeutungsmoment scheint fest an die jeweiligen Satztypen gebunden zu sein.

Will man nun diese semantische Einheitlichkeit bestimmter Satztypen ausdrücken, geht man also über eine bloß formale Bestimmung hinaus, spricht man auch vom **Satzmodus** (engl. sentence mood). Der Satzmodusbegriff hat sich in den letzten Jahren als außerordentlich fruchtbar für die Modellierung des Grammatik-Pragmatik-Verhältnisses erwiesen, aber es gibt durchaus kontroverse Vorstellungen darüber, was man genau darunter zu verstehen hat.

Zwei wesentliche Auffassungen lassen sich unterscheiden: (a) die Auffassung, daß der Satzmodus ein **Einstellungstyp** ist, und (b) die Auffassung, daß der Satzmodus ein **Referenztyp** ist. Beide Positionen werden im folgenden vorgestellt, wobei ich zunächst auf die erstgenannte eingehe.

Der Einstellungsansatz findet sich unter anderem bei Bierwisch (1980), bei Altmann (1987, 1993a) und bei Harnish (1994). Ihm liegt die Idee zugrunde, daß es neben den rein formal bestimmten Satztypen noch eine ‚Satzmodalität' gibt. Die Satztypen dienen dem Ausdruck dieser Modalität.

Unter **Modalität** ist ganz allgemein eine semantische Kategorie zu verstehen, die die Einstellung eines Sprechers zum Inhalt des Satzes ausdrückt (vgl. Dietrich 1992). Kiefer (1987) unterscheidet zwischen drei Arten von Modalität (vgl. auch Lang 1983):

(a) Modalität als Ausdruck von Möglichkeit und Notwendigkeit
(b) Modalität als Ausdruck von propositionalen Einstellungen
(c) Modalität als Sprechereinstellung

Damit ein sprachlicher Ausdruck mit Modalität vom Typ (a) in Verbindung gebracht werden kann, muß er **Notwendigkeit** oder **Möglichkeit** ausdrücken. Dies ist in den Sätzen unter (13) der Fall:

(13) a. Fritz **soll/muß/kann** Präsident werden.
b. Fritz ist durchaus wähl**bar**.
c. **Es ist möglich**, daß Fritz Präsident wird.

Solche auf Möglichkeit und Notwendigkeit bezogenen Ausdrücke sind die meisten Modalverben (13a), das Derivationssuffix *-bar* (13b) und unpersönliche Konstruktionen wie *es ist möglich, daß* (13c). Dabei leisten diese Ausdrücke alle einen Beitrag zu den Wahrheitsbedingungen des Satzes, sie sind „propositional".

Wie wir in Kap. 3.4 bereits gesehen haben, sind nicht alle Elemente, die in einem Satz vorkommen, propositional. Zum Beispiel ist das Wort *übrigens* in dem Satz *Übrigens lügt Nastassja* keineswegs ein Bestandteil der Proposition; der Satz muß unter den gleichen Umständen wahr oder falsch sein, gleich ob mit oder ohne *übrigens*.

Der Modalitätstyp (b) liegt bei Verben der propositionalen Einstellung wie *wissen, glauben, bezweifeln* usw. vor. Alle diese Einstellungsverben drücken einen epistemischen (wissensbezogenen), emotiven (emotionsbezogenen), oder volitiven (willensbezogenen) Zustand aus. Der Terminus **propositionale Einstellung** ist so zu verstehen, daß damit eine Einstellung gemeint ist, die selbst propositional ist. Zum Beispiel wird in *Fritz weiß, daß die Erde rund ist* Fritz eine Wisseneinstellung zugeschrieben; dieser Satz wäre falsch, wenn Fritz die entsprechende Einstellung gar nicht hätte.

Dagegen sind die **Sprechereinstellungen** des Modalitätstyps (c) grundsätzlich nicht-propositional, sie leisten keinen Beitrag zu den Wahrheitsbedingungen eines Satzes. Typische sprachliche Mittel, die Sprechereinstellungen ausdrücken, sind Satzadverbien, Modalpartikeln, parenthetische Verben und Modalverben im sogenannten subjektiv-epistemischen Gebrauch, vgl. (14):

(14) a. Hoffentlich kommt Nastassja nicht zu spät.
b. Ingo hat halt keinen Bock.
c. Ich nehme an, daß Nastassja heute eintrifft.
d. Nastassja soll heute kommen.

Bei parenthetischen Verben wie in (14c) gibt es eine Lesart als Vermutung und eine als (vorsichtige) Behauptung; bei einem Modalverb wie *sollen* in (14d) gibt es eine subjektiv-epistemische Lesart (‚Sprecher vermutet, daß p') und eine deontische Lesart (‚Sprecher verpflichtet jemand zu p'). Die folgende Tabelle gibt einen Überblick über die verschiedenen Modalitätstypen:

Tabelle 6.3. Modalitätstypen

Typ	Beispiel	Propositionalität
Möglichkeit/Notwendigkeit	X $soll_1$ kommen [deontisch]	+ propositional
propositionale Einstellung	X weiß, daß p	+ propositional
Sprechereinstellung	X kommt halt/ hoffentlich	– propositional
	X $soll_2$ kommen [subjektiv-epistemisch]	

Nun kann man auf die Idee kommen, daß Satztypen ebenfalls Sprechereinstellungen ausdrücken (Formulierungen für solche Sprechereinstellungen haben wir in Kap. 5, Tabelle 5.1 kennengelernt). Diese Sprechereinstellung wäre dann ihr Satzmodus. Das ist jedenfalls plausibel für Satztypen wie den Interrogativsatz, Imperativsatz, Exklamativsatz und Optativsatz, deren Inhalt man nicht in der Dimension wahr/falsch bewerten kann. Ob Deklarativsätze, die gerade in der Dimension wahr/falsch bewertet werden, Sprechereinstellungen wie ‚Sprecher glaubt, daß p' ausdrücken, ist umstritten.

Wo nun der Satzmodus bzw. die satztypspezifische Sprechereinstellung (die kognitive Grundeinstellung aus Kap. 5) in einem modularen System wie etwa demjenigen von Bierwisch (1980) zu lokalisieren ist, ist nicht geklärt. Gehört der Satzmodus zur Semantik als Teil der Grammatik, d.h. spielt er eine Rolle auf der Ebene der Satzbedeutung sem? Gehört er zur Ebene m der Äußerungsbedeutung bzw. zur konzeptuellen Struktur? Oder ist der Satzmodus gar auf beiden Ebenen verankert?[28] Und gibt es nicht darüber hinaus auch Korrelate des Satzmodus auf der Ebene des kommunikativen Sinns und des Interaktionsystems, also etwa pragmatische Einstellungen?

Sehen wir uns abschließend die Definition des Satzmodus bei Altmann (1993a:1007) an, derzufolge unter Satzmodus

> „ein komplexes sprachliches Zeichen mit einer Formseite, normalerweise eine oder mehrere satzförmige Strukturen mit angebbaren formalen Eigenschaften, und einer Funktionsseite, also der Beitrag dieser Struktur(en) zum Ausdruck propositionaler Einstellungen [...] oder zur Ausführung sprachlicher Handlungen"

zu verstehen sei. Diese Definition ist vage, insofern in ihr offengelassen wird, ob der funktionale Aspekt des Satzmodus auch *nur* in dem Ausdruck propositionaler Einstellungen oder *nur* in der Ausführung sprachlicher Handlungen bestehen kann, oder ob auf jeden Fall *beides* betroffen sein soll. Es ist sicherlich unter anderem die beschriebene Unklarheit hinsichtlich des modularen Status des so verstandenen Satzmodus bzw. des Einstellungstyps, die eine alternative Sicht des Satzmodus herausgefordert hat.

6.3 Satzmodus als Referenztyp

In diesem Abschnitt betrachten wir den Ansatz von Brandt/Reis/Rosengren/Zimmermann (1992), die davon ausgehen, daß der Satzmodus ein Referenztyp ist. Was spricht nach diesen Autorinnen gegen die alternative Annahme, daß der Satzmodus ein Einstellungstyp ist?

Wie wir in Kap. 5 gesehen haben, argumentieren Motsch/Reis/Rosengren (1990) gegen eine Dreiteilung in Semantische Form, Konzeptuelle Struktur und Interaktionssystem. Dem entspricht die Überlegung, daß Sprechereinstellungen erst auf der Ebene des kommunikativen Sinns (in der Terminologie von Bierwisch) zu finden seien. Daß einstellungsartige Größen sowohl in der Semantischen Form als auch in der Konzeptuellen Struktur als auch im Interaktionssystem eine Rolle spielen, ist auf den ersten Blick nicht

---

28 Daß dies nicht prinzipiell ausgeschlossen werden kann, sieht man am Phänomen der Deixis.

gerade einleuchtend. Vor allem wäre damit vielleicht die Modularitätshypothese, die idealerweise modulspezifische Größen fordert, unterminiert.

Hinzu kommen datenbezogene Überlegungen, zum Beispiel zu den selbständigen Verb-Letzt-Sätzen und zu den performativ verwendeten Sätzen, die diese Auffassung unterstützen. Bei den selbständigen Verb-Letzt-Sätzen ist das Problem, wie sich diese zu ihren unselbständigen, eingebetteten Gegenstücken verhalten:

(15) a. **Ob sie wohl kommt?**
b. Ich frage mich, **ob sie wohl kommt**.

Hier haben wir eine typische Form-Funktions-Problematik: Die Form der fettgedruckten Teile ist – abgesehen von der Intonation – identisch, die Funktion jedoch nicht: Unselbständige Sätze transportieren keinen Einstellungstyp wie dies die selbständigen Sätze tun. Man muß als Anhänger der einstellungsbezogenen Satzmodustheorie also erklären, warum Nebensätze nicht mit Einstellungstypen assoziiert werden können. Ein Anhänger der Referenztheorie des Satzmodus hat – so die Annahme – dieses Problem nicht, weil er grundsätzlich nicht Satztypen mit Einstellungstypen in Verbindung bringt.

Ein vergleichbares Problem findet sich bei **performativen Sätzen** (vgl. Kap. 8.4). Darunter versteht man Sätze wie unter (16):

(16) Ich fordere Sie hiermit auf, die Rechnung zu begleichen.

Diese Äußerung wird man wohl normalerweise als Aufforderung interpretieren, d.h. der Sprecher will, daß der Hörer eine bestimmte Handlung ausführt. Zugleich ist aber (16) ein Deklarativsatz und würde nach Meinung der Einstellungsanhänger mit einer kognitiven Grundeinstellung vom Typ ‚Der Sprecher ist der Überzeugung, daß p' verbunden sein. Wie paßt das zusammen? Ein Anhänger der Referenztheorie des Satzmodus hat das Problem – so die Annahme – insofern nicht, weil er gar keine Einstellungstypen für Satzmodi vorsieht.[29]

Während der Ansatz von Altmann (1987, 1993a) verschiedene Beschreibungsebenen vorsieht, die bei der Konstitution von Satztypen zusammenspielen, und den Bündeln von Satztypen einen Einstellungstyp zuordnet, möchten Brandt/Reis/Rosengren/Zimmermann (1992) Satztypen rein syntaktisch definieren, und den Satzmodus als Referenzeigenschaft des Satztyps verstehen.[30] Für die Frage der Satztypenbeschreibung heißt das, daß man nach rein syntaktischen Eigenschaften suchen muß, die den Satztyp konstituieren.

Eine solche Eigenschaft ist das **[w]-Merkmal**, wobei „w" an die W-Wörter wie z.B. *wer*, *was*, *wann* denken läßt, die in W-Interrogativsätzen vorkommen. Hier sind zwei Argumente, weswegen man ein solches Merkmal benötigt:

---

[29] Das Problem holt den Einstellungsgegner spätestens auf der Ebene des kommunikativen Sinns/der Illokution wieder ein. Lösungsmöglichkeiten ergeben sich im Rahmen einer Theorie der Indirektheit, siehe dazu Kap. 8.

[30] Entsprechend kann man mit Reis (1999) den Ansatz von Altmann einen Korrespondenzansatz, den Ansatz von Brandt/Reis/ Rosengren/Zimmermann (1992) einen Ableitungsansatz nennen.

1. Einbettung: Man kann sich fragen, was W-Interrogativsätze eigentlich auf der syntaktischen Ebene mit E-Interrogativsätzen zu tun haben. Eine wichtige Beobachtung ist, daß die gleichen Verben im Hauptsatz (Matrixsatzprädikate), die W-Interrogativsätze einbetten, auch E-Interrogativsätze einbetten:

(17) a. Ich weiß nicht, was Nastassja geklaut hat.
b. Ich weiß nicht, ob Nastassja den Dino geklaut hat.

Man kann dies dadurch ausdrücken, daß diese Verben in ihrem Lexikoneintrag ein Merkmal [+w] haben, welches diese Einbettungsoptionen reguliert (Brandt/Reis/Rosengren/Zimmermann 1992:31).

2. Strukturelle Homonymie: Verb-Erst-Deklarativsätze und E-Interrogativsätze sind strukturell homonym (von der Intonation wird – anders als bei Altmanns Ansatz – wiederum abgesehen):

(18) a. Kommt ein Mann in die Kneipe. [Trinkt drei Asbach…]
b. Kommt ein Mann in die Kneipe?

Den Unterschied kann man so erfassen, daß Interrogativsätze ein Merkmal [+w] erhalten, Deklarativsätze jedoch ein Merkmal [-w].

Die Annahme solcher Merkmale wie dem [w]-Merkmal muß man genau rechtfertigen. Insbesondere muß man genau sagen, wo sie in der syntaktischen Struktur stehen, d.h. welchen Positionen sie zuzuordnen sind. Darauf kann hier nicht eingegangen werden, weil dies eine gründliche Beschäftigung mit der Syntax erfordern würde (vgl. Brandt/Reis/Rosengren/Zimmermann 1992).

Die Grundidee, daß der Satzmodus ein spezifischer Referenztyp ist, ist nun so zu verstehen, daß die Proposition eines Satzes in Korrespondenz zu Sachverhalten der Wirklichkeit steht. Man drückt das technisch auch so aus, daß Sachverhalte Instanzen von Propositionen sind (oder daß Sachverhalte Propositionen „instantiieren").

In diesem Sinne gilt für einen Deklarativsatz, daß ein Sachverhalt existiert, der die Proposition dieses Satzes instantiiert. Der Satz *Arno schläft* bezieht sich auf den Sachverhalt, daß Arno schläft. Für einen E-Interrogativsatz gilt dagegen, daß es offen ist, ob es einen Sachverhalt gibt, der die Proposition (bzw. den propositionalen Gehalt) dieses Satzes instantiiert. Der Satz *Schläft Arno?* bezieht sich auf den offenen Sachverhalt, ob Arno schläft. Für einen W-Interrogativsatz gilt entsprechend, daß es offen ist, ob es ein X gibt, so daß es einen Sachverhalt gibt, der die Proposition (bzw. den propositionalen Gehalt) instantiiert. Dies kann man sich am Beispiel *Wer schläft?* klarmachen. Satzmodus hat in diesem Ansatz also immer etwas mit den Möglichkeiten der Bezugnahme auf Sachverhalte zu tun, die Satztypen typischerweise bieten.

In der Semantik der entsprechenden Satztypen setzt man nun entsprechende Operatoren an, die die verschiedenen Typen der Satzreferenz symbolisieren. Diese Operatoren, der Existenzoperator bei Deklarativsätzen und der OFFEN-Operator bei Interrogativsätzen, verkörpern sozusagen den Satzmodus dieser Satztypen. Was man nun natürlich gerne im Sinne des modularen Ansatzes haben möchte, ist eine Ableitungsbeziehung zwischen den syntaktisch motivierten Satztypmerkmalen [+/-w] einerseits und dem Existenz- bzw. OFFEN-Operator anderseits. Wie diese Beziehung genau herzustellen und zu motivieren ist, ist noch nicht im einzelnen ausgearbeitet.

6.4 Verträglichkeitsbedingungen

Eine Theorie des Satzmodus muß nicht nur den Begriff Satzmodus explizieren, sei es nun als Einstellungstyp oder Referenztyp, sondern sie muß auch beschreiben, wie man vom Satztyp zum Satzmodus und von diesem zum Sprechakttyp (illokutionären Akt) kommt. (Auf Sprechakte gehen wir in Kap. 7 genauer ein.) Diese Verbindungen bleiben in den Ansätzen von Altmann (1987, 1993a) und Brandt/Reis/Rosengren/Zimmermann (1992) zum Teil undeutlich. Dagegen legt Harnish (1994:432ff.) genau auf die Beschreibung dieser Verbindungen Wert.

Ähnlich wie Altmann versteht Harnish (1994:407) unter Modus eine Satzform mit einer Funktion. Die Formseite ist nach Harnish bestimmt durch die syntaktische Struktur, Intonation und gelegentlich durch lexikalische Elemente. Die Funktionsseite ist bestimmt durch den semantischen Begriff der Wörtlichkeit und den pragmatischen Begriff des **Illokutionspotentials.** Unter dem Illokutionspotential ist die Menge der illokutionären Akttypen zu verstehen, die mit einer Satzbedeutung kompatibel ist. Harnishs Ansatz ist ein Einstellungsansatz, aber er trägt auch den speziellen Propositionstypen Rechnung. Die Zuordnungen zwischen den verschiedenen Beschreibungsebenen geschieht durch **Verträglichkeitsbedingungen** (engl. compatibility conditions).

Die auf die Form und die Proposition bezogenen Verträglichkeitsbedingungen sollen im folgenden anhand des Imperativsatzes erläutert werden.

Als Beispiel nehmen wir den Imperativsatz *Schneid dir die Haare!* Wir können dessen Form als V_{imp} notieren. Die Bedingung für die Verträglichkeit von Form und ausgedrückter Einstellung besagt nun, daß dieser Satztyp mit der ausgedrückten Einstellung verträglich sein muß, daß der Sprecher wünscht/beabsichtigt, daß der Hörer p wahrmacht (d.h. zu einem zukünftigen Zeitpunkt geschnittene Haare hat).

In diesem Satz gibt es den propositionalen Gehalt p (‚Lokution'), daß sich der Hörer die Haare schneide. Die Bedingung für die Verträglichkeit von Form und Lokution besagt, daß V_{imp} verträglich sein muß mit dem propositionalen Gehalt.

Den Wahrheitsbedingungen für Deklarativsätze entsprechen Beantwortungsbedingungen für Interrogativsätze und Erfüllungsbedingungen für Imperativsätze. Eine weitere Verträglichkeitsbedingung besagt, daß der propositionale Gehalt des Imperativsatzes genau dann als erfüllt gilt, wenn es der Fall ist, daß der Hörer p realisiert, d.h. sich die Haare schneidet. Schließlich fordert noch eine Bedingung die Verträglichkeit zwischen der ausgedrückten Einstellung und einer Klasse illokutionärer Akte, z.B. der Bitte, des Befehls, der Aufforderung, usw. (vgl. dazu Kap. 7).

Ein Hörer muß nun beim Verstehen einer sprachlichen Äußerung von der Satzform auf die Illokution schließen. Beim wörtlichen Gebrauch der Äußerung tut er dies in zwei Schritten: er schließt erst von der Form auf die Einstellung und dann von der Einstellung auf die Illokution. Die Schlüsse werden durch die Verträglichkeitsbedingungen abgesichert (vgl. dazu weiter Kap. 8.2).

Insgesamt geht Harnish (1994) von der Beobachtung aus, daß in vielen Ansätzen die Verbindung zwischen Form und Funktion als zu eng betrachtet wird. Dagegen sei alles, was erforderlich sei, eine gewisse Kompatibilität zwischen den verschiedenen Beschreibungsgrößen. Wie Verträglichkeitsbedingungen in ein differenziertes Gesamtmodell des Form-Funktions-Zusammenhangs zu integrieren sind, muß noch weiter untersucht werden.

6.5 Zusammenfassung

Satztypen werden aufgrund verschiedener grammatischer Merkmale unterschieden und dienen offenbar der Kodierung semantischer und pragmatischer Information. Einerseits hat man diesen Form-Funktions-Zusammenhang als Satzmodus bezeichnet, anderseits lokalisiert man den Satzmodus auf der semantischen Ebene als Sprechereinstellung oder als Referenztyp. Von einer allgemeinen Theorie des Satzmodus ist zu erwarten, daß sie die Beziehung zwischen Satztyp, Satzmodus und Illokution beschreibt. Dies kann etwa über die Interaktion von Merkmalen und Operatoren oder über Verträglichkeitsbedingungen geschehen.

Übungen

❶ (a) Zeigen Sie an Beispielen, daß man den Unterschied zwischen Hauptsatz und Nebensatz nicht auf die Verbstellungstypen allein zurückführen kann. [Also: Im Nebensatz gibt es auch Verb-Erst- und Verb-Zweit-Stellung, ...]

(b) Zeigen Sie an Beispielen, daß es keine eindeutige Zuordnung von Verbstellungstypen zu Sprechakttypen gibt. [Also: Verb-Zweit-Stellung gibt es bei Behauptungen und Fragen, ...]. Lektüre dazu: Grewendorf (1988:19–21).

❷ Prüfen Sie, ob es sich bei den folgenden Sätzen jeweils um einen Deklarativsatz, E- oder W-Interrogativsatz, Imperativsatz, Exklamativsatz oder Optativsatz handelt, und begründen Sie Ihre Entscheidung mithilfe der Merkmale aus Altmann (1987, 1993a):

(a) Schließ doch mal das Fenster!
(b) Würdest du das Fenster schließen.
(c) Ach, wäre das Fenster doch endlich zu!

(d) Du sollst das Fenster schließen!
(e) Warum ist das Fenster eigentlich auf?
(f) Das FENSTER mach zu, die TÜR laß auf!
(g) Was für ein schönes Fenster das ist!
(h) Wenn das Fenster doch zu wäre!
(i) Das Fenster steht noch immer auf!
(j) Ich frage mich, warum das Fenster auf ist.

❸ Altmann (1987) unterscheidet als sog. Mischtypen die assertive Frage, die Versicherungsfrage und die Rückfrage (auf verschiedene Satztypen). Erläutern Sie die Unterscheidung, indem Sie die verwendeten formalen und funktionalen Kriterien darstellen, und machen Sie Alternativvorschläge (vgl. Meibauer 1987a, Brandt/Reis/Rosengren/Zimmermann 1992).

❹ Betrachten Sie die folgende Äußerung:

(a) Peter kommt vermutlich.

Inwiefern könnte man aus der Existenz dieser Äußerung (und vergleichbarer weiterer Äußerungen; diese bitte nennen!) ein Argument gegen einen einstellungsbezogenen Satzmodus-Ansatz gewinnen?

Literaturhinweise

Den besten Überblick über die Fakten zu den deutschen Satztypen bietet ALTMANN (1987, 1993a). Vgl. dazu auch den Sammelband von MEIBAUER (1987b). Zu den Verhältnissen in anderen Sprachen vergleiche SADOCK/ZWICKY (1985); zum Englischen siehe HARNISH (1994). Als modulares Modell des Grammatik-Pragmatik-Verhältnisses versteht sich BRANDT/REIS/ROSENGREN/ZIMMERMANN (1992); eine leichter verständliche Darstellung der Grundideen daraus ist ROSENGREN (1992a). REIS (1999) nimmt die Debatte zum Satztyp/Satzmodus mit Schwerpunkt auf der Syntax wieder auf. Einzelstudien vor dem Hintergrund dieses modularen Modells sind REHBOCK (1991) zu Interrogativsätzen, REIS (1991) zu W-Echosätzen, ROSENGREN (1992b) zu Exklamativsätzen, ROSENGREN (1993a) zu Imperativsätzen und Optativsätzen sowie ÖNNERFORS (1997) zu V1-Deklarativsätzen. Zu den Optativsätzen siehe im Vergleich die Arbeit von SCHOLZ (1991). Zur Rolle der Intonation studiere man die Arbeiten in ALTMANN/BATLINER/OPPENRIEDER (1989) und OPPENRIEDER (1991).

7. Sprechakt

Wir haben bisher in einer intuitiven Weise von Sprechakten gesprochen, und damit sprachliche Handlungen eines bestimmten Typs, wie etwa Fragen, Aufforderungen, Behauptungen gemeint. Die genaue Erläuterung des Sprechaktbegriffs ist Gegenstand der Sprechakttheorie. Die Sprechakttheorie ist sicherlich die populärste pragmatische Theorie und wird von manchen Forschern sogar als das Kernstück der Pragmatik begriffen; so sieht etwa Stalnaker (1972:383) linguistische Pragmatik als „the study of linguistic acts and the contexts in which they are performed“.

Wenn sich inzwischen auch weitere pragmatische Größen etabliert haben, so ist doch sicher, daß es eine Pragmatik ohne den Begriff der sprachlichen Handlung nicht geben kann.

7.1 Äußerungen als Handlungen

Wir wollen uns hier zunächst fragen, inwiefern es überhaupt berechtigt ist, von Sprech*akt*theorie zu reden: Warum geht man davon aus, daß sprachliche Äußerungen zugleich Akte, also **Handlungen** sind? Daß sprachliche Äußerungen als Handlungen betrachtet werden, kann man sich am besten an solchen Fällen klarmachen, wo jemand für eine Äußerung bestraft wird. Das ist regelmäßig bei **Beleidigungen** der Fall. Zum Beispiel riskiert ein Arbeitnehmer die fristlose Kündigung, wenn er den Geschäftsführer als *Arschloch* bezeichnet (Entscheidung des Landesarbeitsgerichts Hessen). Das Landesarbeitsgericht Köln hat entschieden, daß ein Arbeitnehmer den Chef als *Verbrecher* bezeichnen darf, wenn dieser abwesend ist und nicht angenommen werden kann, daß die Äußerung dem Vorgesetzten zugetragen werde.[31] Gelegentlich werden Beleidiger auch zu einer öffentlichen **Zurücknahme einer Beleidigung** verurteilt. Beleidigt man jemanden mit Erfolg, ist für den Beleidigten ein Schaden entstanden. Wirft man dies dem Beleidiger vor, so kann sich dieser nicht einfach damit herausreden, daß er ja nur ein paar Geräusche gemacht habe.

Der springende Punkt ist, und so sehen das auch die Gerichte, **daß Beleidigungen Handlungen sind**, die sich prinzipiell nicht von anderen Handlungen, z.B. eine Fensterscheibe einschlagen, unterscheiden. Und nur für Handlungen kann man auch bestraft werden.

---

[31] Laut Meldung des Schwäbischen Tagblatts vom 19.10.97 (LAG Hessen, Az.: 9 Sa 718/97, LAG Köln, Az.: 11 SA 995/96).

Überlegen wir uns nun, was die wesentlichen Kennzeichen einer Handlung sind. Ein Kriterium ist sicherlich, daß sich etwas **in der Welt verändert**, und daß diese Veränderung **auf das Eingreifen des Handelnden zurückzuführen** ist. Zum Beispiel ist jemand beleidigt, wenn ich ihn als *Verbrecher* bezeichne. Insofern hat sich etwas zwischen mir und dem Beleidigten verändert. Die Sache ist in der Welt und kann nicht ohne weiteres rückgängig gemacht werden. Manche Veränderungen, die möglich sind, werden von uns absichtlich unterdrückt; wir schweigen zum Beispiel, und dies erscheint als bedeutungsvolles Schweigen: Insofern können auch **Unterlassungen** Handlungen sein.

Wenn einer, der schlafwandelt, dabei eine wertvolle Vase umstößt, dann kann er offensichtlich dafür nicht bestraft werden, denn man kann ihm keine Absicht nachweisen; allenfalls kann man ihm vorwerfen, daß er sich neben eine wertvolle Vase schlafen gelegt hat: Handlungen (also auch Unterlassungen) müssen **intentional** sein.

Ein weiteres kommt hinzu: Damit man von einer Handlung sprechen kann, muß vorher feststehen, daß der Betreffende die **Fähigkeit** bzw. **Möglichkeit** zum Vollzug der Handlung hat. Zum Beispiel kann ich sagen *Abrakadabra, die Sonne soll scheinen*, und genau in diesem Moment kommt die Sonne hervor. Man würde dann nicht sagen, daß es eine Handlung des „Sonne-Hervorzauberns" gegeben hat. Genauso kann ich nicht der unterlassenen Hilfeleistung bezichtigt werden, wenn ich im Fernsehen Zeuge eines Autounfalls wurde.

Dies mag zu Bestimmung des Handlungsbegriffs genügen (vgl. genauer Harras 1983). Äußerungen sind – jedenfalls wenn sie intentional sind – bestimmte Handlungen. Worin sie sich von anderen Handlungen unterscheiden, ist, daß sie eine bestimmte sprachliche Struktur aufweisen, die durch die Grammatik festgelegt ist.

Wenn wir nun Größen wie Angebot, Feststellung, Bitte, Ratschlag, Entschuldigung, Frage usw. als Typen sprachlicher Handlungen auffassen, können wir sagen, daß die Sprechakttheorie die Relation zwischen einer Äußerung (eines Satzes mit einer sprachlichen Struktur) und einem sprachlichen Handlungstyp (Sprechakttyp) in einer Äußerungssituation untersucht. Eine solche Sprechakttheorie setzt also die Kenntnis grammatischer Strukturen voraus. Sie definiert die Sprechakttypen einer Sprache, und sie erklärt, wie Äußerungen Sprechakttypen zugeordnet werden können.

Daß dies keine einfache Aufgabe ist, wird deutlich, wenn man sich überlegt, daß nicht jeder deutsche Satz zur Realisierung jedes beliebigen Sprechakts verwendet werden kann. Es gibt also bestimmte Beschränkungen, die die Untersuchung sprachwissenschaftlich interessant und wichtig machen. Zum Beispiel kann man mit der Äußerung *Du bist nicht nett zu mir gewesen* eine Behauptung aufstellen, oder einen Vorwurf machen, man kann damit aber nur sehr schlecht einen Vorschlag oder ein Kompliment machen. Den hier von der Sprache vorgegebenen Spielraum zu untersuchen sowie sichtbar zu machen, wie der Hörer unter Einbeziehung seines Wissens eine Äußerung als Sprechakt eines bestimmten Typs interpretiert, soll im folgenden als eine zentrale Aufgabe der linguistischen Sprechakttheorie begriffen werden.

7.2 Die Definition des Sprechakts

Sehen wir uns nun genauer an, was unter einem Sprechakt zu verstehen ist. Der Begriff wurde populär durch das Werk des englischen Sprachphilosophen John L. Austin, insbesondere seine Schrift *How to Do Things With Words* (1962). Austin gilt im allgemeinen als Begründer der Sprechakttheorie. Großen sprachwissenschaftlichen Einfluß hat die Sprechakttheorie jedoch erst durch die Sprechakttheorie von John R. Searle gewonnen, wie er sie in seinem Buch *Speech Acts. An Essay in Language Philosophy* (1969; dt. Übersetzung 1971) niedergelegt hat. An dieser Version werden wir uns im folgenden orientieren.

Dieser Einfluß hängt sicher auch mit dem Anspruch auf Etablierung eines eigenen Untersuchungsgegenstands zusammen, wie er sich in dem folgenden Zitat äußert (Searle 1971:30):

> „Die Grundeinheit der sprachlichen Kommunikation ist nicht, wie allgemein angenommen wurde, das Symbol, das Wort oder der Satz, oder auch das Symbol-, Wort-, oder Satzzeichen, sondern die Produktion oder Hervorbringung des Symbols oder Wortes oder Satzes im Vollzug eines Sprechaktes. [...] Genauer: die Produktion oder Hervorbringung eines Satzzeichens unter bestimmten Bedingungen stellt einen Sprechakt dar, und Sprechakte [...] sind die grundlegenden oder kleinsten Einheiten der sprachlichen Kommunikation."

Auf diese Weise wird der Sprechakt als Analyseeinheit nicht nur so gut etablierten grammatischen Analysekategorien wie dem Phonem, dem Morphem, dem Wort und Satz an die Seite gestellt, sondern es wird darüber hinaus auch die Behauptung aufgestellt, daß all diese Größen der Realisierung von Sprechakten dienen, und dies in einer regulären Weise.

Nach Searle besteht jeder **Sprechakt** aus drei Teilakten:

Tabelle 7.1 Sprechakt (nach Searle 1971)
• Äußerung von Wörtern (Morphemen, Sätzen) = Vollzug von **Äußerungsakten**
• Referenz und Prädikation = Vollzug **propositionaler Akte**
• Behaupten, Fragen, Befehlen, Versprechen usw. = Vollzug **illokutionärer Akte**

Manchmal wird hier noch ein vierter Teilakt genannt, nämlich der **perlokutionäre Akt**. Dabei handelt es sich um bestimmte Wirkungen, die der Sprecher durch seinen Sprechakt absichtlich hervorbringt. Zum Beispiel ist das Ziel des Überredens, daß der Hörer zu etwas überredet ist. Umstritten ist, ob man hier von einem Akt reden soll, oder nicht eher von einem Effekt, und inwiefern solche Effekte überhaupt systematisch erfaßt werden können. Wir werden diesen Aspekt daher vernachlässigen.

Betrachten wir nun Tabelle 7.1. Daß eine Voraussetzung für einen Sprechakt die Äußerung sprachlicher Einheiten ist, ist unmittelbar einsichtig und unproblematisch. Searle faßt hier zusammen, was Austin als **phonetischen Akt**, nämlich die Äußerung von Sprachlauten, und **phatischen Akt**, die Äußerung von sprachlichen Einheiten in einer bestimmten Struktur, differenziert hatte.

Schwieriger ist die Unterscheidung zwischen dem propositionalen Akt und dem illokutionären Akt. Betrachten wir dazu die folgenden Beispiele:

(1) Fritz raucht Pfeife.
(2) Raucht Fritz Pfeife?

Der Inhalt dieser beiden Sätze ist insofern gleich, als es sich in beiden Fällen um ‚das Pfeife-Rauchen-von-Fritz' handelt. Diesen Inhalt nennt Searle den propositionalen Gehalt. Mit diesen Sätzen tut man jedoch normalerweise Verschiedenes: Mit (1) stellt man eine Behauptung auf, mit (2) stellt man eine Frage. Die illokutionären Akte sind also unterschiedlich.

Der propositionale Akt besteht Searle zufolge aus dem referentiellen und dem prädikativen Akt. In (1) und (2) wird jeweils auf Fritz referiert und es wird prädiziert, daß er Pfeife raucht. Über **Referenz** haben wir schon in Kap. 2 gesprochen; allgemein versteht man darunter den Bezug eines sprachlichen Ausdrucks auf ein bestimmtes Individuum. Referierende Ausdrücke sind zum Beispiel Eigennamen wie *Theodor Fontane* und definite Kennzeichnungen wie *der Autor des Romans ‚Der Stechlin'*.

Wie wir auch gesehen haben, versteht Searle Referenz als einen Akt des Sprechers, d.h. ein bestimmter Ausdruck hat zwar ein semantisches Referenzpotential, die jeweilige aktuelle Bezugnahme auf ein Individuum wird jedoch von einem Sprecher vorgenommen. Dafür sprechen insbesondere alle deiktischen Ausdrücke, z.B. Personalpronomina wie *ich*, deren Referenz nur in einem bestimmten Situationskontext ermittelbar ist.

Unter **Prädikation** ist zu verstehen, daß einem Individuum eine Eigenschaft zugesprochen wird, oder mehreren solcher Individuen eine Relation. Dadurch entsteht eine Aussage, eine Proposition. Ganz allgemein versteht man in der logischen Semantik unter einem **Prädikat** eine semantische Eigenschaft bestimmter Ausdrücke; zusammen mit einem oder mehreren Argumenten bildet ein Prädikat die Proposition. Ist das Prädikat zum Beispiel ein Verb, dann werden die Argumente durch die Ergänzungen des Verbs wiedergegeben. Searle nimmt nun an, daß die Prädikation (Zusprechen einer Eigenschaft zu einem Individuum) ebenfalls von einem Sprecher vollzogen wird (d.h. beansprucht und verantwortet wird) und damit eine sprachliche Handlung ist.

Daß die Unterscheidung zwischen den drei Teilakten eines Sprechakts wie in Tabelle 7.1 überhaupt sinnvoll ist, läßt sich an den Beispielen unter (3) gut zeigen:

(3) **Beziehung zwischen den drei Teilakten eines Sprechakts**

a. Fritz ist Neue-Welle-Anhänger.
b. Ist Fritz Neue-Welle-Anhänger?
c. Übrigens, Fritz ist Neue-Welle-Anhänger.

d. Fritz ist ein Anhänger der Neuen Welle.
e. [Gesagt zu Fritz:] Bist du ein Anhänger der Neuen Welle?
f. [Gesagt zu Anna:] Bist du ein Anhänger der Neuen Welle?

Vergleicht man (3a) mit (3b), ist klar, daß die Äußerungsakte die gleichen sind, jedenfalls in dem Sinne, daß die gleichen Wörter geäußert werden (nimmt man jedoch die Struktur des Satzes hinzu, ergibt sich freilich ein Unterschied). Der propositionale Akt ist jeweils gleich (Referenz durch *Fritz*, Prädikation durch *ist Neue-Welle-Anhänger*), aber der illokutionäre Akt ist verschieden.

Vergleicht man (3a) mit (3c), stellt man fest, daß der Äußerungsakt verschieden ist (das Wort *übrigens* kommt hinzu), aber dies hat keinen Einfluß auf die Identität des propositionalen Gehalts. Für die Wahrheitsbewertung des Satzes spielt auch keine Rolle, ob darin nun das Wort *übrigens* vorkommt oder nicht. Auch der illokutionäre Akt scheint sich nicht zu verändern, da das Wort *übrigens* nicht den illokutionären Akttyp bestimmt.[32]

Beim Vergleich von (3a) mit (3d) wird deutlich, daß der Äußerungsakt unterschiedlich ist, weil in (3d) neues Wortmaterial hinzukommt, nämlich *ein* und *der*. Am propositionalen Gehalt ändert sich jedoch nichts, und auch der illokutionäre Akt bleibt derselbe.

Vergleicht man schließlich (3e) mit (3f), so ist klar, daß der Äußerungsakt der gleiche ist. Auch der illokutionäre Akt ist offensichtlich der gleiche. Was sich jedoch ändert, ist der propositionale Akt, und zwar deshalb, weil das Personalpronomen *du* einmal auf Fritz, einmal auf Anna referiert. An diesem Beispiel sieht man sehr deutlich, daß die Referenz mancher Ausdrücke nur situationsabhängig festgelegt werden kann (vgl. Kap. 2).

Bemerkenswert ist auch, daß es Äußerungsakte gibt, die keinen propositionalen Gehalt haben, jedoch von einem illokutionären Akt begleitet werden. Dies sind Äußerungen wie *hallo*, *tschüß*, *hurra*, *pst*, usw.

Searle vertritt nun die Auffassung, daß es in jedem Satz sprachliche Mittel gibt, an denen man unmittelbar erkennen kann, um welchen illokutionären Akt es sich handelt. Diese sprachlichen Mittel sind die sogenannten **illokutionären Indikatoren**. Als illokutionäre Indikatoren sind die performativen Verben, Satztypen, der Verbmodus, Modalverben, Satzadverbien, Modalpartikeln und Intonation/Interpunktion betrachtet worden. Searle selbst hat dazu niemals empirische Untersuchungen angestellt. In der Sprachwissenschaft jedoch finden gerade diese sprachlichen Mittel großes Interesse, da ihnen offenbar bei der Grammatik-Pragmatik-Interaktion eine besonders wichtige Rolle zukommt.

Was versteht man nun unter **performativen Verben**? Betrachten wir dazu die Sätze unter (4):

(4) a. Ich verspreche dir (hiermit), pünktlich zu sein.
b. Sie verspricht dir (*hiermit), pünktlich zu sein.

---

32 Vgl. aber die Bemerkungen zu „nicht-zentralen Sprechakten" und deren Indikation in Bach (1994:276f.).

In (4a) handelt es sich um ein Versprechen der Person, auf die sich das Personalpronomen *ich* bezieht, also des Sprechers. In (4b) handelt es sich jedoch nicht um ein Versprechen des Sprechers, sondern eine Feststellung, daß die mit *sie* bezeichnete Person etwas verspricht. Nur in (4a) ist das Verb *versprechen* performativ gebraucht. Wir können also definieren: Ein Verb ist performativ, wenn es in der 1. Ps. Sg. Ind. Präs. Akt. steht, und den vollzogenen illokutionären Akt bezeichnet. Der performative Charakter einer Äußerung kann durch das Wort *hiermit* klargemacht werden.

Als weitere illokutionäre Indikatoren kommen im Deutschen der Satztyp, der Verbmodus, die Modalverben, Satzadverbien, Einstellungsverben, Modalpartikeln und Ausdrücke wie *bitte* in Betracht. Den Satztyp haben wir ausführlich in Kap. 6 besprochen; zu den weiteren Ausdrucksmitteln vgl. die folgenden Beispiele:

(5)	a. Man beachtet Steffi.	BEHAUPTUNG
	b. Man beachte Steffi.	AUFFORDERUNG
(6)	a. Du darfst kommen.	ERLAUBNIS
	b. Du mußt kommen.	AUFFORDERUNG
(7)	a. Rebecca kommt leider/hoffentlich.	BEKUNDUNG DES BEDAUERNS/HOFFENS
	b. Ich bedauere/hoffe, daß Rebecca kommt.	AUSDRUCK DES BEDAUERNS/HOFFENS
(8)	a. Komm nach Hause!	AUFFORDERUNG
	b. Komm JA/BLOSS nach Hause!	ERMAHNUNG/DROHUNG
	c. Komm bitte nach Hause.	BITTE
	d. Du kommst bitte nach Hause.	(NACHDRÜCKLICHE) BITTE

Einigen dieser sprachlichen Mittel sind wir in Kap. 6 bei der Diskussion von Satztyp und Satzmodus schon begegnet. Wie diese Mittel miteinander kombiniert werden können, und so zur Modifikation von illokutionären Akten beitragen, ist zum großen Teil noch unbekannt.

7.3 Das Versprechen

Die Sprechakttheorie rekonstruiert das Wissen, das wir als Sprecher über Illokutionen haben. Dieses Wissen ist sicher ein uns größtenteils verborgener Bereich unserer pragmatischen Kompetenz, aber aus dem folgenden Dialog geht deutlich hervor, daß wir ein solches Wissen auch explizit machen können:

(9) [Interview mit dem Generalsekretär des Weltfußballverbandes Fifa, Joseph Blatter, ZEIT 46/1997, 7.11.97, S 28]

Blatter: Sollte der politische Druck aus Deutschland enorm stark werden, dann würde die Fifa bei den Rechtevertretern darauf hinwirken, daß die Spiele live im Free TV gezeigt werden.
ZEIT: Ist das ein Versprechen?
Blatter: Das ist ein Versprechen.

Tatsächlich wurde anschließend in verschiedenen Tageszeitungen darüber berichtet, daß Blatter das Versprechen abgegeben habe, sich bei entsprechendem politischem Druck gegen Live-Fußball nur im Pay-TV einzusetzen.

Searle fragt nun, unter welchen Umständen man davon sprechen würde, daß eine sprachliche Handlung ein **Versprechen** darstellt. Die Idee ist, daß man dafür bestimmte Bedingungen aufstellen können muß. Ergebnis seiner Überlegungen sind die folgenden *Glückensbedingungen für den illokutionären Akt des Versprechens*:

Tabelle 7.2 Glückensbedingungen für den illokutionären Akt des Versprechens (nach Searle 1971)

Wenn ein Sprecher S im Beisein eines Zuhörers H einen Satz T äußert, dann verspricht er dem Zuhörer H, daß p, vermittels der aufrichtigen Äußerung von T wahrhaftig und vollständig dann und nur dann, wenn die folgenden Bedingungen 1–9 erfüllt sind:

1. Normale Eingabe- und Ausgabebedingungen
2. In der Äußerung von T drückt S die Proposition aus, daß p.
3. Indem S ausdrückt, daß p, sagt S einen zukünftigen Akt A von S aus.
4. H sähe lieber S' Ausführung von A als die Unterlassung von A, und S glaubt, H sähe lieber seine Ausführung von A als die Unterlassung von A.
5. Es ist sowohl für S als auch für H nicht offensichtlich, daß S bei normalem Verlauf der Ereignisse A ausführen wird.
6. S beabsichtigt, A zu tun.
7. Es liegt in der Absicht von S, sich mit der Äußerung von T zur Ausführung von A zu verpflichten.
8. S beabsichtigt (I-1), bei H die Erkenntnis (K) zu bewirken, daß die Äußerung von T als S' Übernahme der Verpflichtung zur Ausführung von A anzusehen ist. S beabsichtigt, K durch die Erkenntnis von I-1 zu bewirken, und es liegt in seiner Absicht, daß I-1 auf Grund von (mittels) Hs Kenntnis der Bedeutung von T erkannt wird.
9. Die semantischen Regeln des Dialekts, den S und H sprechen, sind von solcher Beschaffenheit, daß T korrekt und aufrichtig dann und nur dann geäußert wird, wenn die Bedingungen 1–8 erfüllt sind.

Zeichen: S = Sprecher, H = Hörer, T = Satz, p = propositionaler Gehalt, A = Akt, I-1 = Intention 1, K = Erkenntnis

Der Vorspruch macht recht deutlich, daß es hier um eine ideale Kommunikationssituation geht. Die 1. Glückensbedingung (normale Eingabe- und Ausgabedingung) schließt Fälle aus, in denen die Kommunikation nicht klappen kann, weil der Hörer H zum Beispiel taub, betrunken oder abwesend ist.

Die 2. Glückensbedingung besagt, daß Versprechen einen propositionalen Gehalt haben müssen. Der Gegenstand des Versprechens muß deutlich gemacht werden. Zu äußern *Ich verspreche dir etwas, aber ich sage nicht, was!*, wäre wohl kaum ein gelungenes Versprechen. Die 3. Glückensbedingung besagt, daß der propositionale Gehalt des Versprechens sich auf die Zukunft beziehen muß. Wenn man äußert *Ich verspreche dir, ich war gestern nicht im Café Größenwahn*, dann handelt es sich nicht um ein Versprechen, sondern um eine Beteuerung. Die 2. und 3. Glückensbedingung werden als Bedingung des propositionalen Gehalts bezeichnet.

Die 4. Glückensbedingung hält fest, daß das Versprochene auch im Interesse des Hörers sein muß. So wäre eine Äußerung wie *Ich verspreche dir ein Marzipanschwein, auch wenn du Marzipanschweine auf den Tod nicht ausstehen kannst* wohl kaum ein geglücktes Versprechen. Die 5. Glückensbedingung hält fest, daß man nichts versprechen kann, was offensichtlich sowieso eintreten wird. Wenn ich zum Beispiel jeden morgen mit meiner Frau frühstücke, wäre es sehr eigenartig, wenn ich zu ihr eines Tages sagen würde: *Ich verspreche dir, morgen mit dir zu frühstücken.* Die 4. und 5. Glückensbedingung werden als Einleitungsbedingungen bezeichnet; die 5. auch manchmal als Nicht-Offensichtlichkeitsbedingung.

Die 6. Glückensbedingung besagt, daß zu einem aufrichtigen Versprechen auch die feste Absicht (im Sinne einer psychischen Einstellung) gehört, etwas Bestimmtes zu tun. Zu sagen *Ich komme morgen, aber ich habe nicht die Absicht zu kommen* würde das Versprechen vereiteln. Diese Bedingung heißt Aufrichtigkeitsbedingung.

Die 7. Glückensbedingung legt fest, daß der Sprecher sich durch die Äußerung seines Sprechakts gegenüber dem Hörer auch tatsächlich zur Ausführung einer bestimmten Handlung verpflichten will. Wenn der Onkel zu seinem Neffen sagt *Wir machen morgen eine Bootsfahrt, aber nun rechne bloß nicht damit, daß ich mit dir eine Bootsfahrt mache*, hätten wir wohl kaum ein gelungenes Versprechen vor uns. Die 7. Bedingung ist die wesentliche Bedingung. Die Bedingungen 3.-7. machen sicher den Kern des Versprechens aus. Wozu benötigen wir noch die Bedingungen 8.-9.?

Die 8. Glückensbedingung, die auf der Kommunikationstheorie von Paul Grice aufbaut, besagt, daß der Sprecher will, daß der Hörer die mit der Äußerung des Sprechers verbundene Intention erkennt; der Hörer kann dies aber nur erkennen, wenn er die sprachlich vermittelte Bedeutung der Äußerung versteht. Wenn er zum Beispiel nur zufällig, nicht aber aufgrund des Verstehens der sprachlichen Bedeutung der Äußerung, zur richtigen Annahme über die Intention des Sprechers gelangt wäre, würden wir nicht sagen, daß der illokutionäre Akt des Versprechens geglückt wäre.[33] Die 9. Glückensbe-

---

[33] Vgl. dazu die Geschichte vom amerikanischen Soldaten in Italien, der versucht, durch die Äußerung *Kennst du das Land, wo die Zitronen blühen?* gegenüber italienischen Soldaten den Eindruck zu erwecken, er sei Deutscher, damit sie ihn freilassen (Searle 1971:68ff.).

dingung schließlich garantiert die Rückbindung der Äußerungsbedeutung an die konventionellen Bedeutungen in der von Sprecher und Hörer verwendeten Sprachausprägung (dem „Dialekt"). Im Deutschen ist es normalerweise unmöglich, zu sagen *Morgen gibt es Eis* und damit zu versprechen, daß die CDU die nächste Wahl gewinnt.

Diesen Glückensbedingungen werden nun in einem zweiten Schritt ‚Regeln für den Gebrauch des illokutionären Indikators' zugeordnet. Man kann natürlich ein Versprechen auf verschiedene Art und Weise abgeben, zum Beispiel:

(10) a. Du kriegst von mir ein Tamagotchi zum Geburtstag.
b. [A: Versprichst du, daß ich ein Tamagotchi bekomme?]
B: O.K./Ich versprechs dir.
c. [A: Was kriege ich zum Geburtstag?]
B: Ein Tamagotchi.
d. Ich verspreche dir, daß du zum Geburtstag ein Tamagotchi bekommst.

Es kann sein, daß man die Illokution aus dem Kontext rekonstruieren muß (10a), oder daß der illokutionäre Indikator und/oder der propositionale Gehalt ergänzt werden müssen (10b/c). Man kann die Illokution aber immer explizit machen; derjenige illokutionäre Indikator, der dies aufgrund seiner Semantik gewissermaßen garantiert, ist das performativ gebrauchte Verb *versprechen* wie in (10d).

Die Bedingungen für die geglückte Handlung des Versprechens können nach Searle also identifiziert werden mit den Regeln für die semantisch korrekte Verwendung des illokutionären Indikators für das Versprechen. Dadurch will Searle seinen Anspruch einlösen, die Untersuchung von Sprechakten sei eine Untersuchung der ‚langue', also des Sprachsystems (vgl. Searle 1971:32f.).

Bei den Regeln für den Gebrauch des illokutionären Indikators haben die Bedingungen 1/2 und 8/9 kein Korrelat. Sehen wir uns nun diese Regeln an:

Tabelle 7.3 Regeln für den Gebrauch des illokutionären Indikators für das Versprechen (nach Searle 1971)

Die semantischen Regeln für den Gebrauch eines jeden Mittels V, das als Indikator des Versprechens dient, sind:

1. Regel des propositionalen Gehalts

V darf nur im Zusammenhang eines Satzes oder Diskursabschnitts T geäußert werden, dessen Äußerung einen zukünftigen Akt A des Sprechers S prädiziert.

2. Einleitungsregeln

a. V darf nur geäußert werden, wenn der Zuhörer H S' Ausführung von A der Unterlassung von A vorziehen würde und wenn S glaubt, H würde S' Ausführung von A der Unterlassung von A vorziehen.

b. V darf nur geäußert werden, wenn es für S und H nicht offensichtlich ist, daß S bei normalem Verlauf der Ereignisse A tun wird.

3. Aufrichtigkeitsregel
V darf nur geäußert werden, wenn S die Ausführung von A beabsichtigt.

4. Wesentliche Regel
Die Äußerung von V gilt als Übernahme der Verpflichtung zur Ausführung von A.

Zeichen: V = illokutionärer Indikator, T = Satz, A = Akt, S = Sprecher, H = Hörer

Diese Regeln sind in Analogie zu den Glückensbedingungen zu verstehen. Diejenige Regel, die am stärksten die Eigenart des illokutionären Akts ausdrückt, ist sicherlich die wesentliche Regel.[34]

Problematisch erscheint zunächst die Aufrichtigkeitsbedingung bzw. -regel. Ist nicht eine alltägliche Erfahrung von uns, daß Versprechen abgegeben, aber nicht gehalten werden? Kann man nicht oft annehmen, daß der Versprechende von vornherein gar nicht die Absicht hatte, sein Versprechen zu halten? Searle (1971:95f.) reagiert auf diesen naheliegenden Einwand dadurch, daß er eine Revision der Aufrichtigkeitsbedingung vorschlägt, die darauf abzielt, daß der Sprecher nur die Intention zur Ausführung von A ausdrücken muß (unabhängig davon, ob er diese Intention auch tatsächlich besitzt). Eine andere Möglichkeit wäre, die Bedingungen nicht so allgemein zu formulieren, daß sie auch Unaufrichtigkeit abdecken, sondern Unaufrichtigkeit als Verstoß gegen das Kooperationsprinzip aufzufassen, wie es auch beim Lügen (unaufrichtiges Behaupten) der Fall ist.

7.4 Kritik der Searleschen Sprechakttheorie

Die Searlesche Konzeption des Sprechakts, der Glückensbedingungen und der Gebrauchsregeln für den illokutionären Indikator hat einerseits breite Anerkennung gefunden, anderseits aber auch Kritiker auf den Plan gerufen. Einige problematische Punkte werden in Harnish (1990:173-177) knapp formuliert:

- Es wird nicht klar, aufgrund welcher Kriterien eine Sprechakteigenschaft unter bestimmte Bedingungen fällt. Warum gehört z.B. beim Versprechen die Annahme von S, A sei im Interesse von H, zu den Einleitungsbedingungen, und nicht etwa zur wesentlichen Bedingung (wo sie ja bei der Abgrenzung zur Drohung gute Dienste leisten würde).
- Es ist sinnvoll, zwischen solchen Bedingungen zu unterscheiden, die absolut nötig für das Glücken eines Sprechakts sind, und solchen, die es nicht sind. Zu letzteren scheinen Aufrichtigkeits- und Einleitungsbedingungen zu gehören. Zum Beispiel wird in der Einleitungsbedingung für das Versprechen die Vorstellung ausgedrückt, daß der Hörer

34 Wenn man von der illokutionären Kraft (engl. *force*), dem illokutionären Witz (engl. *point*) oder der illokutionären Rolle (engl. *role*) redet, bezieht man sich auf den Inhalt der Wesentlichen Regel.

die Ausführung von A durch S der Nicht-Ausführung von A durch S vorziehen muß. Die Alltagserfahrung zeigt aber, daß man sich als Sprecher darin täuschen kann. Der Sprechakt würde dann durchaus glücken, aber der Hörer würde das Versprechen nicht akzeptieren (es wäre sozusagen nicht vollständig geglückt, es wäre defektiv).

- Es ist nicht klar, welche Bedingungen überhaupt nötig sind, damit von einem illokutionären Akt geredet werden kann. Es gibt Akte ohne Bedingung des propositionalen Gehalts und ohne Aufrichtigkeitsbedingung (z.B. Grüßen). Es scheint daher, daß nur Einleitungsbedingungen und die wesentliche Bedingung illokutionäre Akte konstituieren.
- Es ist nicht klar, daß die Regeln irgendeine psychologische Realität haben, etwa in dem Sinne, daß sie gelernt werden oder bei der Sprachproduktion oder -rezeption eine Rolle spielen (vgl. dazu Kapp. 9 und 12).
- Darüber hinaus gibt es Probleme mit der Zuordnung von Bedingungen zu Regeln. Die Regeln sind ganz offensichtlich am illokutionären Indikator par excellence, dem performativen Verb, orientiert. Damit ist die Analyse nicht nur unnötig eng, sie kann auch solchen Fällen nicht gerechnet werden, wo die Semantik eines Ausdrucksmittels gar nicht in einem eindeutigen Verhältnis zu den „semantischen Regeln des Dialekts", von denen in der 9. Glückensbedingung die Rede ist, steht. Bei der Äußerung *O.K.* (in einem entsprechenden Kontext, vgl. [10b]) gibt es keine semantischen Regeln für T, die den Vollzug des Versprechens garantieren. Alles, was man nach Harnish verlangen sollte, ist eine gewisse Kompatibilität zwischen Bedingungen und Regeln (vgl. Kap. 6.4).
- Es gibt auch nicht-wörtliche oder indirekte Sprechakte, und diese können durch die Glückensbedingungen, die ja prinzipiell auf wörtliche und direkte Sprechakte gemünzt sind, prinzipiell nicht erfaßt werden. Searle hat das selbst gesehen und in Searle (1982b) eine Erweiterung seiner Sprechakttheorie vorgeschlagen. Wir kommen darauf in Kap. 8 zurück.

7.5 Sprechaktklassifikation

Searle (1971:100ff.) hat nun dieses Regelschema auf andere wichtige illokutionäre Akte übertragen. Ein solcher Versuch führt zwangsläufig zu einer **Sprechaktklassifikation**, verstanden im Sinne einer **Klassifikation illokutionärer Akte**. Bei jeder Klassifikation benötigt man Kriterien, nach denen klassifiziert wird. Das ist nicht nur bei einer Klassifikation illokutionärer Akte so. Klassifiziert man zum Beispiel Joghurtbecher, kann man als Klassifikationskriterien die Größe, das Material der Verpackung, das Gewicht, den Inhalt usw. nehmen.

Bei der Klassifikation illokutionärer Akte bieten sich die Kriterien an, die man in Form von ‚Regeln für den Gebrauch des illokutionären Indikators' sowieso schon hat. Und so verwendet Searle (1982a) in seinem Aufsatz *Eine Taxonomie illokutionärer Akte* denn auch im wesentlichen die Eigenschaften illokutionärer Akte, die durch die Regel des propositionalen Gehalts (‚Anpassungsrichtung'), die Aufrichtigkeitsregel (‚psychischer Zustand') und die wesentliche Regel (‚illokutionärer Witz') erfaßt werden.[35]

Das Kriterium der **Anpassungsrichtung** (‚direction of fit') erläutert Searle anhand der Geschichte vom Detektiv im Supermarkt. Kauft ein Mann im Supermarkt anhand seines Einkaufszettels Bohnen, Butter, Braten und Brot ein, so paßt er die Welt (d.h. das, was sich in seinem Einkaufswagen befindet) seinen Worten an. Folgt ein Detektiv dem Mann, um zu notieren, was der Mann einkauft, so paßt der Detektiv die Worte (d.h. das, was er sich notiert) der Welt an. Mit anderen Worten, die Anpassungsrichtung besagt etwas über die Funktion propositionaler Gehalte: sollen sie erfüllt werden, oder sollen sie etwas repräsentieren.

Searle unterscheidet fünf Klassen illokutionärer Akte:

Assertive teilen als wesentliche Regel, daß der Sprecher sich (in unterschiedlichem Maße) auf die Wahrheit einer Proposition festlegt. Mitglieder dieser Klasse sind unter anderem die durch die Verben *behaupten*, *feststellen*, *andeuten*, *die Hypothese aufstellen*, *prophezeien* bezeichneten illokutionären Akttypen. Die Anpassungsrichtung ist Wort-an-Welt, und der ausgedrückte psychische Zustand ist Glauben.

Direktive teilen als wesentliche Regel, daß der Sprecher den Hörer auf die Ausführung einer zukünftigen Handlung verpflichten will. Mitglieder dieser Klasse sind zum Beispiel die durch die Verben *auffordern*, *befehlen*, *bitten*, *anordnen*, *einladen* bezeichneten Typen illokutionärer Akte. Searle (1982a) rechnet auch Fragen zu den Direktiva, weil er sie als Aufforderungen, eine Antwort zu geben, versteht. Die Anpassungsrichtung ist Welt-an-Wort und der ausgedrückte psychische Zustand ist Wunsch.

Kommissive teilen als wesentliche Regel, daß der Sprecher sich auf die Ausführung einer zukünftigen Handlung verpflichtet. Mitglieder dieser Klasse sind u.a. die durch die Verben *versprechen*, *geloben*, *drohen*, *vereinbaren*, *anbieten* bezeichneten Typen illokutionärer Akte. Die Anpassungsrichtung ist Welt-an-Wort (wie bei den Direktiven): der Sprecher verpflichtet sich zu einer künftigen Handlung. Der ausgedrückte psychische Zustand ist Absicht.

Expressive teilen als wesentliche Regel, daß der Sprecher einen in der Aufrichtigkeitsregel angegebenen psychischen Zustand zum Ausdruck bringt. Mitglieder dieser Klasse sind die durch die Verben *danken*, *gratulieren*, *entschuldigen*, *willkommen heißen*, *kondolieren* etc. benannten Typen illokutionärer Akte. Expressive haben keine Anpassungsrichtung und der ausgedrückte psychische Zustand variiert mit dem jeweiligen Expressiv.

Deklarationen erfordern gewöhnlich eine bestimmte soziale Institution, wie z.B. Schule, Kirche, Parlament. Durch die Äußerung einer Deklaration wird ein bestimmter Zustand hergestellt. Mitglieder dieser Klasse sind die durch die Verben bzw. verbalen

[35] Eine terminologische Bemerkung: In der deutschen Fassung (Searle 1982a) ist von ‚Ausrichtung' (z.B. Wort-auf-Welt) die Rede, ich bevorzuge ‚Anpassungsrichtung' (und entsprechend Wort-an-Welt). ‚Illokutionärer Witz' bezieht sich auf engl. *illocutionary point*.

Ausdrücke *exkommunizieren*, *zurücktreten*, *taufen*, *ernennen*, *Krieg erklären* benannten Typen illokutionärer Akte.

Deklarationen haben Searle zufolge eine doppelte Anpassungsrichtung. Searle erklärt dies weitgehend negativ: Weder ist z.B. eine Taufe assertiv (das Baby heißt nicht bereits *Arno*) noch direktiv (der Sprecher will nicht, daß jemand einen zukünftigen Akt ausführt). Eine Anpassungsrichtung muß es nach Searle jedoch geben, denn es werde versucht, „die Sprache zur Welt passen zu lassen" (Searle 1982a:38); aufgrund des Taufakts soll das Baby *Arno* heißen. Deklarationen haben keine Aufrichtigkeitsbedingung, d. h. es handelt sich niemals um den Ausdruck eines psychischen Zustands des Sprechers (z.B. des Pfarrers bei der Taufe). Ein Sonderfall der Deklarationen sind die **assertiven Deklarationen**, z.B. Schiedsrichtersprüche. Wenn ein Schiedsrichter bei einem Fußballspiel auf Tor erkennt, dann *war* es ein Tor.[36]

Die folgende Tabelle bietet einen Überblick über die fünf Klassen mit ihren wesentlichen Eigenschaften:

Tabelle 7.4 Kriterien der Klassifikation illokutionärer Akte (nach Searle 1982a)

Zweck	Anpassungsrichtung	psychischer Zustand
assertiv	Wort-an-Welt	Glaube
direktiv	Welt-an-Wort	Wunsch
kommissiv	Welt-an-Wort	Absicht
expressiv	keine	variabel
deklarativ	beide	keiner

Zu beachten ist, daß hier nicht Verben klassifiziert werden, sondern illokutionäre Akte; die genannten Verben sind nur Namen für illokutionäre Akte. Diese Unterscheidung ist nicht immer gebührend beachtet worden. Das hat historische Gründe: Ausgehend von der Existenz von performativen Verben, hat man vielfach vermutet, daß deren Klassifikation automatisch eine Sprechaktklassifikation darstelle. Man darf jedoch eine Klassifikation von illokutionären Akten nicht mit einer Klassifikation von Verben verwechseln. So kann es illokutionäre Akte in einer Sprache geben, ohne daß ein Verb dafür existiert, oder es existieren mehrere Verben, man will aber nur einen Akttyp annehmen. Daß man in der englischsprachigen Fachliteratur oft Fragen mit Aufforderungen als Direktiva zu-

---

36 Searle wurde in dieser Auffassung durch ein Urteil des Fußball-Weltverbandes Fifa bestätigt: „Die Fifa-Kommission hat einstimmig bekräftigt, daß Entscheide, die ein Schiedsrichter während einer Begegnung fällt und die den Verlauf des Spiels betreffen, Tatsachenentscheide sind. Dies gilt insbesondere für die Frage, ob ein Tor erzielt wurde oder nicht. Solche Entscheide sind daher endgültig und dürfen nicht zu einem späteren Zeitpunkt durch eine externe Instanz umgestoßen werden" (Schwäbisches Tagblatt, 13.11.97).

sammenfaßt, scheint auch damit zusammenzuhängen, daß engl. *ask* einerseits ‚auffordern, bitten' und anderseits ‚fragen' heißen kann; im Deutschen wird dies von vornherein lexikalisch unterschieden.

Es ist in diesem Zusammenhang auch zu beachten, daß nicht jedes Verb, das einen illokutionären Akt bezeichnet, ein performatives Verb ist. Zum Beispiel bezeichnet das Verb *beleidigen* einen illokutionären Akt, aber die Äußerung **Hiermit beleidige ich dich* ist keine geglückte Beleidigung.

Neben den drei Hauptkriterien für die Klassifikation illokutionärer Akte nennt Searle (1982a) noch neun weitere Dimensionen zur Unterscheidung von Akttypen. Die wichtigste davon ist die Dimension der **Stärke/Intensität**, die Searle am Paar *etwas vorschlagen* vs. *auf etwas bestehen* verdeutlicht. In Searle/Vanderveken (1985) firmiert diese Dimension unter dem Titel **Durchsetzungsmodus** des illokutionären Zwecks; hinzu kommt der **Stärkegrad** der Aufrichtigkeitsbedingung, wie er sich etwa am Paar Anflehen vs. Bitte verdeutlichen läßt (vgl. Rolf 1997:23-35).

7.6 Alternativvorschläge

Die Searlesche Sprechaktklassifikation ist wiederholt angegriffen worden, es sind auch viele Gegenvorschläge gemacht worden, aber insgesamt hat sie sich gegen ihre Widersacher gut behauptet. Im folgenden sollen einige dieser alternativen Klassifikationen erläutert werden, wobei vor allem deren Vorzüge und Schwächen hervorgehoben werden. Es ist klar, daß eine Bewertung letztlich auch immer von einer Bewertung des jeweiligen sprechakttheoretischen Rahmens abhängig ist. Der Sprechakt der Frage soll hier als Prüfstein dienen.

Searle hatte Fragen als Direktive betrachtet, als Aufforderungen, eine Antwort zu geben. Dagegen plädiert Wunderlich (1976) und (1986) dafür, daß Fragen eine eigene Klasse konstitutieren, nämlich die **erotetische** Klasse (altgr. *erotema* ‚Frage'). Hauptargument ist für ihn, daß Fragen normalerweise durch bestimmte grammatisch verankerte Satztypen realisiert werden, und dies nicht nur im Deutschen, sondern wohl in den meisten Sprachen der Welt.[37] Hier wird also ein formales Kriterium für die Sprechaktklassifikation veranschlagt.

Bach/Harnish (1979) nehmen sechs Klassen an: Vier Klassen gehören zu den kommunikativen Akten (Konstative, Direktive, Kommissive, ‚Acknowledgements'(= Expressive)) und zwei Klassen zu den konventionalen Akten (Effektive und Verdiktive). Die konventionalen Akte entsprechen dabei den Searleschen Deklarationen. Während es für die kommunikativen Akte eine wesentliche Eigenschaft ist, daß sie dem Ausdruck einer Einstellung dienen, basieren die konventionalen Akte auf einer Konvention (vgl. Rolf 1997:113-118).

---

37 Eine Ausnahme scheint Hidatsa zu sein, vgl. Sadock/Zwicky (1985), Sadock (1994:403).

Ganz in Übereinstimmung mit Searle ordnen Bach/Harnish (1979) Fragen in die Klasse der Direktive ein. Eine vollkommen andere Ansicht vertreten Brandt/Reis/Rosengren/Zimmermann (1992), bei denen Fragen zusammen mit Assertiven als Darstellungshandlungen gelten. Als wesentliches Argument dafür wird genannt, daß Fragen wie Assertive eine Wort-an-Welt-Anpassungsrichtung haben. Das läßt sich aber nur von den Antworten sagen. Fragen zielen in der Tat auf eine Antwort ab, das ist ihr illokutionärer Zweck, darin unterscheiden sie sich von Assertiven. Auch ihr psychischer Zustand ist fundamental verschieden von den Assertiven: Glauben einerseits, Wunsch nach Behebung eines Wissensdefizits anderseits.

Während die Klassifikation von Fragen als Darstellungshandlungen nicht überzeugt, verdient eine andere Besonderheit der Klassifikation von Brandt/Reis/Rosengren/Zimmermann (1992) Beachtung, nämlich die Unterscheidung zwischen Handlungserklärungen (Deklaration, Ausdruckshandlung/Expressive, Darstellungshandlung/Assertive, Regulierungshandlung/Direktive) einerseits und Einstellungsbekundungen anderseits. Unter **Einstellungsbekundungen** werden Sprechakte der folgenden Art verstanden:

(11) a. Ich bedauere, daß du nicht kommen kannst.
b. Ich bezweifle, daß sie recht haben.
c. Ich möchte, daß du die Sache durchziehst.

Wie uns schon aus Kap. 6.3 bekannt ist, sind die Verben im Hauptsatz Verben der propositionalen Einstellung. In (11a) wird eine emotionale Einstellung bekundet, in (11b) eine epistemische, in (11c) eine intentionale. Nach Brandt/Reis/Rosengren/Zimmermann (1992:56ff.) sind die Sprechakte unter (11) keine Assertive, weil mit ihnen kein Wahrheitsanspruch erhoben werde. Der Fall scheint daher Ähnlichkeit mit den performativen Äußerungen zu haben, bei denen man das Gleiche gesagt hat. Ich werde daher im Zusammenhang mit der Diskussion von Performativität in Kap. 8.4 noch einmal auf dieses Problem zurückkommen.

7.7 Zusammenfassung

Der Begriff des Sprechakts bzw. des illokutionären Akts ist ein zentraler Begriff der linguistischen Pragmatik. Normalerweise werden illokutionäre Akte für eine Äußerungssituation definiert, in der der Sprechakt wörtlich und direkt verstanden wird. Glückensbedingungen definieren die Umstände, unter denen man von einem gelungenen illokutionären Akt eines bestimmten Typs sprechen kann. Welche Bedingungen im einzelnen anzunehmen sind, und wie sie gewichtet werden, darüber gibt es verschiedene Auffassungen. Ob aus den Bedingungen Regeln für den Gebrauch des illokutionären Indikators abzuleiten sind, ist ebenfalls umstritten. Übereinstimmung besteht aber darin, daß eine vernünftige Sprechaktklassifikation/Klassifikation illokutionärer Akte entwickelt werden muß. Der Searlesche Vorschlag, zwischen fünf Klassen zu unterscheiden, hat sich weitgehend durchgesetzt, und spielt auch bei dem Entwurf von Alternativvorschlägen eine wichtige Rolle. Ein Problem aber ist noch nicht gelöst: das Problem der indirekten Sprechakte, dem wir uns im folgenden Kap. 8 zuwenden.

Übungen

❶ Entscheiden Sie, ob sich die folgenden Verben/verbalen Ausdrücke auf eine Handlung beziehen:

fünf Richtige im Lotto haben – schwitzen – Fußball spielen – „Amen" sagen – im Schlaf „Blödmann" murmeln – eine Wahl annehmen – Regenschirm aufklappen – Hilfe verweigern

❷ Äußerungen wie (2a/b) gelten im allgemeinen nicht als Versprechen:

(a) Ich verspreche dir, daß du mir dafür noch büßen wirst.
(b) Ich verspreche dir, ich war es wirklich nicht.

Erläutern Sie unter Verwendung der Begriffe ‚performatives Verb' und ‚illokutionärer Indikator', inwiefern dadurch ein Problem entsteht. Zeigen Sie anhand der Bedingungen/Regeln für das Versprechen, warum die Äußerungen (2a/b) keine Versprechen sein können. Um welche Sprechakte handelt es sich?

❸ Die folgenden Äußerungen sind Beispiele für Drohungen (Falkenberg 1992: 178f.):

(a) Wenn du das machst, hau ich dir eine.
(b) Entweder du benimmst dich, oder du kannst gehen.
(c) Noch so eine Bemerkung, und du fliegst raus.
(d) Wehe, du läßt dich hier noch einmal blicken!
(e) Wenn du keine runtergehauen haben willst, dann reiz mich nicht!
(f) Komm ja nicht näher, sonst kannst du was erleben!
(g) Daß du mir JA/BLOSS zu Hause bleibst!
(h) Untersteh dich!
(i) Das wird dir noch einmal leid tun!
(j) Ich warne dich, komm mir nicht zu nah!
(k) Ich rate dir gut, dich GANZ still zu verhalten.
(l) Freundchen, ich verspreche dir, das gibt noch VIEL Ärger.
(m) Laß dich noch EINMAL hier blicken!
(n) Wenn du dir eine fangen willst, dann reiz mich nur weiter.
(o) Hat sonst noch jemand Lust auf eine Abreibung?

Untersuchen Sie bezüglich dieser Äußerungen zunächst, welche illokutionären Indikatoren für Drohungen anzusetzen sind. Formulieren Sie dann unter Bezugnahme auf diese Äußerungen Glückensbedingungen (Bedingung des propositionalen Gehalts, Einleitungsbedingungen, Aufrichtigkeitsbedingung, wesentliche Bedingung) für Drohungen, und achten Sie dabei sorgfältig auf die Abgrenzung zu Versprechen einerseits und Warnungen anderseits.

❹ Betrachten Sie die folgenden Verben:

sagen, lügen, antworten, vermuten, unterstellen, schwören, trösten, protestieren

Prüfen Sie, ob diese Verben (a) eine Handlung bezeichnen, (b) ob sie eine sprachliche Handlung oder einen Aspekt davon bezeichnen, (c) ob sie eine eigene Illokution bezeichnen, (d) ob sie performativ verwendbar sind, (e) in welche Sprechaktklasse sie gegebenenfalls gehören. Geben Sie immer die dabei verwendeten Tests/Proben an.

Literaturhinweise

Als Klassiker der Sprechakttheorie gelten AUSTIN (1962/72), SEARLE (1971, 1982a,b). In allen Pragmatik-Einführungen (siehe die Literaturhinweise zu Kap. 13) gibt es Kapitel über Sprechakte. HARRAS (1983) arbeitet den handlungstheoretischen Aspekt heraus. Zum Begriff des illokutionären Indikators vgl. LIEDTKE (1997). Eigenständige sprechakttheoretische Ansätze liegen bei WUNDERLICH (1976) und BACH/HARNISH (1979) vor. Eine Kritik des Searleschen Ansatzes findet sich bei HARNISH (1990); vgl. auch die Beiträge in LEPORE/VAN GULICK (1991). Zu Weiterungen des Searleschen Ansatze siehe SEARLE (1983), SEARLE/VANDERVEKEN (1985), VANDERVEKEN (1990); einen Überblick über diese neueren Entwicklungen vermittelt ROLF (1997). Sammelbände zur Sprechakttheorie haben GREWENDORF (1979), BURKHARDT (1990) und TSOHATZIDIS (1994) herausgegeben. Auch in COHEN/MORGAN/POLLACK (1990) finden sich einschlägige Arbeiten.

8. Indirektheit

Bei den Formulierungen für die Glückensbedingungen und die Regeln für den Gebrauch des illokutionären Indikators, die Searle (1971) vorschlägt, wird immer eine wörtliche und aufrichtige Äußerung vorausgesetzt. Es scheint aber auch Fälle zu geben, wo nicht die normalerweise zu erwartende Interpretation der Äußerung im Sinne eines bestimmten illokutionären Akts eintritt, sondern eine andere, davon abweichende. Solche Fälle werden bei John R. Searle **indirekte Sprechakte** genannt; indirekte Sprechakte werfen das grundlegende pragmatische Problem auf, wie Hörer eine Äußerung als einen bestimmten illokutionären Akt interpretieren. Standardbeispiele für indirekte Sprechakte sind die folgenden Äußerungen:

(1) a. Die Kleine hat in die Windeln geschissen.
b. Hier zieht es.
c. Es gibt noch eine Kleinigkeit.
d. Kannst du mir das Salz reichen?
e. Wissen Sie, wo der Bahnhof ist?
f. Ist das realistisch?

So sind (1a-c) zunächst einmal Behauptungen; in passenden Äußerungssituationen haben sie allerdings die Funktion von Aufforderungen. Und (1d-f) sind für Searle Entscheidungsfragen; mit (1d) kann in passenden Äußerungssituationen aber aufgefordert werden, mit (1e) eine W-Frage gestellt werden (bei beiden Sprechakten kann man nicht einfach nur mit *Ja* antworten), und mit (1f) kann eine Behauptung aufgestellt werden.

Solche Fälle stellen für Searles Sprechakttheorie natürlich ein großes Problem dar, weil er ja die Glückensbedingungen für einen Illokutionstyp mit den Regeln für den Gebrauch eines illokutionären Indikators identifiziert. Und das scheint zu implizieren, daß eine Verwendung eines Indikators, in der dieser nicht indiziert, was er eigentlich indizieren sollte, ausgeschlossen ist. Mit anderen Worten, Fälle wie unter (1) würden von der Sprechaktanalyse zu Unrecht ausgeschlossen.

8.1 Die Theorie der indirekten Sprechakte

Searle hat seine Auffassung von den indirekten Sprechakten in seinem Artikel *Indirekte Sprechakte* (Searle 1982b) dargelegt. Die Strategie, die er zur Behebung des Problems verfolgt, läßt sich an dem folgenden Beispiel studieren:

(2) Student X: Komm, wir gehen heute abend ins Kino.
Student Y: Ich muß für eine Prüfung lernen.

Die Äußerung des Studenten Y ist hier nicht als eine bloße Feststellung gemeint, sondern als eine Ablehnung des Vorschlags, den der Student X gemacht hat. Die **wörtlich ausgedrückte** Illokution nennt Searle die **sekundäre** Illokution, die **gemeinte Illokution** die **primäre**.

Das Problem ist nun, wie der Hörer von der wörtlich ausgedrückten Illokution zur gemeinten Illokution kommt. Searles Idee ist, daß man diese Leistung durch einen Prozeß des praktischen Schließens wiedergeben könne; solch einen Schlußfolgerungsprozeß kennen wir schon aus der Implikaturentheorie (siehe Kap. 3). Sehen wir uns nun Searles Vorschlag an („primärer vs. sekundärer illokutionärer Witz" bezieht sich im folgenden auf engl. „illocutionary point"; der „Witz" oder Zweck eines Sprechakts ist der wesentlichen Regel zu entnehmen):

Tabelle 8.1 Schlußprozeß für einen indirekten Sprechakt (nach Searle 1982b)

Eine verkürzte Rekonstruktion der zur Ableitung der primären Illokution aus der wörtlichen nötigen Schritte (die sich normalerweise natürlich niemand bewußt machen würde) mag etwa so aussehen:

Schritt 1:	Ich habe Y etwas vorgeschlagen, daraufhin hat er die Feststellung gemacht, daß er für eine Prüfung zu lernen habe. (Annahme über das Gespräch).
Schritt 2:	Y ist mir gegenüber wohl kooperativ in diesem Gespräch, und daher soll seine Bemerkung relevant sein. (Prinzipien der konversationalen Kooperation)
Schritt 3:	Als relevante Reaktion kommen in Frage: Annahme, Ablehnung, Gegenvorschlag, weitere Diskussion, und so weiter. (Sprechakttheorie)
Schritt 4:	Aber seine wörtliche Äußerung war nichts von alledem und also keine relevante Reaktion. (Folgerung aus Schritt 1 und Schritt 3)
Schritt 5:	Also meint er wahrscheinlich mehr, als er sagt. Wo seine Bemerkung relevant ist, muß ihr primärer illokutionärer Witz ein anderer sein als ihr wörtlicher illokutionärer Witz. (Folgerung aus Schritt 2 und Schritt 4)
Schritt 6:	Wenn man für eine Prüfung lernt, so nimmt dies – für einen einzelnen Abend gesehen – ziemlich viel Zeit in Anspruch und wenn man ins Kino geht, so nimmt dies – auf einen einzelnen Abend gesehen – ebenfalls ziemlich viel Zeit in Anspruch. (Inhaltliches Hintergrundwissen)
Schritt 7:	Also kann er wahrscheinlich an einem Abend nicht beides tun: ins Kino gehen und für die Prüfung lernen. (Folgerung aus Schritt 6)
Schritt 8:	Eine Einleitungsbedingung für die Annahme eines Vorschlags (oder beliebigen anderen Kommissivs) ist, daß der Sprecher die in der Bedingung des propositionalen Gehalts ausgesagte Handlung vollziehen kann. (Sprechakttheorie)
Schritt 9:	Also hat er etwas gesagt, woraus sich ergibt, daß er den Vorschlag nicht annehmen kann, ohne sich selbst zu widersprechen. (Folgerung aus den Schritten 1, 7 und 8)
Schritt 10:	Also ist der primäre illokutionäre Witz seiner Äußerung wahrscheinlich die Ablehnung des Vorschlags. (Folgerung aus Schritt 5 und Schritt 9)

Dieser Schlußprozeß bezieht sich auf **nicht-konventionale indirekte Sprechakte**. Von diesen werden **konventionale indirekte Sprechakte** unterschieden, die für den indirekten Gebrauch gewissermaßen standardisiert sind. Ein solcher Fall liegt in dem vieldiskutierten Beispiel (1d) – im Englischen *Can you pass me the salt?* – vor. Zwar ist hier prinzipiell eine Interpretation als Frage denkbar, zum Beispiel wenn ein Orthopäde wissen will, ob ein Patient mit Tennisarm physisch dazu in der Lage ist, das Salz zu reichen – typischerweise handelt es sich jedoch um eine Aufforderung. Searle (1982b:70) prägt in diesem Zusammenhang die Formel, daß Gebrauchskonventionen nicht unbedingt Bedeutungskonventionen seien müssen: *Kannst du…?* wird sehr oft als Formulierung für eine Bitte verwendet, aber es hat keine imperativische, sondern interrogative Bedeutung.

Searle stellt den Zusammenhang zwischen seiner Sprechakttheorie und den Fällen konventionaler indirekter Sprechakte nun durch sogenannte **Generalisierungen** her. Zum Beispiel ist die Einleitungsbedingung für direktive Sprechakte bzw. Aufforderungen *H ist fähig, A zu tun.* Eine Generalisierung lautet dementsprechend, daß der Sprecher eine indirekte Aufforderung (oder einen anderen direktiven Sprechakt) genau dadurch ausführen kann, daß er nach der Gültigkeit der Einleitungsbedingung, ob H zu A fähig ist, entweder fragt, oder aber diese behauptet. Wenn der Sprecher also fragt *Kannst du mir das Salz reichen?*, thematisiert er gegebenenfalls eine Einleitungsbedingung für Aufforderungen und äußert damit eine Aufforderung. Und entsprechendes gilt von Äußerungen wie *Du könntest ruhig ein bißchen leiser sein.*

Der Hörer benötigt also Annahmen über das Gespräch, inhaltliches Hintergrundwissen, Kenntnis der Prinzipien konversationaler Kooperation und der Sprechakttheorie sowie die Fähigkeit des praktischen Schließens; dieses Wissen erlaubt ihm die Ableitung indirekter Sprechakte. Schritt 5 in der Ableitung wird jedoch als entscheidend betrachtet: „Solange der Hörer keine Folgerungsstrategie hat, um dahinter zu kommen, wann ein primärer illokutionärer Witz sich vom wörtlichen illokutionären Witz unterscheidet, kann er indirekte illokutionäre Akte überhaupt nicht verstehen“, heißt es in Searle (1982b:55) explizit.

Es fragt sich da, was eigentlich die Implikaturentheorie von der Theorie der indirekten Sprechakte unterscheidet. Der wesentliche Unterschied liegt darin, daß Grice keinen Begriff des illokutionären Akts definiert. Der Begriff der konversationellen Implikatur ist zwar so weit gefaßt, daß alle Arten von abgeleiteten Bedeutungen darunter einen Platz finden. Sollen es aber auch primäre illokutionäre Akte sein, so benötigt man offenbar eine separate Theorie des Sprechakts. Darüber hinaus bezieht sich Searle bei der Erklärung der Indirektheit auf die Glückensbedingungen, die im Rahmen seiner allgemeinen Sprechakttheorie definiert wurden.

Schwieriger wird es, wenn man sich vor Augen hält, daß Searle (1982b:51) die Auffassung vertritt, daß der primäre illokutionäre Akt *zusätzlich* zum sekundären illokutionären Akt vollzogen wird. Bertolet (1994) argumentiert dagegen, daß nicht zwei Akte zugleich vollzogen würden, also Frage und Bitte im Falle von *Kannst du mir das Salz reichen?*, sondern daß nur ein Sprechakt vollzogen würde, nämlich die Frage. Der zusätzliche Effekt, daß diese Frage auch als Bitte aufgefaßt werde, sei leicht als konversationelle Implikatur zu rekonstruieren. Falls nämlich die Äußerung im Kontext eines

Abendessens nur als Frage zu verstehen sei, so würde dies gegen die Maximen der Quantität und der Relevanz verstoßen. Daß man konventionell gerade die Äußerung *Kannst du mir das Salz reichen?* benutzt, um eine Bitte zu machen, und nicht etwa die Formulierung *Bist du fähig, mir das Salz zu reichen?*, könne leicht als illokutionäre Standardisierung, als die allgemein akzeptierte Erwartung hinsichtlich der typischen Realisierungsform analysiert werden.

8.2 Das Sprechaktschema

Während diese Kritik hinsichtlich des doppelten Vollzugs von Sprechakten durchaus plausibel ist, kann doch die Ableitung einer konversationellen Implikatur nicht die Ableitung eines illokutionären Akts ersetzen. Die grundlegende Frage ist, wie der Hörer überhaupt den gemeinten illokutionären Akt, sei dieser nun direkt oder indirekt, ermittelt.

Wenn man einerseits für den indirekten Gebrauch Schlußprozesse annehmen muß, anderseits aber Situationen existieren, wo direkter *und* indirekter Gebrauch möglich wäre, könnte man dann nicht gleich auch bei direkter Interpretation einen Schlußprozeß annehmen?

Dies haben Bach/Harnish (1979) in der Tat versucht. Da Bach und Harnish den Zusammenhang zwischen Form und Funktion als Schlußprozedur darstellen, könnte man ihren Ansatz als Theorie des illokutionären Schließens bezeichnen. Die wesentlichen Schlußverfahren (Strategien) sind in dem folgenden allgemeinen Sprechaktschema zusammengestellt:

Tabelle 8.2 Das allgemeine Sprechaktschema (nach Bach/Harnish 1979)

Äußerung
|
lokutionäre Strategie (LS)

direkte wörtliche Strategie (DWS)	direkte nichtwörtliche Strategie (DNS)
|	|
indirekte wörtliche Strategie (IWS)	indirekte nichtwörtliche Strategie (INS)

Versetzen wir uns in die Situation eines Hörers, der eine Äußerung verstehen will. Als erstes muß er die lokutionäre Strategie anwenden, die darin besteht, die operative Bedeutung zu erschließen. Damit ist gemeint, daß sich der Hörer bei einem mehrdeutigen Satz für diejenige Bedeutung entscheiden muß, die gerade im Spiel ist (operativ ist). Zum Beispiel kann (3a) im Sinne der Lokution (3b) oder (3c) verstanden werden.

(3) a. Mein ganzes Geld ist auf der Bank.
b. Mein ganzes Geld ist bei einer Sparkasse.
c. Mein ganzes Geld ist auf einer Sitzgelegenheit.

Angenommen, die lokutionäre Strategie ergibt, daß die operative Bedeutung (3c) ist. Dann kann die Äußerung qua direkter wörtlicher Strategie (der linke Strang in Tabelle 8.2) ganz einfach als Feststellung interpretiert werden, daß sich das ganze Geld (zur Zeit) auf einer (bestimmten) Sitzgelegenheit befindet. Zum Beispiel auf der Parkbank, auf der ich mich kurz ausgeruht habe, nachdem ich mein ganzes Geld von meinem Konto abgehoben und in eine Plastiktüte gesteckt habe. Wahrscheinlicher ist aber die indirekte wörtliche Strategie, nämlich die Aufforderung (an meinen Enkel) schnellstens zu der Parkbank zu fahren und meine Plastiktüte zu packen, bevor es jemand anders tut.

Betrachten wir nun die Äußerung (4a), und nehmen wir an, daß die operative Bedeutung von Bank ‚Sparkasse' ist:

(4) a. Der ganze Schotter ist auf der Bank.
b. Die ganzen zerkleinerten Steine sind in der Sparkasse.
c. Das ganze Geld ist auf der Bank.

Der Hörer entscheidet sich gegen die direkte wörtliche Strategie, die zu (4b) führen würde. Er interpretiert *Schotter* als Metapher für ‚Geld', das heißt, er wählt die direkte nichtwörtliche Strategie (der rechte Strang in Tabelle 8.2) und versteht die Äußerung im Sinne von (4c), als Feststellung, daß das ganze Geld auf der Bank ist. Dabei braucht der Hörer jedoch nicht stehenzubleiben. In einem entsprechenden Kontext kann die Äußerung im Sinne der indirekten nichtwörtlichen Strategie als Aufforderung betrachtet werden, sich das ganze Geld aus der Bank zu beschaffen oder von dem geplanten Überfall lieber abzusehen, da das ganze Geld sicher auf der Bank deponiert ist.

Die hier nur informell wiedergegebenen Strategien werden als komplexe Schlußfolgerungsprozesse ausgearbeitet. In diese gehen wechselseitige Annahmen über den Hintergrund ein, verschiedene generelle Annahmen und die Konversationsmaximen. Machen wir uns dies am Fall der direkten wörtlichen Strategie klar:

(5) ÄUSSERUNG e = *Arno wird kommen.*

SCHLÜSSE	BASIS DER SCHLÜSSE
L1. S äußert e.	H hört, daß S *e* äußert.
L2. S meint *Arno wird kommen* mit e.	L1, LP, MCBs
L3. S sagt, daß Arno kommen wird	L2, LP, MCBs
L4. Angenommen, S spricht wörtlich, dann konstatiert er (oder …), daß Arno kommen wird.	L3, CP, MCBs

SCHLÜSSE	BASIS DER SCHLÜSSE
L5. S könnte wörtlich sprechen.	L4, CP, MCBs
L6. (a) S konstatiert (oder...), daß Arno kommen wird.	L5, PL
(b) S sagt voraus, daß Arno kommen wird.	L6(a), MCBs

Um dieses Schlußschema zu verstehen, müssen wir wissen, was MCBs sind, und was LP, CP und PL heißt.

MCBs ist eine Abkürzung für *mutual context beliefs*, also wechselseitige Kontextannahmen. Wenn zum Beispiel jemand äußert *Ich liebe dich wie meinen Bruder* kann dies, je nach den Annahmen des Hörers über den Kontext, verschieden interpretiert werden. Es macht einen großen Unterschied, ob man weiß, daß der Sprecher in Wirklichkeit seinen Bruder haßt, oder ob die Gefühle gegenüber dem Bruder eher familiärer oder erotischer Art sind. Wechselseitige Kontextannahmen sind daher für die Interpretation von Sprechakten relevant, bilden aber eine potentielle Quelle des Mißverständnisses.

Damit die SCHLÜSSE L1-L6 richtig gezogen werden können, muß der Hörer von weiteren generellen Annahmen ausgehen. Die LP (*linguistic presumption*) besagt, daß für die Sprecher einer Sprachgemeinschaft der wechselseitige Glaube besteht, daß jeder über die Sprache L verfügt, und man als Hörer prinzipiell identifizieren kann, was ein Sprecher sagt. Die CP (*communicative presumption*) besagt, daß Sprecher mit einer erkennbaren illokutionären Intention reden. Die PL (*presumption of literalness*) besagt, daß in der Sprachgemeinschaft der wechselseitige Glaube besteht, daß, wenn immer ein Sprecher unter gegebenen Umständen wörtlich sprechen kann, er es auch tut. Wie aus der Rubrik BASIS DER SCHLÜSSE im Sprechaktschema deutlich wird, gehen diese Annahmen in den Schlußprozeß des Hörers ein. Die SCHLÜSSE L1–L6 zeigen, daß man prinzipiell auch für die direkte wörtliche Interpretation (in diesem Fall als Feststellung oder Voraussage) einen Schlußprozeß formulieren kann.

Der Unterschied dieses Ansatzes gegenüber dem Searleschen Ansatz liegt auf der Hand: Bach/Harnish (1979) betrachten die Ermittlung der operativen Bedeutung als Teil eines komplexen Schlußprozesses; sie nehmen an, daß auch die direkte Illokution erschlossen werden muß, und sie beziehen Phänomene der Nichtwörtlichkeit wie Metapher, Ironie, Sarkasmus, Unter- und Übertreibung von vornherein mit ein.

Für jede Theorie der indirekten Sprechakte ist es wichtig, eine Erklärung dafür zu haben, daß man manche indirekten Sprechakte unmittelbar im Sinne des primären illokutionären Akts „hört“. Solche Erklärungen beziehen sich meist auf die illokutionäre Standardisierung oder auf ein **Abkürzungsverfahren** (engl. short-circuiting). Wie Geis (1995:136) zutreffend erläutert, handelt es sich dabei um eine historische Hypothese.

(6) Abkürzungsverfahren für *Wie komme ich nach Hause?*

a. A: Kommst du heute abend zu dem Spiel?
B: Klar, warum fragst du?
A: Ich suche jemand, der mich hinterher nach Hause fährt. Könntest du das machen?
B: Wo wohnst du?
A: Kusterdingen.
B: O.K. Kein Problem.

b. A: Kommst du heute abend zu dem Spiel?
B: Klar, brauchst du eine Mitfahrgelegenheit?
A: Ja, könntest du das machen?
B: O.K.

c. A: Sag mal, kannst du mich nach dem Spiel nach Hause fahren?
B: Klar.

In (6a-c) sind verschiedene historische Zustände eines Dialogs zwischen zwei Sportlern aufgeführt. Der Endpunkt einer solchen Entwicklung könnte der klassische indirekte Sprechakt im letzten Dialog sein, der unmittelbar im Sinne einer Bitte verstanden wird. Die Gesprächspartner kennen die früher abgelaufenen Dialoge und halten sich an das Prinzip: je mehr man weiß, desto weniger muß man sagen. Auf diese Weise werden konventionelle indirekte Sprechakte als Abkürzungen von routinemäßigen Dialogen analysiert.

8.3 Rhetorische Fragen und Rhetorizität

Rhetorische Fragen sind ein wichtiger Prüfstein für jede Theorie über das Grammatik-Pragmatik-Verhältnis. Wir haben schon in Kap. 6 gesehen, daß man die Umdeutungen bei rhetorischen W-Fragen als Implikaturen betrachten kann (vgl. auch Meibauer 1991). Man wird dann den scheinbaren Verstoß gegen die Qualitätsmaxime als implikaturauslösend betrachten. Es ist aber auch möglich, rhetorische Fragen als indirekte assertive Sprechakte zu analysieren (vgl. Meibauer 1986). Der Vorteil dieses Ansatzes liegt darin, daß man zu einem allgemeinen Begriff von Rhetorizität gelangt und daß man die argumentativen und diskursiven Funktionen von rhetorischen Fragen besser erfassen kann (vgl. Ilie 1994).[38]

[38] Man beachte dazu, daß sich die Implikaturentheorie in eine Sprechakttheorie integrieren läßt (vgl. Bach/ Harnish 1979: Kap.4), aber die Sprechakttheorie läßt sich nicht in eine Implikaturentheorie integrieren, weil in dieser kein Begriff des Sprechakts definiert wird. Träger von Implikaturen sind immer Sprechakte.

Was in den Ansätzen von Searle (1971, 1982b) und Bach/Harnish (1979) in den Hintergrund rückt, ist der Begriff des illokutionären Indikators. Dabei ist intuitiv plausibel, daß Satztypen (neben den performativen Verben) zu den wichtigsten Indikatoren gehören; in allen Sprachen der Welt gibt es verschiedene Satztypen, und der Grund dafür dürfte sein, daß es sich um formale Mittel handelt, die der Realisierung bestimmter Illokutionen dienen (Sadock/Zwicky 1985, Sadock 1988).

Nun wissen wir, daß man mit Interrogativsätzen nicht immer Fragen stellt und daß man Fragen auch mit anderen sprachlichen Mitteln als mit Interrogativsätzen realisieren kann. Aber hat man nicht wenigstens einen Fall, in dem die Äußerung eines Interrogativsatzes nur die Ausführung einer Frage sein kann? Solch einen Fall hat man im **neutralen Kontext** oder **Nullkontext** vermutet, zum Beispiel in der Situation des anonymen Briefs (Katz 1977:14):

> „The anonymous letter situation is the case where an ideal speaker of a language receives an anonymous letter containing just one sentence of that language, with no clue whatever about the motive, circumstances of transmission, or any other factor relevant to understanding the sentence on the basis of its context of utterance."

Wenn also zum Beispiel in dem Brief steht *Ich komme morgen*, kann man annehmen, es handele sich um einen assertiven Sprechakt des Inhalts, daß eine unidentifizierte Person morgen kommt – weiter nichts. Gegen diese realistische Auffassung des Nullkontextes kann man jedoch einwenden, daß ein Empfänger eines solchen Briefes durchaus einige Kontextinformationen hat, z.B. Kenntnisse über die verwendete Sprache, über Ort und Zeit des Empfangs, und darüber, daß der Schreiber unerkannt bleiben wollte. In einer Kritik an diesem realistischen Begriff des Nullkontextes hat Harnish (1982:170f.) argumentiert, daß nicht einzusehen sei, warum im Nullkontext überhaupt illokutionäre Akte ausgeführt werden können, denn wenn der Hörer gar keine Informationen über den Kontext habe, wie könne er dann davon ausgehen, daß der Sprecher überhaupt einen illokutionären Akt ausgeführt habe? Nach Harnishs Überzeugung ist das Konzept des Nullkontextes empirisch unangemessen, weil sprachliches Handeln immer in reichhaltigen Kontexten geschieht.

Diese Kritik ist vollkommen berechtigt; man muß aber den Nullkontext nicht realistisch auffassen. Auch Bach/Harnish (1979) benutzen ja ein vergleichbares Konzept, nämlich die Wörtlichkeitsannahme *(‚presumption of literalness')*. In Meibauer (1986) bin ich davon ausgegangen, daß Sprecher qua grammatisch-pragmatischer Kompetenz das Wissen gespeichert haben, daß zum Beispiel ein Interrogativsatz normalerweise zum Stellen einer Frage benutzt wird. Der neutrale Kontext ist also eine theoretische Abstraktion; es ist der erwartbare Standardfall, an dem man sich in der Kommunikation orientiert, solange nichts dagegen spricht.

Geht man nun von der standardmäßigen Zuordnung eines Satztyps (vermittelt über den Satzmodus) zu einer Illokution aus, dann möchte man annehmen, daß mit Deklarativsätzen standardmäßig Assertionen indiziert werden, mit Interrogativsätzen Fragen und mit Imperativsätzen Direktiva (ohne Fragen) (Meibauer 1986:30). Es darf in diesen Sätzen allerdings keine weiteren, „indirekten" (kontra-indizierenden) Indikatoren geben, wie z.B. die Modalpartikel in *Mach JA deine Hausaufgaben!* die für den Wandel von einer Aufforderung zu einer nachdrücklichen Ermahnung oder sogar Drohung verantwortlich ist. Vor diesem Hintergrund kann man nun eine satztypenbezogene Definition der Indirektheit aufstellen (vgl. Meibauer 1986:41; „it" steht für „Illokutionstyp"):

(8) **Indirekter Sprechakt**
Ein indirekter Sprechakt liegt vor, wenn in einem nicht-neutralen Kontext aus dem Satztyp/ Satzmodus, eventuellen indirekten illokutionären Indikatoren und Informationen über den Kontext auf das Vorliegen einer Illokution it' geschlossen wird, die von der im neutralen Kontext zu erwartenden Illokution it abweicht.

Versuchen wir nun, diese Bestimmungen am Fall **rhetorischer Fragen** zu überprüfen. Allgemein versteht man unter einer rhetorischen Frage das Stellen einer Frage ohne die Erwartung einer Antwort. Man kann nun sagen, daß die sekundäre, die wörtlich ausgedrückte Illokution eine Frage ist, die primäre, eigentlich gemeinte Illokution aber eine Behauptung.[39] Rhetorische Fragen sind also indirekte assertive Sprechakte.

Einerseits läßt sich beobachten, daß rhetorische Fragen in Form von E- und W-Interrogativ-Satztypen vorkommen[40]:

(9) a. *Sollten wir nicht auf Ehrenbürger überhaupt verzichten?* Vielleicht gibt es keine verpflichtenden Leitbilder mehr.
[Kölner Stadt-Anzeiger 200/1983:16]

b. *Wen hat die Kriegsgeneration nicht durch ihre endlosen Erzählungen von zugefügtem Leid und fremdverschuldetem Elend genervt?* Erwachsenwerden war für uns ein Synonym für „das Schicksal" als unabänderlich akzeptieren.
[ZEIT 16/1983:58]

Es gibt auch Alternativfragesätze, infinite Fragesätze und mehrzielige (multiple) Fragesätze:

(10) Die in diesem Interview gebrauchten Worte sowie verschwiegene Tatsachen lassen mich daran zweifeln, daß es eine getreue Wiedergabe ihrer Worte sind. *Sollten dies Gedächtnisschwächen einer schönen alten Frau sein oder künstlerische Freiheit des Interviewers?* Vielleicht wäre es besser gewesen, solche Sachen zu überprüfen, bevor man sie veröffentlicht.
[ZEIT 17/1983:31]

---

[39] Anders als Searle (1982b) gehe ich nicht davon aus, daß der sekundäre illokutionäre Akt *zusätzlich* zum primären illokutionären Akt realisiert wird. Im Falle rhetorischer Fragen wird nur der assertive Akt realisiert.

[40] Die folgenden Belege entstammen einem Korpus rhetorischer Fragen, welches Meibauer (1986) zugrundeliegt und dort vollständig abgedruckt ist. Eine detaillierte Analyse der Form rhetorischer Fragen findet sich in Meibauer (1986:71–81).

(11) „Und jetzt, wird er gefragt, „jetzt denkst du wieder an die Nationalelf?“ Mit spöttischen Augen lächelt er durch seine Brille. *„Ich, an die Nationalelf denken?* Nie, nicht eine Sekunde.“
[Kölner Stadt-Anzeiger 121/1983:17]

(12) [...], daß das Wollen aller einzelnen der letzte Bezugspunkt für die Rechtfertigung eines politischen Systems ist. *Und wer kann dem heute mit welchen Gründen widersprechen?* Mir jedenfalls erscheinen die Alternativen finster.
[ZEIT 10/1983:46]

Insgesamt zeigt sich, daß rhetorische Fragen keinen eigenen Satztyp konstituieren, sondern in Form aller unterscheidbarer Interrogativ-Satztypen vorkommen.

Anderseits sind aber rhetorische Fragen auch kein eigener Fragehandlungstyp; sie konstituieren keinen eigenen illokutionären Witz. Das sieht man am deutlichsten daran, daß es neben rhetorischen Fragen auch rhetorische Aufforderungen und – wie ich in Meibauer (1986) argumentiert habe – sogar rhetorische Behauptungen gibt:

(13) „Zieh Jupp“, feuerte ein Zuschauer beim Rundstreckenrennen seinen Star an. der antwortete trocken: *„Fahr doch selber mit“*. Das allerdings war kaum möglich: Der schon etwas angesäuselte Radsportfan am Straßenrand hielt in der linken Hand eine Bratwurst und in der rechten ein Kölschglas.
[Kölner Stadt-Anzeiger 105/1984:6]

(14) *Den Jugendlichen möchte ich sehen, der heute in fünf Jahren noch so rumlaufen will wie Boy George.* Die Zeit heilt eben alle Moden.
[Prisma 13/1984:8]

In (13) muß die rhetorische Aufforderung (in Form eines Imperativsatzes) umgedeutet werden zu ‚Du bist ja selbst nicht einmal in der Lage mitzufahren‘, bei der rhetorischen Behauptung (in Form eines Deklarativsatzes) in (14) wäre eine passende Umdeutung ‚Niemand möchte in fünf Jahren noch so rumlaufen wie Boy George‘. Ob rhetorische Fragen, Aufforderungen oder Behauptungen, immer ist das Gemeinte ein assertiver Sprechakt.

Diese Analyse führt zu einem allgemeinen Begriff der **Rhetorizität**: Ein rhetorischer Sprechakt liegt genau dann vor, wenn in einem nicht-neutralen Kontext aus dem Satztyp/Satzmodus, eventuellen indirekten illokutionären Indikatoren und Informationen über den Kontext auf das Vorliegen einer (indirekten) Behauptung geschlossen wird.

Wir haben uns hier auf die Rolle des Satztyps als illokutionärem Indikator konzentriert. Daß die Information über den Kontext eine wichtige Rolle bei der Interpretation einer Frage als „rhetorisch“ spielt, geht aus den versprachlichten Kontexten in den obigen Beispielen deutlich hervor. Was noch zu klären ist, ist der Begriff des **indirekten illokutionären Indikators.** Dieser Begriff klingt wie ein Widerspruch in sich selbst, aber gemeint sind damit solche sprachlichen Mittel, die mehr oder minder stark dazu einladen, eine Umdeutung vorzunehmen. Ein besonders frappierender Fall ist die Modalpartikel *schon* (vgl. Meibauer 1986:122-127, 1994:171–220); steht sie in einem W-Interrogativsatz, so muß es sich um eine rhetorische Frage handeln, es bleibt keine andere Wahl. Würde man die kategoriale Füllung im Sinne von Altmann (1987, 1993a) als satztypenkonstituierendes Merkmal betrachten, dann wären wir gezwungen, hier einen besonderen Interrogativsatztyp anzunehmen. Unser Ansatz erlaubt jedoch die Annahme, daß die Modalpartikel *schon* ein Indikator dafür ist, daß die Äußerung des W-Interrogativsatzes als indirekter Sprechakt des Behauptens aufzufassen ist.

8.4 Performative Äußerungen und Performativität

Über kein Gebiet der Sprechakttheorie sind so vielfältige Diskussionen geführt worden, wie über das Problem der performativen Äußerungen. Ein Blick zurück auf J.L. Austins Schriften zeigt uns den Ausgangspunkt, nämlich die Unterscheidung zwischen **konstativ** und **performativ**. Während es einerseits Sätze in der Sprache gibt, die dazu dienen, über die Welt zu reden, und die daher in der Dimension wahr-falsch zu beurteilen sind, gibt es anderseits Sätze, bei denen eine wahr-falsch-Beurteilung keinen Sinn macht. Beispiele für die erste Gruppe finden sich unter (15), Beispiele für die zweite Gruppe unter (16).

(15) a. Heute ist schlechtes Wetter.
b. Nastassja hat Schnupfen.

(16) a. Ich gratuliere Ihnen zu dieser Leistung.
b. Ich vermache dir meine Uhr.

Bei den Sätzen unter (16a,b) spielt nur eine Rolle, ob sie glücken oder nicht glücken. Eine performative Formel ist für die Realisierung der entsprechenden Illokutionen auch nicht notwendig, weil man genauso gut in einem passenden Kontext folgendes sagen könnte:

(16‘) a. Herzlichen Glückwunsch.
b. Hier hast du meine Uhr.

Um den Unterschied zwischen (16) und (16‘) terminologisch in den Griff zu bekommen, nannte Austin die Sätze unter (16) **explizit performativ**, und die unter (16‘) **implizit (primär) performativ**.

Von hier aus war es nur ein kleiner Schritt zu der Entdeckung, daß eigentlich auch die konstativen Sätze „performativ“ sind in dem Sinne, daß sie glücken oder mißglücken können (vgl. die Zusammenfassung in Grewendorf/Hamm/Sternefeld 1987:381–386).

Soviel zur Vorgeschichte. Was davon geblieben ist, ist die Entdeckung der performativen Formeln. Diese gelten ja im allgemeinen als illokutionäre Indikatoren. Da aber in der Regel performative Formeln in Deklarativsätzen auftauchen, sind wir insofern mit einem Problem konfrontiert, als wir davon ausgegangen sind, daß Deklarativsätze selber

Indikatoren für assertive Sprechakte sind. Es wundert daher nicht, daß man auf die Idee gekommen ist, Äußerungen mit performativen Formeln als Fälle indirekter Sprechakte zu analysieren. Zum Beispiel wäre (17a) primär eine Aufforderung und sekundär eine Feststellung, und (17b) wäre primär ein Versprechen und sekundär eine Feststellung.

(17) a. Ich fordere Sie auf, zu gehen.
b. Ich verspreche dir, niemals Model zu werden.

Es gibt jedoch entschiedene Gegner der Indirektheitsthese für performative Äußerungen. Diese gehen davon aus, daß performative Äußerungen grundsätzlich direkt sind. Die Äußerung von (17a) wäre eine direkte Aufforderung, die Äußerung von (17b) ein direktes Versprechen.

Als Vertreter der Direktheitsthese für performative Äußerungen sieht sich Searle (1989). Für ihn ist der entscheidende Wesenszug der performativen Äußerungen ihr **selbst-garantierender Charakter**. Wenn ein Sprecher eine performative Äußerung macht, dann vollzieht er direkt und unmittelbar den durch das performative Verb bezeichneten illokutionären Akt. Damit ist für Searle durchaus verträglich, daß alle performativen Äußerungen Deklarationen sind. Deklarationen sind solche Sprechakte, bei denen ein Zustand qua Äußerung hergestellt wird. Indem ich äußere *Ich fordere Sie auf, zu gehen* beabsichtige ich, den Zustand herzustellen, daß der Angesprochene aufgefordert ist, zu gehen.

Nun sind die typischen Deklarationen an soziale Institutionen gebunden, wie z.B. Gericht, Kirche oder Parlament; dies scheint bei performativen Äußerungen wie z.B. (17a) nicht notwendig der Fall zu sein. Searle trägt dem Rechnung, indem er argumentiert, die Deklarationen zerfielen grundsätzlich in sprachliche und außersprachliche Deklarationen. Die sprachlichen Deklarationen sind dann die gewöhnlichen performativen Äußerungen, die „außersprachlichen" sind die an eine soziale Institution gebundenen performativen Äußerungen.

Da Deklarationen immer ihren propositionalen Gehalt wahr machen, kann die Äußerung *Ich fordere Sie auf zu gehen* zugleich auch noch als Feststellung betrachtet werden. Obwohl Searle (1989) einen Schlußfolgerungsprozeß für den Fall *I hereby order you to leave* formuliert, der exakt diese drei Bestimmungsstücke – Deklaration, Aufforderung, Feststellung – enthält, handelt es sich jedoch nicht um einen indirekten Sprechakt; performative Äußerungen sind ein vollkommen anderer Fall als etwa *Can you pass me the salt?*, weil nur die erstgenannten selbst-garantierenden Charakter haben.

Prominente Verfechter der Indirektheitsthese sind Bach (1975), Bach/Harnish (1992), Harnish (1997). Als wesentliches Argument für eine Indirektheitsthese gilt, daß auch anscheinend performative Äußerungen einen deskriptiven Gebrauch aufweisen können, z.B. in *Ich fordere Sie jeden Morgen/auf S. 14 meines Schreibens/vergeblich auf zu gehen.* In solchen Fällen wird niemals eine Aufforderung realisiert. Darüber hinaus gehen Vertreter der Indirektheitsthese auch davon aus, daß performative Äußerungen wahr oder falsch sein können. Wahr ist *Ich fordere Sie auf zu gehen* genau dann, wenn es der Fall ist, daß ich den Adressaten auffordere zu gehen, sonst falsch. Für die Ableitung der Geltung des Sprechakts *Ich fordere Sie auf zu gehen* sieht Bach (1975) die folgenden Schritte vor [meine Übersetzung, J.M.]:

(18) 1. Er sagt *Ich fordere Sie auf zu gehen.*
2. Er stellt fest, daß er mich auffordert, zu gehen.
3. Wenn diese Feststellung wahr ist, dann muß er mich auffordern, zu gehen.
4. Wenn er mich auffordert zu gehen, dann muß es seine Äußerung sein, die eine Aufforderung darstellt (was könnte es sonst sein?).
5. Es ist anzunehmen, daß er die Wahrheit spricht.
6. Daher hat er dadurch, daß er gesagt hat *Ich fordere Sie auf zu gehen*, mich aufgefordert zu gehen.

Hier sieht es allerdings so aus, als werde beim Übergang von Schritt 1 zu Schritt 2 – man beachte die Formulierung „er stellt fest" in Schritt 2 – gerade postuliert, was erst nachgewiesen werden müßte.

Bach/Harnish (1992) argumentieren gegen Searle (1989), daß performative Äußerungen weder selbst-garantierenden Charakter haben, noch Deklarationen sind. Ersteres sieht man vor allem, wenn bestimmte Ableitungsschritte blockiert werden. Zum Beispiel wird Schritt 4 blockiert, wenn es ein die Äußerung begleitender Akt (wie zum Beispiel ein plötzliches Hochrecken des Kinns) ist, welcher als Auslöser für die Interpretation als Aufforderung begriffen wird. Performative Äußerungen sind also nicht inhärent selbstgarantierend, sondern nur, wenn nichts anderes dagegen spricht. (Bach/Harnish 1992: 99f.). Performative Äußerungen garantieren nicht das Vorliegen einer Intention des Sprechers, sie sind nur Evidenz dafür (Bach/Harnish 1992:103). Die Einstufung aller performativen Äußerungen als Deklarationen wird ebenfalls abgelehnt. Während einige performative Sprechakte wie etwa Taufen oder Eine-Sitzung-eröffnen durchaus Deklarationen sind, gilt dies für viele performative Äußerungen wie z.B. *Ich fordere Sie auf zu gehen* gerade nicht. Die Erweiterung der Deklarationen um Performative ist also ad hoc. Außerdem ist nach Bach/Harnish (1992:107) die Annahme Searles, daß performative Äußerungen zusätzlich noch Feststellungscharakter haben, in seinem Ansatz gänzlich unerklärt.

Der Umstand, daß der mögliche deskriptive Gebrauch performativer Äußerung einen marginalen Charakter hat, wird von Bach/Harnish mit der Standardisierung erklärt. Der Normalfall (wenn auch nicht selbst-garantierende Fall!) ist auch für sie, daß eine Äußerung wie *Ich fordere Sie auf, zu gehen* ohne Umschweife als Aufforderung betrachtet wird. Genau hier setzt die Kritik von Reimer (1995:660f.) an, die schlankweg bestreitet, daß der Hörer jemals in die Lage kommt, den Akt der Aufforderung erschließen zu müssen, wie (18) es vorsieht. Man könne auch nicht mit einer performativen Äußerung ausschließlich eine Feststellung vollziehen (vgl. Reimer 1995:666). Für Reimer drücken performative Äußerungen konventionell den durch das Verb benannten Akt aus. Allerdings erfaßt der Ansatz nicht, was in vielen Ansätzen zum Satztyp als illokutionärem Indikator angenommen wird, nämlich daß Deklarativsätzen ein assertives Sprechaktpotential haben; der Bach/Harnish-Ansatz trägt dem dagegen Rechnung (vgl. auch Harnish 1997).

Was bei diesem Streit zu fehlen scheint, ist eine begründete Konzeption über das Zusammenspiel der Bedeutung des performativ verwendeten Verbs und des Satztyps. Solange die Vorstellungen über solche Interaktionen noch unausgereift sind, liegt es nahe, daß man von unterschiedlichen theoretischen Prämissen ausgehend einmal zu der Auffassung kommen kann, performative Äußerungen seien direkt, einmal, sie seien indirekt.

8.5 Höflichkeit

Was sind die Motive für die Verwendung performativer Äußerungen, rhetorischer Fragen und indirekter Aufforderungen? Bei den performativen Äußerungen spielt eine Rolle, daß sie expliziter sind als vergleichbare nicht-performative Äußerungen: *Wir gratulieren Ihnen hiermit zur Meisterschaft* ist expliziter als einfach nur zu sagen *Unseren herzlichen Glückwunsch.* Bei den rhetorischen Fragen wird der Hörer anders an der Interaktion beteiligt, als wenn der Sprecher gleich die direkte Assertion vollziehen würde. Dadurch, daß der Hörer erschließen muß, was der Sprecher schon weiß, entfaltet sich die argumentative Kraft von rhetorischen Fragen. Die bloße Behauptung *Es gibt keinen Grund, weswegen wir das tun sollten* leistet anderes als die rhetorische Frage *Wozu auch sollten wir das tun?* Das Motiv für die Verwendung indirekter Aufforderungen ist Höflichkeit. Die meisten Sprecher würden darin übereinstimmen, daß *Könntest du mich vielleicht vom Flughafen abholen?* eine höflichere Äußerung ist als *Hol mich vom Flughafen ab!*

Höflichkeit hat auf jeden Fall eine formale Seite; ob ich jemanden duze oder sieze, ob ich jemand mit Vornamen, Nachnamen oder Titel (*Rudi/Rudolf/Herr Tomzack/Prof. Tomzack*) anrede, ob ich meinen Brief mit *Mit herzlichen Grüßen* oder *Mit freundlichen Grüßen* beende, das macht in unserer Sprachgemeinschaft einen großen Unterschied (vgl. Besch 1996). Verstößt man aus Unkenntnis oder Mißachtung gegen entsprechende Konventionen, gilt man als grob und unhöflich. Da ein Sprecher sich aber in jeder Sprechsituation entscheiden muß, welche Auswahl er aus den vorhandenen höflichkeitsanzeigenden Mitteln zu treffen hat, und er dies unter Verwendung seines Wissens über soziale Beziehungen und Konventionen tut, ist Höflichkeit auch ein pragmatisches Phänomen.

Die einflußreichste Untersuchung von Höflichkeit haben Brown/Levinson (1987) vorgelegt. Sie gehen davon aus, daß sich Höflichkeit in der Bemühung zeigt, das **Gesicht** (engl. face) des anderen zu schützen. „Gesicht" wird dabei im Sinne des öffentlichen Images einer Person verstanden; die entsprechende Bedeutung liegt auch in Redewendungen wie *das Gesicht wahren/verlieren* vor.

Man kann nun Sprechakte danach beurteilen, ob sie das Gesicht des Anderen eher bedrohen oder beschützen. Entsprechend unterscheidet man **gesichtsbedrohende Akte** (engl. face threatening acts) und **gesichtsbeschützende Akte** (engl. face saving acts). Ein Beispiel: Wenn in einem Zeugnis für einen 8jährigen steht *Im Sport setzt er sich mit aller Kraft ein*, dann ist dies ein gesichtsbeschützender Akt im Vergleich zu der möglichen Formulierung *Im Sport stellt er sich ungeschickt an.*

Jede Person hat ein negatives und ein positives Gesicht. Das negative Gesicht besteht darin, unabhängig zu sein, Handlungsfreiheit zu haben und nicht von anderen behindert oder gestört zu werden. (Das Wort *negativ* zeigt hier keinerlei Bewertung an, sondern markiert nur das Gegenteil von positiv.) Das positive Gesicht einer Person besteht in dem Bedürfnis, von anderen Mitgliedern der Gemeinschaft akzeptiert und geschätzt zu werden.

Es leuchtet ein, daß es dann auch **negative Höflichkeit** und **positive Höflichkeit** gibt. Ich bin negativ höflich, wenn ich mich zum Beispiel dafür entschuldige, daß ich dem anderen etwas zumute, was ihn Zeit oder Kraft kostet. Meine Zumutung schränkt ja seine Handlungsfreiheit ein. Ich bin positiv höflich, wenn ich ihn in seiner Handlungsweise bestärke, wenn ich ihn lobe oder Solidarität mit ihm zeige.

Wir machen uns an dem folgenden Beispiel (Brown/Levinson 1987, Yule 1996) klar, welche Höflichkeitsstrategien jemand verfolgen kann, wenn er einen Kuli haben will.

Tabelle 8.4 Arten der Höflichkeit (nach Brown/Levinson 1987)

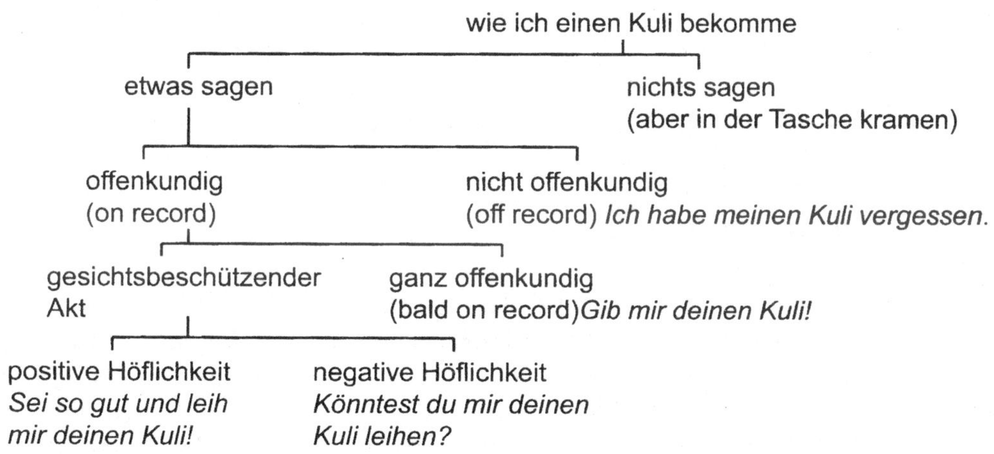

Aus dieser Tabelle wird recht deutlich, daß Höflichkeit ein Motiv zur Verwendung indirekter Sprechakte ist. Betrachten wir zunächst die gesichtsbeschützenden Akte. Akte der positiven Höflichkeit sind solche, die die Interessen des Adressaten respektieren, die Einverständnis signalisieren, gemeinsame Interessen unterstellen, die optimistisch wirken. Wenn ich äußere *Hättest du noch einen Kuli für mich?*, so ist klar, daß ich den Adressaten nicht seines Kulis berauben will, obgleich doch nichts dagegen hätte, wenn er mir diesen leihen würde, falls er keinen weiteren zur Verfügung haben sollte.

Akte der negativen Höflichkeit sind solche, die den Spielraum des Adressaten möglichst wenig einengen. Pessimistisch zu sein, was die Erfüllung eines Wunsches angeht, Entschuldigungen, Verwendung der 3. Person (statt der 1. oder 2.) sind typische Strategien. Typisch sind auch indirekte Direktive in der Form von Interrogativsätzen, weil diese im Prinzip die Möglichkeit offenlassen, daß der Adressat nur auf den sekundären illokutionären Witz reagiert.

Typische Fälle von *bald on record*-Akten sind militärische Kommandos oder auch Notrufe; also Sprechakte, bei denen es auf Kürze, Eindeutigkeit und Schnelligkeit ankommt. Im Alltagsgespräch vermeidet man den *bald on record*-Modus, weil er potentiell gesichtsbedrohend wirkt.

Unter die *off record*-Fälle werden alle Äußerungen gerechnet, die konversationelle Implikaturen auslösen; also Andeutungen, Unter- und Übertreibungen, Ironie und Metapher, doppeldeutige und vage Äußerungen. Brown/Levinson (1987) zählen auch rhetorische Fragen zu dieser Gruppe, da hier nach ihrer Auffassung die Qualitätsmaxime verletzt wird.

Schließlich kann man auch so handeln, daß der andere einem „den Wunsch von der Lippe ablesen" soll; das ist äußerst vorsichtig, was eine mögliche Schädigung des Gesichts des Anderen angeht, führt aber bekanntlich nicht immer zum Erfolg. Um eine sprachliche Handlung handelt es sich dabei keinewegs.

Zuletzt können wir uns überlegen, wo performative Äußerungen einzureihen sind; sie sind explizit, nicht in allen Situationen angemessen, charakteristisch als Deklarationen: all dies legt nahe, sie als höflichkeitsneutral zu betrachten, d.h. als solche Sprechakte, die weder als gesichtsbedrohend noch gesichtsbeschützend interpretiert werden. Dafür würde auch sprechen, daß typische gesichtsbedrohende Akte wie Drohungen oder Beleidigungen nicht als performative Äußerungen durchführbar sind.

8.6 Zusammenfassung

Daß Indirektheit und Nichtwörtlichkeit reale Phänomene der Sprachverwendung sind, bezweifelt kaum jemand. Wie sie aber im Rahmen einer umfassenden Theorie der Grammatik und Pragmatik zu rekonstruieren sind, ist sehr umstritten und hängt in großem Maße von der jeweils zugrundegelegten Theorie ab. Dennoch gibt es, wie wir an den Phänomen der indirekten Aufforderungen, den rhetorischen Fragen und den performativen Äußerungen gesehen haben, genug Kenntnisse der Fakten und sinnvolle theoretische Unterscheidungen, die eine Weiterarbeit möglich und sinnvoll machen. Ohne eine Theorie der Indirektheit ist eine pragmatische Theorie gewiß unvollständig. Daß Schlußprozesse bei der Ableitung indirekter und nichtwörtlicher Bedeutung eine zentrale Rolle spielen, wird allgemein angenommen.

Übungen

❶ Ein weiteres Beispiel für einen Nullkontext ist nach Katz die Äußerung *Die Nullmenge ist ein Element jeder Menge* in einer normalen Unterrichtssituation. Finden Sie das überzeugend?

❷ Betrachten Sie die Äußerung (a):

(a) Ich verspreche Ihnen, wir werden uns vor Gericht wiedertreffen.

Argumentieren Sie an diesem Beispiel für die Direktheits- und die Indirektheitsthese.

❸ Gibt es Indirektheit nur zwischen den verschiedenen Sprechaktklassen, oder auch zwischen Illokutionstypen innerhalb von Klassen?

❹ Überlegen Sie am Beispiel von negierten E- und W-Interrogativsätzen, wie hier rhetorische Umdeutungen aussehen.

Für manche Autoren ist *nicht* in rhetorischen E-Interrogativsätzen eine Modalpartikel (vgl. Helbig 1988). Überlegen Sie, ob das richtig ist.

❺ Spielen Sie das Sprechaktschema von Bach/Harnish (1979) am Beispiel des Sprechakts *Wer will den Schotter?* durch. Überlegen Sie sich, ob INS immer auf DNS aufbauen muß, oder ob es auch Fälle gibt, wo zuerst INS erschlossen wird, und dann DNS (z.B. bei ironischen rhetorischen Fragen).

❻ Überlegen Sie sich, ob es auch performative Äußerungen gibt, die nicht in Deklarativsatzform auftreten. Inwiefern wären diese ein Problem für die Direktheits- bzw. Indirektheitsthese der performativen Äußerungen?

❼ Stellen Sie eine Liste von Ausdrucksmitteln im Deutschen zusammen, die klar als höflich/unhöflich gelten. Versuchen Sie zu begründen, um welchen Typ von Höflichkeit es sich handelt.

Literaturhinweise

Der Klassiker der Theorie der indirekten Sprechakte ist SEARLE (1982b). Ein alternativer Entwurf findet sich in BACH/HARNISH (1979). Zur allgemeinen Indirektheitsproblematik vergleiche SÖKELAND (1980) und MEIBAUER (1986:Kap.3). Die ausführlichsten Behandlungen der rhetorischen Frage sind MEIBAUER (1986) für das Deutsche und ILIE (1994) für das Englische. Daten zu performativen Äußerungen im Deutschen werden in BRANDT ET AL. (1990) vorgestellt. Zur aktuellen Diskussion um die performativen Äußerungen siehe SEARLE (1989), BACH/HARNISH (1992), REIMER (1995), BACH (1995), HARNISH (1997); RÉCANATI (1987) ist die umfassendste Monographie zum Thema. Zur Erforschung der Höflichkeit siehe LEECH (1983), BROWN/LEVINSON (1987) und (populärwissenschaftlich) BESCH (1996).

9. Intermezzo II: Pragmatik und Kognition

Für diejenigen Pragmatiker, die die Sprechakttheorie als den Kernbereich der Pragmatik begreifen, war die Soziologie die Bezugswissenschaft – schließlich sind ja Sprechakte nur ein spezieller Fall von Handlungen, und Handlungen fallen in den Gegenstandsbereich der Soziologie. Das war sicherlich die vorherrschende Sichtweise in den 70er Jahren.

Seit den 80er Jahren hat sich das Bild gewendet. Der psychische Aspekt der Sprache, wie er sich am deutlichsten in der Sprachproduktion und im Sprachverstehen zeigt, ist immer mehr in den Vordergrund gerückt und hat zu mehr Substanz der alten Chomskyschen Auffassung geführt, die Linguistik sei ein Teil der Psychologie, wenn nicht gar der Biologie (Chomsky 1986:27).

Auch die Pragmatik blieb von dieser Entwicklung nicht unberührt. Es wurde immer deutlicher, daß pragmatische Phänomene auf komplexe Weise mit psychischen Prozessen zusammenhängen. Daß ich eine bestimmte illokutionäre Intention habe, diese in eine sprachliche Form umsetzen kann, die ich dann als Äußerung hervorbringe, und zwar so, daß sie genau in einen Kontext paßt und daß mein Gegenüber diese Intention mehr oder minder versteht, all das hat zweifellos auch mit der menschlichen Psyche zu tun.

9.1 Kognition und Modularität

Versucht man, den psychischen Aspekt in die Sprachanalyse zu integrieren, betreibt man **kognitive Sprachwissenschaft**. Unter Kognition ist dabei ganz allgemein der menschliche Geist zu verstehen, der Prozesse wie Wahrnehmen, Denken und Sprechen umfaßt. Das Verhältnis von Sprache und Kognition beschreibt Schwarz (1992:36) folgendermaßen:

> „Natürliche Sprache und menschliche Kognition sind zwei komplexe Phänomene, die untrennbar miteinander verbunden sind. Kognition stellt die Menge aller geistigen Strukturen und Prozesse dar und umfaßt die Gesamtheit menschlicher Wissensaktivitäten. Die Sprachfähigkeit des Menschen ist ein spezifischer Teil der Kognition: Sie ist eine humanspezifische mentale Fähigkeit, die konstitutiv für viele unserer allgemeinen kognitiven Fähigkeiten ist. In diesem Sinne ist ‚Kognition' der allgemeinere Begriff und inkludiert ‚Sprache'."

Deshalb sei, so argumentiert Schwarz, der Zusammenhang zwischen Sprache und Kognition nicht etwas, was zu einer linguistischen Analyse nachträglich hinzutrete, sondern eher eine Voraussetzung für jede angemessene Sprachtheorie.

Die angestrebte integrative Perspektive wird besonders deutlich, wenn man folgende Kernfragen betrachtet, die sich auf die Erklärung der menschlichen Sprachfähigkeit richten:

- Worin besteht unsere Sprachkenntnis?
- Wie wird diese Kenntnis erworben?
- Wie wird diese Kenntnis benutzt?
- Welche neuronalen Strukturen und Mechanismen liegen der Repräsentation, dem Erwerb und dem Gebrauch von Sprache zugrunde?

Die Beantwortung der ersten Frage ist Sache der theoretischen Linguistik, die zweite Frage wird in der Psycholinguistik (Spracherwerbsforschung) untersucht, die dritte Frage ist ebenfalls Thema der Psycholinguistik (der Sprachproduktions- und Sprachverstehensforschung), und die vierte Frage ist Gegenstand der Neurolinguistik. Die kognitive Linguistik will nun den systematischen Zusammenhang zwischen diesen Fragen (und natürlich den Antworten, die sich darauf ergeben) herausarbeiten und auch in der Forschungspraxis umsetzen (vgl. Schwarz 1992:39f.). Das kann ganz konkret bedeuten, daß eine bestimmte syntaktische Struktur, die ein Sprachtheoretiker für die Analyse eines Satzes annimmt, unter dem Aspekt des Erwerbs, der Produktion und der neuronalen Repräsentation erst einmal getestet wird. Sie kann sich dabei als plausibel erweisen, aber es kann sich auch herausstellen, daß sie – nach allem, was man über die Kognition weiß – als absurd erscheint.

Wir wollen uns im folgenden überlegen, wie vor diesem Hintergrund die Pragmatik einzuordnen ist. Es ist dabei nützlich, einige Hypothesen kennenzulernen, die Jerry Fodor in seinem Buch *The modularity of mind* (1983) aufgestellt hat; wir können dann fragen, ob die Eigenschaften, die Fodor der Organisation des menschlichen Geistes zuschreibt, auch auf die Pragmatik zutreffen.

Nach Fodor ist der menschliche Geist kein kontinuierlicher Gedankenstrom, in dem geistige Funktionen nahtlos ineinander übergehen, wie man vielleicht denken könnte, sondern eher das Produkt der Zusammenarbeit verschiedener, auf bestimmte Aufgaben spezialisierter Module mit je spezifischer Struktur. Fodor versteht Modularität also als inneres Organisationsprinzip des menschlichen Geistes, wie wir bereits in Kap. 5 gesehen haben.

Modularen Charakter haben die **Inputsysteme** (dazu gehören Teile des Wahrnehmungssystems und des Sprachverstehenssystems) und Teile des **Outputsystems** (dazu gehören Prozesse der motorischen Kontrolle und der Sprachproduktion). Nicht-modularen Charakter haben dagegen das **Langzeitgedächtnis** und alle Komponenten, die das Weltwissen betreffen. Neben den Input- und Outputsystemen und dem Langzeitgedächtnis gibt es noch die **zentralen Prozesse**, worunter allgemeine Denk- und Problemlöseprozesse zu verstehen sind. Auch diese werden als nicht-modular betrachtet. Die folgende Tabelle faßt diese Unterscheidungen zusammen:

Tabelle 9.1 Komponenten der Kognition (nach Fodor 1983)

Komponenten der Kognition

modular		nicht-modular	
Inputsystem	*Outputsystem*	*Langzeitgedächtnis*	*zentrale Prozesse*
Wahrnehmung	motorische Kontrolle	Weltwissen	
Sprachverstehen	Sprachproduktion		

Für **Inputsysteme** gelten nun die folgenden allgemeinen Eigenschaften (vgl. Garfield 1987):

(a) Sie sind **domänenspezifisch**. Das sprachliche System bezieht sich nur auf sprachliche Reize, das visuelle System bezieht sich nur auf visuelle Reize: das heißt, jedes Inputsystem hat seine eigene Domäne.

(b) Die Operationen der Inputsysteme sind **obligatorisch**. Das sieht man daran, daß wir keinen willentlichen Einfluß auf ihre Arbeit nehmen können. Wenn wir Geräusche mit einer sprachlichen Struktur wahrnehmen, dann verstehen wir – ob wir das wollen oder nicht – unmittelbar ihre Bedeutung.

(c) Inputsysteme arbeiten **schnell**. Zum Beispiel können wir das Gehörte in Bruchteilen von Sekunden verarbeiten; denkt man jedoch über etwas nach, dauert das bedeutend länger. Dies läßt sich damit erklären, daß die dabei beteiligten **zentralen Prozesse** (allgemeine Denk- und Problemlöseprozesse) auf nicht-modulare Komponenten zurückgreifen.

(d) Inputsysteme sind **informationell eingekapselt**. Das heißt, sie lassen sich in ihrer Arbeit nicht durch Informationen aus anderen Modulen irritieren. Zum Beispiel nehmen wir die sog. Müller-Lyer-Pfeile in (1) einfach so wahr, daß wir den oberen Pfeil für kürzer halten als den unteren, selbst wenn wir *wissen*, daß beide gleich lang sind.

(1)

(e) Inputsysteme haben **seichte Outputs.** Damit ist gemeint, daß die Repräsentationen von Information, die Inputsysteme erstellen, nicht besonders reichhaltig sind, weil Inputsysteme eben nicht wie die zentralen Prozesse auf Weltwissen zurückgreifen können.

(f) Inputsysteme sind im Gehirn **lokalisierbar**, sie haben ihren Sitz an bestimmten Stellen des Gehirns. Werden diese Stellen verletzt, dann zeigen sich Ausfallerscheinungen, die spezifisch für das entsprechende Inputsystem sind.

(g) Und schließlich sind Inputsysteme **genetisch festgelegt**. Ihre Entwicklung weist daher typische Entwicklungsstadien auf.

Die Frage ist nun, ob Pragmatik in dem beschriebenen Sinne ein Inputsystem ist. Wenige Pragmatiker haben bisher diese Frage wirklich ernstgenommen, aber es gibt einige Ansätze wie zum Beispiel die kognitiv-pragmatischen Theorien von Dan Sperber/ Deirdre Wilson (der sog. Relevanztheorie) und Asa Kasher (vgl. Sinclair 1995 zu einem detaillierten Vergleich). Wir sehen uns nun diese beiden Theorien näher an, und prüfen, welchen Status sie der Pragmatik in einer kognitiven Sprachwissenschaft zumessen.

9.2 Relevanztheorie

Der Name „Relevanztheorie" verdankt sich natürlich der Griceschen Relevanzmaxime; Relevanz betrachten Sperber/Wilson (1995) als das zentrale pragmatische Konzept. Zugleich gehen diese Autoren davon aus, daß Pragmatik die Untersuchung der kognitiven Prinzipien und Fähigkeiten der Äußerungsinterpretation betrifft. Da diese für Sperber/ Wilson eine Angelegenheit der zentralen Prozesse (im Sinne von Fodor) sind, ist für Sperber/Wilson klar, daß die Pragmatik kein Modul bildet.

Das **Relevanzprinzip** von Sperber/Wilson besagt folgendes:

(2) **Principle of Relevance** (Sperber/Wilson 1995)
Every act of ostensive communication communicates the presumption of its own relevance.

Um dieses Prinzip zu begreifen, müssen wir zunächst wissen, was **ostensive Kommunikation** ist. Für Sperber/Wilson hat Kommunikation zwei Seiten, eine ostensive und eine inferentielle. Unter Ostension ist das Signal zu verstehen, daß der Sprecher etwas mitzuteilen hat. Unter Inferenz ist der logische Prozeß zu verstehen, mit dem ein Hörer die Bedeutung ableitet.

Relevanz fassen Sperber/Wilson in einem spezifischen Sinn auf; es dreht sich nämlich nach ihrer Auffassung bei der menschlichen Kognition grundsätzlich darum, einerseits Information zu maximieren, anderseits aber den Verarbeitungsaufwand zu minimieren. Eine Äußerung ist also dann maximal relevant, wenn sie größtmögliche Information bei kleinstmöglichem Verarbeitungsaufwand transportiert.

Die Äußerungsinterpretation ist durch zwei Aufgaben für den Hörer gekennzeichnet: Er muß erstens ermitteln, welche Proposition ausgedrückt wurde, und zweitens muß er eine zusätzliche Menge von Propositionen ermitteln, die mit dem relevanten Kontext identifiziert wird.

Der erste Punkt ist uns bereits unter dem Stichwort Explikatur/Implizitur bekannt (vgl. Kap. 3.4). Gemeint ist damit, daß Propositionen in der Regel unterspezifiziert sind, und durch Schlußprozesse angereichert werden müssen. Ein Standardbeispiel, um dies zu demonstrieren, ist das folgende:

(3) a. Alle.
b. Wie viele von deinen Freunden kommen heute abend zum Essen?

Die Äußerung (3a) hat – isoliert betrachtet – die Proposition, daß alle Mitglieder einer Menge an etwas beteiligt sind. Im Kontext der Frage (3b) ist aber die Proposition, daß alle Freunde des Adressaten heute abend zum Essen kommen – und das ist eine beträchtlich reichhaltigere Proposition, zu der der Hörer genauso über Schlußprozesse gelangt wie bei den Implikaturen.[41]

Der zweite Punkt kann an dem folgenden Beispiel demonstriert werden:

(4) A: Wie ist die neue Pizzeria?
B: Die Köche sind alle Italiener.

Die Äußerung von B ist zweifellos ein indirekter Sprechakt. Für A, der ihn deuten will, hat er den Effekt, daß eine ganze Menge von zusätzlichen Propositionen evoziert werden, wie zum Beispiel:

(5) a. Italiener machen gute Pizza.
b. Es gibt Espresso und Capuccino.
c. Das Restaurant ist preiswert und gemütlich.

Diese Propositionen, die durch Schlußprozesse ermittelt werden, sind nach Sperber/Wilson Teil des Kontexts.

An diesem Beispiel kann man zugleich den Nutzen des Relevanzprinzips studieren. Gegenüber einer direkten Antwort ist nämlich die Antwort von B in (4) insofern relevanter, als sie Anlaß zu mehr Information gibt; möglicherweise wird aber der Verarbeitungsaufwand, d.h. der Aufwand, den man betreiben muß, um zu der Menge von Propositionen in (5) zu gelangen, größer.

Wie ist der relevanztheoretische Ansatz nun vor dem Hintergrund des Fodorschen Modulbegriffs einzuordnen? Sperber/Wilson nehmen an, daß der Hörer zunächst in einem Dekodierungsprozeß eine semantische Repräsentation (‚logische Form‘) für einen Satz herstellt. Dies leistet die Grammatik, die durchaus ein Modul im Sinne des Fodorschen

[41] Vgl. dazu die Fälle vom Typ „A: Ich habe kein Benzin. B: Da hinten ist eine Tankstelle.“ bei Grice (1989) und die *locutionary strategy* bei Bach/Harnish (1979).

Modells darstellt. Darauf bauen dann diverse Schlußprozesse auf, die den zentralen Prozessen zuzuordnen sind, also grundsätzlich nicht-modular sind. Zu den Systemen der zentralen Prozesse sind ein Schlußfolgerungssystem, das Kurzzeit- und Langzeitgedächtnis und die Repräsentation der kognitiven Umgebung zu rechnen. In den Bereich der zentralen Prozesse fallen Phänomene wie Explikaturen und Implikaturen, Metapher und Ironie, stilistische Effekte, direkte und indirekte Sprechakte (vgl. Sinclair 1995:514f.) Es ist klar, daß den zentralen Prozessen, die auch nach Fodors Meinung kaum untersuchbar sind, in diesem Modell eine riesige Aufgabe zukommt.

Asa Kasher (1991a,b) unterscheidet dagegen insgesamt vier pragmatische Module, vgl. Tabelle 9.2:

Tabelle 9.2 Pragmatische Module (nach Kasher 1991a)

I. Kernpragmatik (core-pragmatics)
Wissen über Basis-Sprechakttypen wie Behauptung, Befehl und Frage

II. Konversationspragmatik (talk-in-interaction pragmatics)
Wissen über Sprecherwechsel, Sequenzierung und Reparatur

III. Zentralpragmatik (central pragmatics)
Wissen über konversationelle Implikaturen, indirekte Sprechakte, Höflichkeit, Register und Stil

IV. Schnittstellen-Pragmatik (interface pragmatics)
Pragmatisches Wissen, das die Integration sprachlicher Daten z.B. mit Wahrnehmungsdaten erlaubt (Deixis)

Die **Kernpragmatik** (‚core pragmatics‘) enthält Wissen über die Basissprechakttypen Behauptung, Frage und Befehl, die **Konversationspragmatik** (‚talk-in-interaction pragmatics‘) betrifft Basisregularitäten der Konversation wie zum Beispiel das Sprecherwechselsystem, Sprechaktsequenzen und Reparaturmechanismen (vgl. Kap. 10). Zu diesen beiden Modulen tritt noch ein Modul hinzu, das **Zentralpragmatik** (‚central pragmatics‘) genannt wird, und das Wissen über konversationelle Implikaturen, indirekte Sprechakte, Höflichkeit, Register und Stil enthält. Dieses Modul enthält zentrale Prozeßsysteme, die Kasher im wesentlichen mit allgemeinen Prinzipien rationalen Handelns identifiziert, insbesondere dem Kooperationsprinzip und den Griceschen Maximen. Hinzu tritt ein weiteres pragmatisches Modul, welches **Schnittstellen-Pragmatik** (‚interface pragmatics‘) genannt wird. In diesem Modul soll pragmatisches Wissen z.B. mit Wahrnehmungs-Wissen integriert werden, was etwa bei der Deixis nötig ist (vgl. Kasher 1991a,b, Sinclair 1995:516f., Meibauer 1997:226-230).

Inwiefern handelt es sich bei diesen vier Bereichen nun um *Module*? Als Kriterien für Modularität betrachtet Kasher ausschließlich Domänenspezifizität, informationelle Eingekapseltheit, neuronale Lokalisierbarkeit und typische Ausfallerscheinungen, sowie typische Entwicklungsstadien (vgl. oben a, d, f, g); im Vergleich mit Fodor nimmt Kasher also eine andere Gewichtung der Eigenschaften vor. Die Kernpragmatik und die Konversationspragmatik sind aber keine Inputsysteme im Sinne von Fodor, sondern unabhängige kognitive Systeme.

Während Kasher also vier pragmatische Module identifiziert, aber den Fodorschen Modulbegriff modifiziert, lehnen Sperber und Wilson jegliche Modularität der Pragmatik ab. Es besteht aber Übereinstimmung zwischen Kasher und Sperber/Wilson darin, daß Implikaturen einen „zentralen" Status haben, nämlich als Teil der Zentralpragmatik bei Kasher und als Teil der zentralen kognitiven Systeme bei Sperber und Wilson.

Was man bei dem hohen theoretischen Anspruch dieser Entwürfe jedoch vermißt, ist eine Überprüfung der Hypothesen anhand empirischer Untersuchungen psycholinguistischer und neurolinguistischer Art. Ich möchte im folgenden Abschnitt zwei einschlägige Untersuchungen vorstellen, um einen Einblick in die Vorgehensweise einer experimentellen Pragmatik zu geben.

9.3 Experimentelle Pragmatik

In der ersten Studie geht es um das Problem, ob Modalpartikeln anders (und möglicherweise an anderer Stelle im Gehirn) verarbeitet werden als Gradpartikeln. Die zweite experimentelle Untersuchung befaßt sich mit der Frage, wie indirekte Sprechakte verarbeitet werden.

Wie wir gesehen haben, ist *ein* Kriterium für den Modulstatus die Lokalisierbarkeit in einem Gehirnareal. Man vermutet nun in der Neurolinguistik, daß die Grammatik eher der linken Hemisphäre des Gehirns zuzuordnen ist, während die Pragmatik eher der rechten Hemisphäre zuzuordnen ist. Dafür sprechen Erfahrungen mit Aphasikern. **Aphasiker** sind Personen, die durch Tumor, Trauma, Gefäßerkrankung oder Unfall Hirnschädigungen erlitten haben. Dies wirkt sich so aus, daß je nach Lokalisation des Schadens, die Rezeption und Produktion gesprochener Sprache auf den unterschiedlichen Ebenen betroffen ist; dabei variieren Art und Umfang der Schäden.

Bayer (1991) geht nun davon aus, daß Gradpartikeln wie *nur*, *sogar*, *auch* (vgl. Kap. 4.3) semantische Partikeln sind und Modalpartikeln wie *halt*, *denn*, *schon* pragmatische Partikeln. Wenn dem so ist, dann könnte man Verarbeitungsunterschiede bei den beiden Partikelsorten als Indizien für den modularen Status von Semantik und Pragmatik begreifen.

Im einzelnen werden drei Hypothesen geprüft: Die Nullhypothese besagt, daß es solche Verarbeitungsunterschiede zwischen Grad- und Modalpartikeln nicht gibt.

Eine zweite Hypothese beruht auf der Annahme, daß die linke Hemisphäre für die semantische Verarbeitung, die rechte dagegen für die pragmatische Verarbeitung zuständig ist. Patienten mit Schädigung der rechten Gehirnhälfte müßten also Schwierigkeiten bei der Verarbeitung von Modalpartikeln, nicht aber Schwierigkeiten bei der Verarbeitung von Gradpartikeln haben. Bei Aphasikern – dies sind in der Untersuchung von Bayer (1991) Patienten mit Schädigung der linken Gehirnhälfte – müßte es umgekehrt sein. Gesunde Testpersonen müßten entsprechende Lateralisierungseffekte zeigen, d.h. sie müßten unterschiedliche Reaktionszeiten bei Projektion von Testmaterial zur links- oder rechtsseitigen visuellen Hemisphäre aufweisen.

Eine dritte Hypothese basiert auf der Annahme, daß zwar die semantische Verarbeitung der linken Gehirnhälfte zuzuordnen ist, pragmatische Verarbeitung jedoch einem allgemeinen kognitiven System, das in keiner speziellen Gehirnhälfte zu lokalisieren ist. Demzufolge müßte es bei Patienten mit Schädigung der rechten Gehirnhälfte keine Verarbeitungsunterschiede geben, bei Aphasikern (mit Schädigung der linken Gehirnhälfte) müßten die Schwierigkeiten mit Gradpartikeln größer sein als mit Modalpartikeln, und Gesunde müßten einen Lateralisierungseffekt aufweisen, der die Überlegenheit der linken Gehirnhälfte bei der Verarbeitung von Gradpartikeln zeigt.

Als Testmaterial wurden Minimalpaare wie die unter (6)/(7) verwendet. Diese wurden visuell und akustisch präsentiert, denn der Akzent (angezeigt durch Versalien) trennt zwischen der Lesart als Modalpartikel oder Gradpartikel. Den Testpersonen wurde gesagt, sie sollten die Lücke mit einem der folgenden Wörter (mithilfe eines Kärtchens) füllen: {*schon*, *noch*, *auch*, *nur*}.

(6) [Kontext:] Der Vater sagt zu den Kindern: „Spielt nicht im Garten. Es wird gleich regnen.“ Die Mutter sagt: „Ach, das Wetter ist doch noch gut. [Stimulus:] *SPIELT ___ im Garten!*“

(7) [Kontext:] Auf der Straße fahren viele Autos. Das ist für die Kinder gefährlich. Die Mutter warnt die Kinder und sagt: [Stimulus:] „*Spielt ___ im GARten!*“

Im Kontext (6) ist die Modalpartikel *nur* korrekt, im Kontext (7) die Gradpartikel *nur*. Korrekte bzw. falsche Einsetzung zeigt also, daß die Probanden semantisches und/oder pragmatisches Wissen mit dem Gebrauch der entsprechenden Partikeln verbinden.

Die Auswertung der Fehler bei den verschiedenen Patientengruppen und der Vergleich mit den Ergebnissen einer Entscheidungsaufgabe bei gesunden Testpersonen ergab nach Bayer (1991), daß die dritte Hypothese die richtige sein muß. Demnach wäre es angemessen, zwischen einem in der linken Hemisphäre angesiedelten grammatischen Modul, welches auch die Semantik enthält, und einem allgemeinen kognitiven Modul ohne Lokalisierung, welches auch die Pragmatik enthält, zu unterscheiden.

Dieses Ergebnis stimmt wohl mit den theoretischen Annahmen von Sperber/Wilson und Kasher insofern überein, als diese ja für die Grammatik Modulcharakter annehmen, wesentliche pragmatische Prozesse jedoch den zentralen Systemen zurechnen (wobei Kasher auch für die Pragmatik eine modulare Organisation annimmt). Die wesentliche Voraussetzung von Bayer (1991), daß nämlich Gradpartikeln semantische und Modalpartikeln pragmatische Partikeln seien, ist jedoch problematisch; nicht nur haben ja Gradpartikeln erwiesenermaßen pragmatische Effekte, man kann auch umgekehrt den Modalpartikeln eine wörtliche (semantische) Bedeutung nicht rundum absprechen (vgl. Helbig 1988, Thurmair 1989, Meibauer 1994).

Die zweite Untersuchung, die ich hier vorstellen möchte, stammt von Shapiro/Murphy (1993); sie befaßt sich mit der Verarbeitung indirekter Sprechakte durch den

Hörer. Es gibt mindestens zwei Motive für eine solche Untersuchung: Erstens bleibt etwa bei Searle und bei Grice offen, wie psychologisch real die vorgeschlagenen Schlußprozesse sind, d.h. ob Hörer in Wirklichkeit – wenn vielleicht auch unbewußt – solche Schlußprozesse ausführen. Zweitens ist bei näherer Betrachtung keineswegs selbstverständlich, was Searle und Grice annehmen, nämlich daß zuerst eine sekundäre Illokution/wörtliche Bedeutung erstellt wird und erst dann eine primäre Illokution/nicht-wörtliche Bedeutung.

Fragt man sich, wie Hörer direkte und indirekte Sprechakte identifizieren, kann man sich im wesentlichen zwei Modelle vorstellen: Beim **Seriellen Verarbeitungsmodell** (‚Serial Processing Model') geht man davon aus, daß zuerst die direkte (wörtliche) Bedeutung verstanden wird, und dann, darauf aufbauend, eine mögliche indirekte Bedeutung. Beim **Parallelen Verarbeitungsmodell** (‚Parallel Processing Model') stehen alle Bedeutungen, direkt oder indirekt, zugleich zur Verfügung – auf keinen Fall hat die direkte einen Vorrang. Während die Sprechakttheoretiker, allen voran Searle und Bach/Harnish, ein Serielles Verarbeitungsmodell vertreten, zeigen psychopragmatische Experimente eher, daß das Parallele Verarbeitungsmodell das richtige ist. In passenden Kontexten wird die indirekte Bedeutung mindestens so schnell wie die direkte Bedeutung ermittelt, manchmal sogar schneller.

Es gibt allerdings eine schwache Version des Seriellen Verarbeitungsmodells, welche die **Zentralitätshypothese** (‚Centrality Hypothesis') genannt wird, und um die geht es Shapiro/Murphy. Die Zentralitätshypothese besagt, daß die direkte Bedeutung auf jeden Fall zentral für das Verständnis ist, selbst wenn sie nicht notwendigerweise vor der indirekten Bedeutung abgeleitet wird.

Als Testmaterial für ihr erstes Experiment haben Shapiro/Murphy unter anderem kontextfreie Stimuli wie die folgenden verwendet:[42]

(8) a. [+D/+I] Bist du noch nicht fertig?
b. [+D/-I] Wo ist Sandy an diesem Wochenende?
c. [-D/+I] Kann ich dir ein Getränk anbieten?
d. [-D/-I] Können Bücher die Zeit sagen?

Das Zeichen [+D] steht dabei für „direkte Bedeutung plausibel", [-D] für „direkte Bedeutung unplausibel", [+I] für „indirekte Bedeutung plausibel" und [-I] für „indirekte Bedeutung unplausibel". Die Probanden sollten schnell entscheiden, ob die jeweiligen Sätze eine direkte Lesart haben.

Folgende Voraussagen würden die verschiedenen Hypothesen machen (Shapiro/Murphy 1993:215):

Serielles Verarbeitungsmodell: Da dieses Modell von dem Primat der direkten Bedeutung ausgeht, sollte es keine Störungen durch mögliche indirekte Bedeutung geben.

---

[42] Meine Übersetzung ins Deutsche. Man beachte, daß natürlich die englischen Originale getestet wurden.

Insbesondere sollte es keine Unterschiede in den Reaktionszeiten bei den [+D/+I]-Fällen und den [+D/-I]- Fällen (die beide positiv zu beurteilen waren – es lag ja eine direkte Bedeutung vor) auf der einen Seite geben, und den [-D/+I]-Fällen und den [-D/-I]-Fällen auf der anderen Seite (die beide negativ zu beurteilen waren – es lag ja keine direkte Bedeutung vor). Die An- oder Abwesenheit einer indirekten Bedeutung sollte also keinerlei Effekt auf die direkte Bedeutung haben.

Zentralitätshypothese: Die Testpersonen sollten in der Lage sein, die indirekte Bedeutung zu ignorieren, vor allem, wenn es keinen Kontext zur Aktivierung der indirekten Bedeutung gibt.

Paralleles Verarbeitungsmodell: Dieses Modell würde voraussagen, daß die Reaktionszeit zunimmt, wenn es eine indirekte Bedeutung gibt und nach der möglichen direkten Bedeutung gefragt wird. Wenn Bedeutungen parallel verarbeitet werden, müssen die Testpersonen ja erst entscheiden, welche der Bedeutungen direkt ist.

Die Ergebnisse ihrer Untersuchungen sprechen nach Shapiro/Murphy dafür, daß das Parallele Verarbeitungsmodell das richtige ist, und sie widersprechen damit zugleich der Zentralitätshypothese. Da die Präsenz einer indirekten Bedeutung die Entscheidung für die direkte Bedeutung deutlich beeinflußte, sei daraus zu schlußfolgern, daß die indirekte Bedeutung entweder zugleich mit der direkten Bedeutung oder sogar noch vor ihr erstellt werde. Zudem waren die Testpersonen nicht in der Lage, die indirekte Bedeutung zu ignorieren, selbst wenn sie ausdrücklich entsprechend instruiert wurden (Shapiro/Murphy 1993:217).

In einem weiteren Experiment geht es um die Frage, ob das **Mehrere-Bedeutungen-Modell** (‚Multiple Meaning Model‘) oder das **Eine-Bedeutung-Modell** (‚Single Meaning Model‘) das richtige ist. Das Mehrere-Bedeutungen-Modell besagt, daß aus mehreren Bedeutungen erst die richtige ausgewählt wird, und das Eine-Bedeutung-Modell besagt, daß sofort eine einzige Bedeutung erstellt wird. Folgende Voraussagen würden die beiden Modelle machen:

Mehrere-Bedeutungen-Modell: Alle Bedeutungen werden zugleich erstellt. Je mehr plausible Bedeutungen es gibt, desto länger sollten die Reaktionszeiten sein. Insbesondere sollte die Reaktionszeit auf [+D/+I]-Fälle länger sein als auf [+D/-I]-Fälle oder [-D/+I]-Fälle.

Eine-Bedeutung-Modell: In diesem Modell wird nur eine einzige, nämlich die kontextuell am besten passende Interpretation erstellt. Hier sollte die Reaktionszeit bei den [+D/+I]-Fällen *nicht* länger sein als bei den [+D/-I]-Fällen oder den [-D/+I]-Fällen.

In diesem Experiment wurden Geschichten wie die folgende als Stimuli verwendet (siehe Fn. 42, S. 126):

(9) Terry nahm Kathy mit in die Oper, um Madame Butterfly zu hören. Die beiden Frauen waren ganz begeistert von der Vorstellung. Kathy war froh, daß sie noch genügend Italienisch verstand, um die Geschichte zu verstehen. Sie glaubte, niemals etwas so Schönes gehört zu haben. Als die Aufführung vorbei war, wollte sie unbedingt noch mehr sehen. Auf dem Heimweg wurde sie von Terry gefragt:

a. [+D/+I] Würdest du gerne eine andere Oper sehen?
b. [+D-I] Hast du den Plot von der Oper verstanden?
c. [-D+I] Kann ich dich nochmal zu einer Oper einladen?
d. [-D/-I] Hast du die Oper „Madame Butterfly" gesehen?

Die Testpersonen sollten sich in die Rolle der Angesprochenen, also hier Kathy, hineinversetzen. Sie bekamen immer nur *einen* der Testsätze als Schlußsatz präsentiert, und sollten darauf einfach nur möglichst schnell mit „ja" oder „nein" antworten, d.h. von direkt/indirekt war hier gar nicht die Rede. Wenn die Testpersonen aber die Geschichte verstanden hatten, gab es für jeden Testsatz/jede Frage immer nur *eine* passende Antwort. Der Vorteil dieses Tests ist, daß er die Einbettung in einen Kontext simuliert.

Die Ergebnisse dieser Untersuchung sprechen nach Shapiro/Murphy für die Richtigkeit des Eine-Bedeutung-Modells, da in den Reaktionszeiten kein Unterschied zwischen der Reaktion auf [+D/-I]-Fälle gegenüber [+D/+I]-Fällen oder [-D/+I]-Fällen festgestellt werden konnte (Shapiro/Murphy 1993:225).

Wie diese Ergebnisse im Sinne der kognitiven Pragmatik zu interpretieren sind, ist nicht klar. Wenn es jedoch zutrifft, daß (a) direkte und indirekte Bedeutungen parallel und nicht seriell erstellt werden, und daß (b) gleich eine einzige Bedeutung erstellt wird und nicht aus mehreren möglichen eine passende ausgesucht wird, dann sieht es so aus, als hätten Hörer simultanen Zugriff auf Semantik und Pragmatik. Und dies würde einfache Vorstellungen der Art, daß die Semantik in die linke Hemisphäre, die Pragmatik in die rechte Hemisphäre gehöre, oder daß die Semantik ein modulares Inputsystem sei, die Pragmatik dagegen zu den zentralen Prozessen gehöre, eigentlich eher in Frage stellen. Man sieht daran einerseits, wie schwierig es ist, linguistische Modellvorstellungen mit psycholinguistischen in Übereinstimmung zu bringen, anderseits aber auch, wie notwendig das ist, wenn man die Rede von einer kognitiven Pragmatik (und Linguistik im allgemeinen) ernstnimmt.

9.4 Zusammenfassung

In diesem Intermezzo haben wir die in Intermezzo I erörterte Idee von einer modularen Pragmatik so aufgefaßt, daß die Pragmatik ein Modul im Sinne von Fodor (1983) darstellen könnte. Damit würde die wichtige Frage der kognitiven Linguistik, welche neuronalen Strukturen und Mechanismen dem Gebrauch von Sprache zugrundeliegen, einer Klärung näherrücken. Daß aber Pragmatik in diesem Sinne modular ist, wird in der Relevanztheorie von Sperber/Wilson (1995) vehement bestritten, obgleich diese Forscher im übrigen einen kognitiv-pragmatischen Ansatz verfolgen. Auf der anderen Seite identifiziert Kasher vier pragmatische Module, wobei er aber nicht alle Fodorschen Kriterien für Modularität akzeptiert. Fortschritt ist in dieser Lage von sorgfältigen experimentellen Untersuchungen zu erwarten, die einschlägige Annahmen, etwa über die Lokalisierbarkeit der Pragmatik im Gehirn oder den kognitiven Charakter von Schlußprozessen, zu überprüfen oder wenigstens zu präzisieren gestatten. Als musterhafte Beispiele für eine solche Vorgehensweise haben wir die Untersuchungen von Bayer (1991) und

Shapiro/ Murphy (1993) kennengelernt, wobei die Interpretation dieser Ergebnisse wiederum von gewissen Annahmen empirischer und theoretischer Art abhängig ist. Dennoch sollte deutlich geworden sein, daß die experimentelle Pragmatik wichtige Bausteine für die Frage liefert, ob Pragmatik (extern oder intern) modular ist.

Übungen

❶ Das Wissen über konversationelle Implikaturen gehört nach Kasher zur Zentralpragmatik, und die Zentralpragmatik ist für ihn ein pragmatisches Modul. Also müßten auch die Kriterien der Domänenspezifiziertheit, informationellen Eingekapseltheit, Lokalisierbarkeit, typischen Ausfallerscheinungen und ontogenetischen Fixiertheit zutreffen. Finden Sie mindestens ein Kriterium, das für oder gegen die Kashersche Sicht spricht.

❷ Ein Beispiel aus den Experimenten von Bayer (1991) lautete folgendermaßen:

Die Polizei hat einen jungen Mann festgenommen. Ein Polizist fragte ihn: "Wo arbeitest du denn?" Der junge Mann sagt: „Ich gehe ___ zur Schule."

Setzen Sie eines der Elemente aus {schon, noch, auch, nur} ein.

Führen Sie diesen Test mit einigen Testpersonen (auch Kindern, älteren Menschen, Ausländern) durch, stoppen Sie die Reaktionszeiten und begründen Sie (unter Zuhilfenahme von Helbig 1988) die korrekte Wahl der Partikel. Falls sich „falsche" Einsetzungen ergeben, versuchen Sie zu erklären, wo die Gründe liegen.

❸ Erläutern Sie anhand der Beispiele unter (8) und (9) ganz genau, inwiefern die einzelnen Beispielsätze als [+/-D]- und [+/-I]-markiert aufzufassen sind.

Literaturhinweise

Eine kurze Einführung in die Theorie von FODOR (1983) ist GARFIELD (1987). Einen Überblick über die kognitive Linguistik vermittelt SCHWARZ (1992). Die Phänomene der Sprachproduktion werden sehr ausführlich im Standardwerk von LEVELT (1989) erläutert. BLAKEMORE (1992) ist eine Einführung in die Relevanztheorie von SPERBER/WILSON (1986/1995²); zur Kritik der Relevanztheorie siehe LEVINSON (1989). Ein programmatischer Aufsatz über pragmatische Module ist KASHER (1991a). Ein anspruchsvoller Vergleich zwischen kognitiv-pragmatischen Ansätzen liegt in SINCLAIR (1995) vor. Eine Monographie, die viele pragmatische Phänomene unter kognitivem und experimentellen Aspekt betrachtet, ist GIBBS (1994). In RÉCANATI (1995) findet sich eine Attacke auf den Griceschen Ansatz unter dem Gesichtspunkt der Sprachverarbeitung.

10. Konversationsstruktur

Nach Searle (1971:30) sind Sprechakte „die grundlegenden oder kleinsten Einheiten der sprachlichen Kommunikation“. Man sollte deshalb meinen, daß der Begriff des Sprechakts ausreicht, um authentische sprachliche Kommunikation zu beschreiben. Dies scheint aber nicht so zu sein, denn wir wissen aus eigener alltäglicher Erfahrung,

- daß wir nicht nur in einzelnen satzförmigen Äußerungen mit klar erkennbarer Illokution reden, sondern daß wir Redebeiträge produzieren, die kleiner als Sätze sind (z.B. Vokative, Interjektionen, Ellipsen) und Redebeiträge, die weitaus größer als Sätze sind, wobei diesen Beiträgen als Ganzen keine bestimmte Illokution zuzuordnen ist;
- daß Kommunikation nicht nur zwischen einem Hörer und einem Sprecher besteht, wobei der Hörer hauptsächlich erkennen muß, was die illokutionäre Intention des Sprechers ist, sondern daß man auch als Hörer die Kommunikation aktiv mitgestaltet, und daß auch mehr als zwei Personen ein Gespräch führen können;
- daß Wissen über die Äußerungssituation und Hintergrundwissen nicht einfach bei der Kommunikation vorausgesetzt werden kann, sondern daß sich die Kommunikationspartner ständig darum bemühen, Hinweise auf das gerade nötige Hintergrundwissen zu geben und bei dem anderen zu kontrollieren, ob diesbezüglich ein ungefährer Gleichstand vorliegt.

Sprachlich kommunizieren heißt in erster Linie, ein Gespräch zu führen.[43] Unter einem **Gespräch** wollen wir hier die alltägliche, mündliche Kommunikation zwischen zwei oder mehr Personen verstehen.[44] Eigenartigerweise ist das Gespräch, so vertraut es uns im Alltag ist, als linguistische Kategorie erst verhältnismäßig spät (seit den 70er Jahren) akzeptiert worden.

Inzwischen gibt es eine kaum überschaubare Reihe von theoretischen Ansätzen, die sich die Erforschung des Gesprächs zum Ziel gesetzt haben. Sie firmieren unter Namen wie Gesprächsanalyse, **Konversationsanalyse,** Diskursanalyse oder Dialoganalyse.[45] Die wichtigsten Impulse in diesem Bereich gingen zweifellos von der sog. ethnomethodologischen Konversationsanalyse aus (vgl. Bergmann 1994), der wir eine Reihe von

---

[43] Selbstverständlich kommunizieren wir auch mithilfe geschriebener Sprache, aber die gesprochene Sprache ist dieser gegenüber primär.

[44] Die Begriffe ‚Gespräch‘ und ‚Konversation‘ verwende ich im folgenden synonym.

[45] Ich bevorzuge im folgenden die Bezeichnung Konversationsanalyse. Das Analyseobjekt der Konversationsanalyse ist die Konversationsstruktur.

wichtigen Analysekonzepten verdanken. Wir orientieren uns im folgenden allerdings nicht an bestimmten theoretischen Richtungen, sondern eher an Forschungsergebnissen und -problemen. Einen guten Überblick über die verschiedenen Zugänge bieten Fritz/ Hundsnurscher (1994).

Während es bei den pragmatischen Untersuchungen, die wir bisher kennengelernt haben, üblich war, mehr oder minder gut erfundene Beispieläußerungen zu betrachten – und für diese Methode gibt es durchaus plausible Argumente –, verfährt man in der Analyse der Konversationsstruktur radikal anders: Als Datenmaterial dienen authentische Gespräche, die durch Tonband- bzw. Videoaufnahmen konserviert und dann transkribiert (verschriftlicht) werden. Für die **Transkription** gibt es verschiedene Konventionen (vgl. Ehlich/Redder 1994 zum System HIAT – Halbinterpretative Arbeitstranskription und Selting et al. 1998 zum System GAT – Gesprächsanalytisches Transkriptionssystem).

10.1 Redebeitrag und Sprecherwechselsystem

Will man die Regularitäten der Konversation beschreiben, muß man sich zunächst über die notwendigen Beschreibungseinheiten im klaren sein. Die grundlegende Fragestellung ist, ob es eigene, für die Konversation spezifische Einheiten gibt, also solche Einheiten, die nicht schon von der Grammatik oder den schon besprochenen anderen Bereichen der Pragmatik bereitgestellt werden.

Mindestens eine solche Einheit gibt es in der Tat; es handelt sich dabei um den **Redebeitrag** (engl. turn). Ein Gespräch zwischen zwei Personen A und B besteht aus Redebeiträgen dieser Personen; diese können mehr oder minder ausführlich sein, aber jeder Redebeitrag von A kommt einmal an sein Ende, und dann fängt der Redebeitrag von B an, worauf A mit einem weiteren Redebeitrag reagiert, usw., bis das Gespräch sein Ende findet.

Wie genau dieser Wechsel zwischen Redebeiträgen funktioniert, ist ein wichtiges Thema der konversationsanalytischen Forschung.

Der grundlegenden Untersuchung von Sacks/ Schegloff/ Jefferson (1974) mit dem Titel *A Simplest Systematics for the Organization of Turn-Taking for Conversation* zufolge gibt es tatsächlich Regeln des Sprecherwechsels. Die Autoren unterscheiden zwischen zwei Komponenten ihres Modells: erstens gibt es eine Komponente der Redebeitragskonstruktion (engl. turn-construction component), zweitens eine Komponente des Sprecherwechsels (engl. turn-taking component). In der ersten Komponente werden Redebeiträge aus kleineren Einheiten, z.B. Sätzen, Satzfragmenten oder Wörtern, aufgebaut. Am Ende jeder dieser Einheiten gibt es eine Stelle, an der die Übergabe zu einem anderen Redebeitrag stattfinden kann: dieser Punkt heißt **übergaberelevante Stelle** (engl. transition relevance place). Wenn eine solche Stelle erreicht ist, tritt die Sprecherwechselkomponente in Kraft. Diese enthält die folgenden Regeln:[46]

46 Übersetzung nach Uhmann (1997b:73)

Tabelle 10.1 Regeln des Sprecherwechsels (nach Sacks/Schegloff/ Jefferson 1974)	
(1a)	Wenn in dem bis zur ersten übergaberelevanten Stelle realisierten Redezug der gegenwärtige Sprecher bereits einen nächsten Sprecher ausgewählt hat, so hat nur dieser das Recht und die Pflicht, den nächsten Redezug zu übernehmen. Der Sprecherwechsel erfolgt in diesem Fall an der ersten übergaberelevanten Stelle.
(1b)	Wenn in dem bis zu diesem Punkt realisierten Redezug keine Fremdwahl erfolgt ist, dann ist Selbstwahl möglich, aber nicht zwingend erforderlich. Das Rederecht erhält bei Selbstwahl der Sprecher, der zuerst mit seinem nächsten Turn beginnt.
(1c)	Wenn der bis zu diesem Punkt realisierte Turn keine Fremdwahl enthält, kann der gegenwärtige Sprecher seinen Redezug fortsetzen, vorausgesetzt es erfolgt keine Selbstwahl.
(2)	Die Regel (1) kommt an der nächsten übergaberelevanten Stelle erneut zur Anwendung. Regel (2) wird rekursiv so lange angewendet, bis ein Sprecherwechsel zustandekommt.

Was wir noch erklären müssen, ist, worin die **Fremdwahl** (engl. ‚current speaker selects next') besteht. Damit sind verschiedene Mittel gemeint, mit denen ein Sprecher den nächsten auswählt, z.B. Fragen, Angebot, Bitten, Anredeformen und alle Mittel, die Verständnis sichern und aufrechterhalten.

Regel (1a) besagt dann, daß der Sprecher einen Nachredner auswählen kann. Tut er es nicht, können andere Sprecher sich qua Regel (1b) selbst auswählen. Verzichten sie darauf, kann qua (1c) der erste Sprecher weiter fortfahren, und qua Regel (2) werden wiederum die Möglichkeiten unter (1) eröffnet.

Sehen wir uns die Funktionsweise einmal an dem folgenden Ausschnitt eines Transkripts an, in dem es um eine Chefarzt-Visite geht (Redder/ Ehlich 1994:315):

(1)

1	Chefarzt	Wär das möglich. Frau Scha(tt), daß Sie . in der Woche einmal jetzt .
2	Chefarzt	am Anfang . einmal zu dem Urologen in Sodenhausen gehn? Wie
3	Chefarzt	weit is n dös weg? Weit weg?
	Patientin	Jà, dös is scho weit weg. [1 Ja mei, weit is er
		[1 leise für sich
4	Chefarzt	Hm´ Wie weit/wie lang müssen S laufen?
	Patientin	nit weg.] Jà Naja, viertel
5	Chefarzt	Viertel Stund? Nà, des töt Ihnen gut.
	Patientin	Stund. [2 Hmhm̀]
		[2 leise

(Zeichen: ( ) = akustisch unverständlich; ´ steigende Intonation; ` = fallende Intonation; . = kurze Pause; [ ] = Äußerung, für die der kursivierte Kommentar gilt)

Nach der Frage in Zeile 2 des Transkripts wäre vielleicht eine Möglichkeit des Sprecherwechsels gegeben, aber entweder wird trotz der Frage signalisiert, daß der Redebeitrag noch nicht beendet ist („Fragebatterie"), oder Frau Schatt macht von der Obligation, weiter fortzufahren, keinen Gebrauch (sie zögert, weil die Frage des Chefarztes einerseits eine Informationsfrage ist, anderseits eine Aufforderung enthält). Nach der zweiten Frage reagiert sie im Sinne von (1a) des Sprecherwechselsystems. Man sieht an diesem Transkript sehr deutlich, daß es einerseits Mittel gibt, die eine übergaberelevante Stelle markieren (*já* in Zeile 4, *HmHm* in Zeile 5), anderseits Mittel, die die Turnübernahme signalisieren (*Jamei* in Zeile 3, *Hm* und *naja* in Zeile 4). Manchmal können auch beide Funktionen zusammenfallen (*HmHm* in Zeile 5).

Natürlich ist auch die Intonation für die Turnübernahme wichtig; so können das Heben und Sinken der Stimme, schnelles oder langsames, leise oder lautes Sprechen sowie Dehnung von Silben ein Anzeichen dafür sein, daß ein Sprecher bereit oder noch nicht bereit ist, sein Rederecht abzugeben. Darüber hinaus gibt es die konversationellen Phänomene, daß jemand schweigt (dies kann sogar ein „bedeutungsvolles" Schweigen sein), daß jemand einen anderen abrupt unterbricht, oder daß man sich selbst oder einen anderen korrigiert (vgl. *wie weit/wie lang* in Zeile 4).

Wie diese Prozesse im einzelnen funktionieren, ist inzwischen schon in vielen Studien untersucht worden. Sie haben gezeigt, daß ein für den naiven Betrachter chaotisch anmutendes Geschehen wie ein Gespräch in komplexer Weise gesteuert ist, und nach Regeln funktioniert, die wir zum größten Teil unbewußt anwenden. „Zum größten Teil" deshalb, weil wir äußerst sensibel für Störungen dieser Ordnungen sind. So beklagen wir uns zum Beispiel darüber, daß jemand einen nie zu Wort kommen läßt, einen in einem fort unterbricht, usw.

Man kann mit den Regeln von Schegloff/ Jefferson/ Sacks recht gut erklären, warum es in der alltäglichen Konversation eher selten vorkommt, daß Redebeiträge überlappen. Dies zeigt, daß Sprecher eine Kompetenz der Art besitzen, daß sie berechnen können, wann ein Redebeitrag zu Ende ist. Und eine solche Fähigkeit dürfte tatsächlich eine bedeutende kognitive Fähigkeit sein.

10.2 Paarsequenzen

Redebeiträge können mit einem Sprechakt zusammenfallen, sie können aber auch mehrere Sprechakte umfassen. Betrachtet man nun Sprechakte in der Konversation, dann sieht man, daß sie in aller Regel nicht isoliert vorkommen: vielmehr beziehen sie sich systematisch auf andere Sprechakte. Das kann man besonders deutlich an folgenden **Sprechaktsequenzen**, also Abfolgen von Sprechakten, sehen:

(2)	Gruß	–	Gegengruß
	Frage	–	Antwort
	Angebot	–	Akzeptierung/Zurückweisung
	Vorwurf	–	Rechtfertigung

Es handelt sich dabei um zweigliedrige Sequenzen, mit denen ein Sprecherwechsel verbunden ist. In der Konversationsanalyse bezeichnet man diese Paare als **Paarsequenzen** (engl. adjacency pairs).

Den dialogischen Charakter solcher Sequenzen kann die Sprechakttheorie dadurch erklären, daß sie auf den Charakter bestimmter Sprechakte hinweist, **Obligationen** zu etablieren. So kann man es als eine Art soziale Verpflichtung betrachten, daß auf eine Frage eine Antwort gegeben wird. Hält man sich nicht daran, muß man mit Sanktionen rechnen.

Natürlich haben die meisten Gespräche eine komplexere Sprechaktverknüpfung. Sprechakte können im Gesprächsverlauf unterschiedlich stark eingebettet sein. Dies wird in dem folgenden Gespräch – es dreht sich um eine Studienberatung – deutlich (Wunderlich 1976:355f.):

(3) S: äh, ich bin also hier neu, ne, und fang hier an und wollt mal fragen, ob ich da irgendwie Informationsmaterial haben kann
B: für was brauchen wir's
S: Romanistik
B: für Romanistik
S: hm
B: haben wir, und zwar (...)

Diesem Gespräch kann man das folgende Sequenzschema zuordnen:

(4) S: Frage
B: Rückfrage
S: Antwort
B: Bestätigung
S: Rückbestätigung
B: Antwort

Sprechakte mit nachbarschaftlicher Beziehung stellen also ein wesentliches Strukturelement von Konversationen dar, wobei insbesondere die Eröffnungs- und Abschlußphasen von Gesprächen durch Paarsequenzen geprägt sind.

10.3 Syntax und Konversation

Genauso wie der Begriff des Sprechakts durchaus Relevanz für die Konversationsanalyse besitzt, genauso ist auch der Begriff des Satzes eine wichtige Beschreibungsgröße bei der Analyse der Konversation. Dies sieht man besonders deutlich, wenn man sich (a) den linken und rechten Satzrand, und (b) „unvollständige" Sätze, nämlich Ellipsen und Anakoluthe, anhand von Transkripten gesprochener Sprache anschaut.

Unter dem linken Satzrand verstehe ich das Gebiet links von der linken Satzklammer, die von dem finiten Verb oder einem Komplementierer besetzt wird; unter dem rechten Satzrand entsprechend das Gebiet rechts von der rechten Satzklammer, welche durch den abhängigen Teil des Verbalkomplexes besetzt wird. Nach dem Vorschlag von Zifonun/ Hoffmann/Strecker (1997:II, 1580) ist der linke Satzrand in das linke Außenfeld und das Vorfeld aufzugliedern:

(5) [$_{\text{linkes Außenfeld}}$ Interjektion > Vokativ > Konjunktion > Konjunktionaladverb > Linksversetzung/ Freies Thema] > Vorfeld > **LSK** > …

Durchmustern wir nun das linke Außenfeld der Reihe nach und prüfen dabei, welche konversationellen Funktionen den einzelnen Elementen zuzuordnen sind (vgl. Auer 1997):

Interjektionen und **Vokative** gelten als relativ selbständige Einheiten mit lockerer Anbindung an den Satz. Interjektionen (z.B. *hm, na, he*) sind Einheiten, die überwiegend Emotionen und Intentionen von Sprechern ausdrücken und in besonderem Maße der Kontaktaufnahme sowie der Lenkung der Konversation dienen (Fries 1992, Zifonun/ Hoffmann/Strecker 1997:I, 362ff.). Vokative sind alle Ausdrücke, die der Anrede von Personen dienen (z.B. *Sie, Heidi, du Idiot*). Ihre generelle Funktion ist die der Aufmerksamkeitsfokussierung und des Ausdrucks von Höflichkeit.

Konjunktionen und **Konjunktionaladverbien** dienen der Verknüpfung von Sätzen mit anderen Sätzen. Sie stehen nicht nur innerhalb eines Gesamtsatzes (z.B. der Form ‚p *und* q'), sondern leiten auch selbständige Sätze ein:

(6) K: Ich hätte da irgendwie hinkommen sollen, da hab ichs ganz verschwitzt gehabt.
A: . . Ah so . . . . *Und* hatten wir sie schon mal vorgemerkt für diese . . Maßnahme, wo das gemacht wird?
K: Was? Welche Maßnahme?
A: Hauptschulabschluß, oder wollten Sie zur Volkshochschule gehen? … *Oder* wo sollten Sie hinkommen wegen des Schulabschlusses?
[Redder/ Ehlich 1994: 101]

In diesem Zusammenhang ist auch auf den bei Konjunktionen wie *weil* beobachtbaren Wandel von der „alten" Verbendstellung hin zu der „neuen" Verbzweitstellung hinzuweisen:[47]

[47] Zu diesem Phänomen gibt es inzwischen eine ganze Reihe von Untersuchungen. Hier sei nur auf Uhmann (1998) verwiesen.

(7) der hat sicher wieder gsoffen. (0.3) weil (.) sie läuft total deprimiert durch die Gegend.
[Bsp. von S. Günthner; zit. nach Uhmann (1998); Zeichen: (0.3) = 3 Sek. Pause; (.) Pause unter 0,5 Sek.]

Auch die Konjunktionaladverbien wie *also, nur, trotzdem, immerhin* usw. haben satzverknüpfende Funktion, wobei der Unterschied zu den Konjunktionen in ihrem freieren Stellungsverhalten besteht, denn sie können auch im Vorfeld und Mittelfeld stehen (vgl. Thim-Mabrey 1988, Auer 1997).

Den syntaktischen Unterschied zwischen der **Linksversetzung** und dem **Freien Thema** kann man sich an den folgenden Beispielen klarmachen:

(8) a. Aber danach *diese/ diese Arbeitsbeschaffungsmaßnahme*,
die wird bei der Stadt Dahlhausen sein.
[Redder/ Ehlich 1994:105]
b. du *der Schnee*, des wird immer stärker
[vgl. Auer 1997:77; hier ohne Transkriptionszeichen]

In (8a) folgt dem kursivierten Ausdruck ein anaphorisches Pronomen, das mit dem Ausdruck kongruiert und unbetont ist; dieses Pronomen steht allein im Vorfeld. Eine solche Kongruenz fehlt in (8b) beim Pronomen *des* (= *das*), deswegen spricht man von einem „freien“ Thema; ein Bezug wird hier rein inhaltlich hergestellt.[48] Sowohl die Linksversetzung als auch das Freie Thema dienen in der Konversation dazu, die Aufmerksamkeit auf ein bestimmtes Thema zu lenken, von dem die Rede sein soll.

Auch die weiteren Felder – Vorfeld, linke Satzklammer, Mittelfeld – dienen konversationellen Funktionen. Auf die linke Satzklammer und das Mittelfeld werden wir im folgenden Kap. 11 noch eingehen. Zur Besetzung des Vorfelds sei hier nur soviel gesagt, daß dieses unter anderem der sog. Topikalisierung dient, also der Verlagerung eines Mittelfeldausdrucks (welcher kein Subjekt ist) ins Vorfeld. Zum Beispiel ist in *Das BUCH hat Fritz Nastassja geschenkt* der Ausdruck *das Buch* aus dem Mittelfeld (*Fritz hat Nastassja das BUCH geschenkt*) in die Vorfeldposition gerückt und wird dadurch besonders hervorgehoben.

Sehen wir uns nun das **Nachfeld** an. Im allgemeinen unterscheidet man die folgenden Fälle (Zeichenerklärung: ´ = Akzent auf der folgenden Silbe; (.) = Pause unter 0,5 Sekunden):[49]

---

48 Die Arbeiten in diesem Bereich knüpfen in der Regel an Altmann (1981) an; vor allem Scheutz (1997) zeigt aber auch, daß die exakte Unterscheidung zwischen Linksversetzung und Freiem Thema problematisch ist.

49 Im Anschluß an Altmann (1981); unter genauerer Berücksichtigung intonatorischer und konversationeller Phänomene sind später revidierte Klassifikationen vorgeschlagen worden, vgl. Auer (1991) und Uhmann (1997b:54ff.).

(9) a. Und haben Sie die be'standen? (.) *die 'Lehre*?
[Rechtsversetzung]
b. Ich habe ein 'Haus für ganz wenig 'Geld gekauft, (.) *(übrigens) das Haus des Bürgermeisters.*
[Apposition]
c. Sie waren sich ('dessen/der 'Tatsache) immer bewußt, *daß sie ihre 'wirklichen Eltern nicht hatten.*
[Extraposition]
d. Morgen soll ich meinen 'Dienst antreten *in diesem Haus.*
[Ausklammerung]
e. Ich habe mir ein Rennrad gekauft.(.)*(und zwar) ein superleichtes.*
[Nachtrag]

Bei **Rechtsversetzungen** gibt es – analog zu den Linksversetzungen – ein koreferierendes Pronomen im Bezugssatz, also *die* in (9a); das Pronomen kongruiert mit dem rechtsversetzten Ausdruck. Altmann (1981:55) nennt als typische Funktion dieser Konstruktion die „Auflösung einer Pronominalisierung, die den Hörer nach Einschätzung des Sprechers überfordert." In (9b) ist *das Haus des Bürgermeisters* eine **Apposition** zum Bezugsausdruck *das Haus*; Appositionen im Nachfeld brauchen nicht zu kongruieren und werden oft mit dem Ausdruck *übrigens* eingeleitet. Bei der **Extraposition** in (9c) handelt es sich um einen ganzen Satz, der das Nachfeld besetzt. Durch ein fakultatives Korrelat im Mittelfeld (*dessen/ der Tatsache*) kann er eng mit dem Hauptsatz verbunden sein. Bei **Ausklammerungen** wie in (9d) ist es immer der Fall, daß sie keinerlei Bezugselemente im Satz haben – darin unterscheiden sie sich von der Rechtsversetzung. **Nachträge** wie in (9e) sind elliptische Strukturen, die oft durch den Ausdruck *und zwar* eingeleitet werden. Ihre Funktion scheint die einer starken Hervorhebung zu sein.

Bei der genauen Bestimmung und Abgrenzung dieser Typen ist der Intonation, der Akzentuierung und den Pausen immer mehr Aufmerksamkeit geschenkt worden (vgl. Uhmann 1997b:60ff.). So weisen Rechtsversetzungen und Appositionen eine deutliche Pause auf, während Extrapositionen und Ausklammerungen keine Pause haben; Nachträge weisen eine „Satzpause" auf und haben einen eigenen Akzent. Ausdrücke im Nachfeld scheinen unterschiedlich stark morphologisch-syntaktisch und intonatorisch in den Satz integriert zu sein.

Möglicherweise muß das Nachfeld ebenso wie das Gebiet vor dem Vorfeld noch feiner gegliedert werden. Man kann nämlich beobachten, daß Ausklammerungen immer vor rechtsversetzten oder extraponierten Ausdrücken stehen, während Nachträge immer nach letzteren stehen. Schließlich ist zu beachten, daß am Schluß dieser Sätze immer noch bestimmte (Frage-)Partikeln wie *ne, nicht, nicht wahr, gell, oder* vorkommen, die in mancher Hinsicht den englischen ‚tags' (Bestätigungsfragen wie „isn't it" u.a.m.) ähneln. Auch Vokative dürfen nur an bestimmten Stellen stehen. Überlegungen zur weiteren Aufgliederung des rechten Satzrands in ein Nachfeld und ein „rechtes Außenfeld" – das aber ingesamt nicht so stark strukturiert zu sein scheint wie das linke Außenfeld, finden sich in Zifonun/ Hoffmann/ Strecker (1997: II, 1644ff.).

Überlegt man sich, welche konversationellen Funktionen es haben könnte, Ausdrücke, die an sich auch im Mittelfeld stehen könnten, ins Nachfeld zu setzen („Mittelfeldentleerung“ nach Uhmann 1997b), stößt man auf drei mögliche Gründe (Auer 1991, Uhmann 1997b):

- Die rechte Satzklammer wird gewöhnlich als übergaberelevante Stelle aufgefaßt. Die Neigung, bei der Äußerungsplanung Ausdrücke ins Nachfeld zu setzen, könnte also als Versuch des Sprechers aufgefaßt werden, das Rederecht zu sichern. Auf diese Weise können konversationelle Konflikte aufbrechen, wie Überlappungen zeigen, die genau an der rechten Satzklammer beginnen.
- Gewöhnlich geht man davon aus, daß „alte Information“ (Thema) vor „neuer Information“ (Rhema) steht.[50] Bei ins Nachfeld gerückten Ausdrücken kann aber häufig festgestellt werden, daß sie „thematisch“ sind. Dies kann so interpretiert werden, daß Sprecher dazu neigen, vieles als dem Hörer schon bekannt, als alte Information vorauszusetzen. Erweist sich eine Spezifizierung thematischer Information dann als nötig, kann sie gegebenenfalls nachgeliefert werden.
- Schließlich ist beobachtet worden, daß Mittelfeldentleerungen mit Selbstreparaturen in Zusammenhang stehen. Darauf kommen wir im nächsten Abschnitt zurück.

Wir sind bei unserer bisherigen Durchmusterung des linken und rechten Randbereichs des Satzes immer von der „Vollständigkeit“ des erweiterten Satzes ausgegangen. Sieht man nun Transkripte an, stellt man fest, daß wir es sehr oft gar nicht mit vollständigen Sätzen zu tun haben, sondern daß es sich um unvollständige, elliptische Strukturen handelt.

Der Begriff der **Ellipse** ist allerdings sehr umstritten, wobei eher formale und funktionale Ansätze miteinander wetteifern. Die Meinungen gehen zum Teil soweit auseinander, daß Ellipsen entweder rein strukturell definiert werden (es wird etwas getilgt, was an sich grammatisch erforderlich wäre), oder rein funktional, als dem korrespondierenden vollständigen Satz ebenbürtige, autonome Einheiten. Wir betrachten im folgenden einige typische Fälle (die Stelle, an der etwas ausgelassen wurde, ist mit [...] markiert):

(10) a. Mir nach!; Feuer!; Zwei Bier!
[Lexikalisierte Ellipsen]
b. Arno spielt Flöte und Frieda [...] Klavier.
[Koordinationsellipse, Bsp. ‚Gapping‘]
c. A: Wer schlug wen wo?
B: Sparta Prag [...] Besiktas Istanbul in Ergenzingen.[51]
[Adjazenzellipsen, Bsp. Frage-Antwort-Sequenz
d. [...] Kann man nichts machen. [...] Bringt nichts. [...] Bin sowieso zu k.o.
[Vorfeld-Ellipse]

---

50 Zur Abgrenzung und Bestimmung von Thema/Rhema und Hintergrund/Fokus siehe das folgende Kap. 11.

51 Am 1.6.98 beim internationalen A-Jugend-Turnier.

Bei den Beispielen unter (10a) kann man annehmen, daß es sich um feste, lexikalisierte Einheiten handelt. Für die Fälle (10b-c) kann argumentiert werden, daß eine Rekonstruktion des ausgelassenen Materials schon aufgrund syntaktischer Zusammenhänge erfolgt.

Es gibt aber auch Ellipsen, bei denen eine Vervollständigung nur aufgrund genauer Kenntnisse der Äußerungssituation oder der vorausgegangenen Konversation gelingen kann. Dies ist besonders deutlich bei einer elliptischen Äußerung wie *Das Handtuch!*, die zum Beispiel als Feststellung *Da ist das Handtuch* oder als Aufforderung *Gib mir das Handtuch!* gemeint sein könnte. In Isolation betrachtet, ist überhaupt nicht zu beurteilen, was mit der elliptischen Äußerung *Stadt Dahlhausen* gemeint ist. Aus dem Zusammenhang des folgenden Transkriptausschnitts wird jedoch deutlich, daß es sich um eine Wiederholung zur Verständnissicherung handelt:

(11) K: Und wo ist das dann? Hier beim Arbeitsamt wieder oder?
A: Das ist dann bei der Stadt Dahlhausen.
K: *Stadt Dahlhausen.*
A: Hm.

[Redder/ Ehlich 1994:105]

Besonders deutlich wird die Kontextabhängigkeit mancher Ellipsen auch bei den sog. phatischen Ellipsen (z.B. *also das wär völlig äh ohne Einfluß auf diese [...]*), bei denen der Hörer aufgefordert ist, das Passende zu ergänzen (vgl. Zifonun/Hoffmann/Strecker 1997: I, 429ff.).

Die zu unterscheidenden Typen der Ellipse sind außerordentlich vielfältig (vgl. etwa die Klassifikationen bei Zifonun/Hoffmann/Strecker 1997: I, 410 ff., Selting 1997), und genauso vielfältig sind die konversationellen Funktionen. Ein Faktor ist sicher die Herstellung von Kohäsion, d. h. einer engen Anbindung an die Vorgängeräußerung, die Selting (1997) zu Recht hervorhebt. In diesem Sinne hat die Wiederholung in (11) sicherlich kohäsiven Charakter. Ein anderer Faktor ist die Beachtung der Griceschen Maximen der Quantität, die besagen, daß man sich Information sparen kann, wenn sie ohnehin als bekannt vorausgesetzt werden kann. Ellipsen sind also der Beweis für sprachliche Ökonomie.

Während bei Ellipsen die ausgesparte Information strukturell oder situativ rekonstruiert werden muß, ist dies bei **Anakoluthen** nicht möglich. Unter Anakoluthen versteht man generell Satzabbrüche, wobei diese als rhetorisches Mittel eingesetzt werden können (es ist dem Hörer überlassen, den nicht ausgeprochenen Gedanken zu vollenden), oder aber unabsichtlich, als Abbruch oder Wechsel der Äußerungskonstruktion produziert werden. Ein Beispiel für einen Abbruch ist (12), wo etwa das Verb *nachholen* zu ergänzen wäre.

(12) A: Denn Sie habens ja gerade selbst gesagt, mit, mm, (ob) en Schulabschluß hat natürlich bessere Chancen, ne.

K: . Is klar. . . Ich hab ihn ja nicht. *(Den) muß ich ja irgendwie dann/* .... (Und dann da/) Wenn ich dann den Abschluß hab, dann würde das gehen mit dem Elektro, mit dem Elektrobereich?
[Redder/Ehlich 1994:106]

Als Fall eines Wechsels der Äußerungskonstruktion ist (13) anzusehen:

(13) A: Ja, dann würden Se da auch en bißchen mehr Geld kriegen. So sieben achthundert Mark würden die zahlen, *weil ja nur halbtags arbeiten*, ne.
[Redder/ Ehlich 1994:103]

Hier liegt ein Wechsel von dem erwartbaren *weil ja nur halbtags gearbeitet wird* zu *weil Sie ja nur halbtags arbeiten* vor, wobei insgesamt eine ungrammatische Struktur entsteht. Zifonun/Hoffmann/Strecker (1997: I, 444) unterscheiden zwischen den anakoluthischen Typen Ausstieg (= Abbruch), Umstieg (= Wechsel) und Retraktion. Der letztgenannte Typ ist immer mit Reparaturen verbunden, ein weiteres wichtiges Thema für die Erforschung der Konversation.

10.4 Reparaturen

Nirgendwo hat sich die analytische Stärke der Konversationsforscher so deutlich gezeigt wie bei der Untersuchung von Reparaturen. Diese galten den Formalisten immer als Paradefall eines defektiven Sprachgebrauchs, welcher nicht zum Gegenstand der Sprachwissenschaft gehört. Demgegenüber hat die Konversationsanalyse nicht nur die konversationelle, sondern auch die strukturelle Relevanz der Reparaturphänomene nachgewiesen.

Nach Schegloff/Jefferson Sacks (1977) sind drei Phasen der Reparaturorganisation zu unterscheiden:

(a) Reparandum (**R**) = Äußerungsteil, auf den sich die Reparatur bezieht
(b) Initiierung der Reparatur (**RI**) = sprachliche Mittel, mit denen Reparaturbedürftigkeit angezeigt wird
(c) Durchführung der Reparatur (**RD**) = Äußerungsteil, der das Reparandum ersetzt

In der folgenden Äußerung sind diese Phasen sehr gut zu beobachten:

(14) **R RI**
A: Denn Sie habens ja gerade selbst gesagt, mit, mm, (ob) ((kurz)) ((Zögernd))
RD →
en Schulabschluß hat natürlich bessere Chancen, ne.
[Redder/Ehlich 1994:106]

Der Sprecher wollte ursprünglich mit der Äußerung *mit einem Schulabschluß haben Sie natürlich bessere Chancen* fortfahren, ändert die Äußerung aber (wohl aus Gründen der Höflichkeit) zu *ein Schulabschluß hat natürlich bessere Chancen*. Indikator der Reparaturmaßnahme ist die Partikel *mm*.

In der Konversationsanalyse werden nun **Selbstreparaturen** und **Fremdreparaturen** unterschieden. In (14) liegt eine Selbstreparatur vor; unter einer Fremdreparatur ist zu verstehen, wenn der Hörer den Sprecher berichtigt. Fragt man danach, von wem die Initiative zu einer Reparatur ausgeht, dann kann man **Selbstinitiierung** (wie in 14) oder **Fremdinitiierung** unterscheiden.

Daraus folgt, daß man zwischen den folgenden Reparaturtypen differenzieren muß:

Tabelle 10.2 Reparaturtypen (nach Schegloff/Sacks/Jefferson 1977)
(a) Selbstinitiierte Selbstreparatur: S initiiert die Reparatur und führt sie selbst aus.
(b) Selbstinitiierte Fremdreparatur: S fordert H zu einer Reparatur auf und H führt die Reparatur aus.
(c) Fremdinitiierte Selbstreparatur: H fordert S zu einer Reparatur auf und S führt die Reparatur selbst aus.
(d) Fremdinitiierte Fremdreparatur: H initiiert die Reparatur und H führt sie selbst aus.

Alle diese Fälle lassen sich tatsächlich in der Konversation belegen (deutsche Beispiele finden sich in Uhmann 1997a), wobei aber generell eine Tendenz der Sprecher besteht, Selbstreparaturen und Selbstinitiierung zu bevorzugen, was offensichtlich mit Aspekten der Höflichkeit (‚face saving') zu tun hat.

Als Indikatoren für die Selbstinitiierung der Reparatur gelten bestimmte Partikeln wie *äh* und *ähm* und Ausdrücke wie *oder, also, beziehungsweise, nein, ich glaube*, aber auch Abbrüche, Dehnungen und Pausen. Als Indikatoren der Fremdinitiierung einer Reparatur werden Partikeln wie *hm, bitte*, alle Frageausdrücke und Wiederholungen des Reparandums verwendet.

Kommen wir nun zurück auf einen möglichen Grund für die sog. Mittelfeldentleerung. Die rechte Satzklammer gilt gewöhnlich als Abschlußpunkt für die Äußerung. Hat der Hörer Verständnisschwierigkeiten, kann er dies signalisieren und dem Sprecher Reparaturbedarf anzeigen. Der Sprecher kann nun noch reparierende Äußerungseinheiten nach der rechten Satzklammer (sozusagen im Nachgang zu seiner Äußerung) produzieren und auf diese Weise eine Selbstreparatur vornehmen. Sprecher können Verarbeitungsschwierigkeiten des Hörers auch in Gedanken vorwegnehmen und eine Selbstreparatur ausführen:

(15) A: Wir haben ja danach . im letzten Jahr ü/gesprochen über diese Anlernung in der Druckerei, . und da haben Sie auch den Lehrgang mitgemacht und sind dann vom Druckereiservice aber nich. übernommen worden, ne [Redder/Ehlich 1994:100]

Gegenüber der schwerer zu verarbeitenden Version *Wir haben ja danach im letzten Jahr über diese Anlernung in der Druckerei gesprochen* wählt der Sprecher die leichter zu verstehende Version mit Ausklammerung der komplexen Nominalphrase *diese Anlernung in der Druckerei*. Nur das *ü* verrät hier, daß überhaupt etwas repariert wurde.

Insgesamt zeigt sich bei der Betrachtung von Reparaturen, daß Hörer und Sprecher in der Konversation aktiv zusammenarbeiten, um Verständnis herzustellen. Mehr noch, es zeigt sich deutlich, daß eine formale und funktionale Analyse sich keineswegs wechselseitig ausschließen, sondern im Gegenteil, daß sie sich bedingen.

10.5 Prosodie und Konversation

Das Medium der gesprochenen Sprache ist der Laut. Es wundert daher nicht, daß lautliche Aspekte für die Konversationsstruktur von großer Wichtigkeit sind. Aus diesem Grunde wird auch versucht, möglichst viel an lautlicher Information in den Transkripten zu berücksichtigen. Die genaue Untersuchung der Lautung ist Gegenstand der Phonetik und Phonologie; daß aber viele lautliche Phänomene unmittelbar pragmatisch relevant sind, haben konversationsanalytische Arbeiten in den letzten Jahren deutlich herausgearbeitet (Selting 1995, Uhmann 1997b).

Wir verwenden als Oberbegriff für die hier interessierenden lautlichen Phänomene den Begriff **Prosodie**. Unter diesen Begriff fallen die folgenden Phänomene: Akzent und Rhythmus, Intonation (Tonhöhenverlauf), Lautstärke, Sprechgeschwindigkeit und Pausen (vgl. Schwitalla 1997:141–167).

Der **Akzent** hebt eine Silbe (Tonsilbe) prosodisch hervor. Im Deutschen handelt es sich um eine Kombination aus höherer oder tieferer Tonhöhe plus größerer Lautstärke.[52] Man unterscheidet zwischen steigendem, gleichbleibendem und fallendem Akzent je nach der Tonhöhenbewegung auf der Tonsilbe; des weiteren nach stark akzentuierten Silben, primären und sekundären Akzenten und nicht-betonten Silben (vgl. Uhmann 1991).

Der Satzakzent – der natürlich auf der Tonsilbe eines Wortes realisiert wird – ist normalerweise auffallender als ein Wortakzent. Im einzelnen unterscheidet man folgende Typen des Satzakzents: normale Akzentuierung (Fokusakzent) und Akzente mit speziellen Aufgaben, z.B. Exklamativakzent und Kontrastakzent. Damit beschäftigen wir uns im nächsten Kapitel.

Darüber hinaus dienen Akzente auch der Signalisierung von Emphase (und zwar durch Dehnung und größere Bandbreite); auch Akzentverdichtungen und Rhythmusveränderungen dienen verschiedenen konversationellen Funktionen (vgl. Schwitalla 1997:149-152, Uhmann 1997b:97ff.).

---

52 Bei der Tonhöhe ist die Wahrnehmungsskala hoch - tief betroffen, bei der Lautstärke die Wahrnehmungsskala laut - leise. Dies betrifft den auditiven Aspekt. Artikulatorische Korrelate sind bei der Tonhöhe die quasi-periodische Schwingung der Stimmbänder, und bei der Lautstärke der artikulatorische Aufwand/Luftdruck (Uhmann 1991:199).

Mit der **Intonation** (dem Tonhöhenverlauf) haben wir uns schon im Kap. 6 befaßt. Im allgemeinen unterscheidet man zwischen steigendem, gleichbleibendem und fallendem Tonhöhenverlauf. Eine wesentliche theoretische Frage ist, inwiefern Tonhöhenverläufen „Bedeutungen" bzw. bestimmte konversationelle Funktionen zugeordnet werden können. Zum Beispiel wird argumentiert, daß der Intonationsverlauf (zumindest prototypisch) an den Satztyp/-modus gebunden ist, oder aber, daß er von konversationellen Funktionen (z. B. der Fokussierung eines neuen Themas) abhängig sei. Nach Selting (1995:234) werden Entscheidungsfragen zu ungefähr 75 % mit steigender, zu 25 % mit fallender Intonation realisiert; bei Ergänzungsfragen ist das Verhältnis 50 % zu 50 %.

Obgleich langsames vs. schnelles Sprechen intuitiv gut erfaßt werden kann, ist der Begriff der **Sprechgeschwindigkeit** schwer zu operationalisieren; man kann zwar als Maßeinheit ‚Silben pro Sekunde' wählen, aber die Abhängigkeit von der individuellen Durchschnitts-Sprechgeschwindigkeit ist mitzubedenken. Die Sprechgeschwindigkeit hat diverse Funktionen, zum Beispiel bei schnellerem Sprechen die der Sicherung des Rederechts oder der Signalisierung eines weniger großen Informationsgehalts, ferner der ikonischen Abbildung schneller oder langsamer Vorgänge (vgl. Uhmann 1997b:185ff.).

Die Funktion der **Lautstärke** kann in der Rederechtssicherung bestehen oder in der Anzeige von Höflichkeit und Unhöflichkeit.

Auch die Untersuchung der **Pausen** ist ein wichtiges Thema der Konversationsanalyse. Man kann zwischen drei Typen von Sprechpausen unterscheiden: redebeitragsinterne Pausen (engl. pause), freie Gesprächspausen (engl. lapse) und Redebeitrags-Vakanzen (engl. gap) nach erkennbar abgeschlossenen ersten Gliedern einer Paarsequenz (Bergmann 1982). Pausen können eine ganze Reihe von Funktionen übernehmen: Sie dienen der Herstellung von Aufmerksamkeit, sie zeigen Vorsicht bei heiklen Themen oder Sprechakten (Kritik, Bewertung, etc.) an, sie leiten einen Sprecherwechsel oder Themenwechsel ein, oder sind Reparatursignale. Es wird deutlich, daß gerade die Abwesenheit des Sprechens in der Konversation eine wichtige Rolle spielt.

Die Regularitäten von Intonation und Akzent in der Konversation sind nur zum Teil erforscht. Es gibt viele weitere konversationell relevante Phänomene wie z.B. prosodische Redewiedergabe, „Klangfarbe", emotionaler Ausdruck und ironischer Ton, über die man noch wenig weiß.

10.6 Zusammenfassung

Versucht man, die Struktur von Konversationen aufzudecken, sieht man, daß alle Bereiche der Grammatik dort eine Rolle spielen und „anwesend" sind; dies gilt besonders für die Syntax und Phonologie, wie wir am Beispiel des Satzes (ob vollständig oder als Ellipse) und der prosodischen Phänomene gesehen haben, aber natürlich auch für die anderen Bereiche, wie zum Beispiel die lexikalische Semantik, in deren Zuständigkeitsbereich etwa die Angabe der Bedeutung von Interjektionen und Partikeln fällt. Die Zuordnung bestimmter konversationeller Funktionen zu diesen grammatischen Funktionen ist eine äußerst komplizierte Angelegenheit (empirisch wie theoretisch), aber wir haben gesehen, wie konversationsstrukturelle Erklärungen (z.B. der Mittelfeldentleerung) aussehen können. Durch die Konversationsanalyse entdeckte konversationelle Systeme wie das Sprecherwechselsystem und das Reparatursystem zeigen dabei deutlich, daß Konversation nicht ein undurchschaubares Chaos ist (wie der Laie oft denkt), sondern spezifischen Regularitäten unterliegt.

Übungen

❶ Die folgenden Äußerungen stammen aus einem Beratungsgespräch, welches in Redder/Ehlich (1994:91ff.) wiedergegeben ist (Transkription: M. Becker-Mrotzek, I. Fickermann). Die Nummern nach den Sätzen beziehen sich auf die Zeilen in diesem Transkript. Nehmen Sie eine Felderanalyse nach dem Schema (5) vor. Die finiten Verben, die die linke Satzklammer besetzen, sind kursiviert.

(a) Ja, und was *meinen* Sie jetzt konkret mit Elektrobereich? (10)
(b) Also mit Elektrotechnik und so, das *hab* ich eigentlich nich so gedacht. (11)
(c) Nur das *wär* jetzt vielleicht son Weg,. um ma was in Gang zu setzen, ne . . (127)
(d) Aber so gesehen, *is* Mathe eigentlich nich meine Stärke, wenn mans so sieht. (118)

❷ Fries (1992) unterscheidet zwischen Interjektionen, die Emotionen und köperliche Empfindungen ausdrücke, appellierenden Interjektionen und onomatopoetischen Interjektionen. Klassifizieren Sie die folgenden Interjektionen entsprechend:

ach, pst, ah, ih, oh, doing, brr, au, wau, hui, au, he, hallo

❸ Auer (1997) weist auf Ausdrücke wie *genauer, richtiger, à propos, kurzum, außer* hin, die ein eingeschränktes Stellungsverhalten aufweisen. Zeigen Sie, worin dieses besteht, und überlegen Sie, ob es sich um Vertreter einer eigenen Wortart handelt.

❹ Die vier vorgestellten Typen der Reparatur (vgl. Tabelle 10.2) weisen ein deutliches Höflichkeitsgefälle auf. Veranschaulichen Sie sich diese Typen an selbsterfundenen Beispielen (authentische Beispiele in Uhmann 1997b) und diskutieren Sie unter Zugrundelegung der Höflichkeitstheorie von Brown/Levinson (1987) (siehe Kap. 8.5), warum bestimmte Reparaturtypen als mehr oder minder höflich empfunden werden.

❺ Nehmen Sie ein kurzes authentisches Gespräch mit einem Tonbandgerät/Kassettenrecorder auf und transkribieren Sie es nach dem Verfahren HIAT oder GAT. Interpretieren Sie es unter verschiedenen konversationsstrukturellen Gesichtspunkten.

Literaturhinweise

Einen Überblick über einige der hier angeschnittenen Probleme gibt RENKEMA (1993); dort findet man auch Übungsaufgaben. Einen Überblick über die diversen gesprächsanalytischen Ansätze und Schulen vermittelt das Handbuch von FRITZ/HUNDSNURSCHER (1994); zum sog. ethnomethodologischen Ansatz vgl. den Überblicksartikel von BERGMANN (1994). Den sprechakttheoretischen Zugang zur Konversation erläutert WUNDERLICH (1976:Kap. VII). SCHIFFRIN (1994) betont den sozialen Aspekt der Konversation. Bei BROWN/YULE (1983) und VATER (1992) (letzterer mit Aufgaben) werden eher die formalen Seiten der Konversationsstruktur betont.

Eine praktische Einführung in die Gesprächsanalyse bieten HENNE/ REHBOCK (1982). Transkripte findet man in REDDER/ EHLICH (1994), das auch eine Einführung in die HIAT (Halbinterpretative Arbeitstranskription) enthält; zu diesem Buch gehört auch eine CD, auf der man die Originalaufnahmen hören kann. Das Transkriptionsverfahren GAT wird (anhand eines Transkripts) in SELTING ET AL. (1998) erläutert.

Eine Einführung in den Themenbereich „gesprochene Sprache“ ist SCHWITALLA (1997). Weiterführend zum linken und rechten Randbereich des Satzes sind ALTMANN (1981), AUER (1991), (1997), und UHMANN (1997b:Kap. 2); zur Ellipse SELTING (1997). SELTING (1995) und UHMANN (1997b) sind anspruchsvolle Arbeiten zum Thema Prosodie und Konversation. Zum Thema Grammatik und Konversation vgl. auch den Sammelband von OCHS/SCHEGLOFF/THOMPSON (1996).

Klassiker der konversationsanalytischen Literatur sind SACKS/SCHEGLOFF/JEFFERSON (1974) zum Sprecherwechselsystem und SCHEGLOFF/SACKS/JEFFERSON (1977) zum Reparatursystem.

Die Grammatik des Instituts für deutsche Sprache (ZHS = ZIFONUN/HOFFMANN/ STRECKER 1997) enthält ausführliche Kapitel über die meisten hier behandelten Aspekte der Konversationsstruktur.

11. Informationsstruktur

Gespräche sind für uns deshalb interessant, weil in ihnen Informationen ausgetauscht werden. Ein Gespräch, in dem wir nichts Neues erfahren haben, empfinden wir als langweilig: es hat „nichts gebracht“. Ob wir ein Gespräch als anregend oder unterhaltsam empfinden, hängt sehr davon ab, was der Inhalt des Gesprächs war. Und ob wir ein Gespräch als „schleppend“ empfinden, oder ob dabei die Zeit „wie im Fluge“ vergeht, hat mit der Entwicklung der Gesprächsthemen zu tun.

In diesem Kapitel wollen wir einige der gerade verwendeten Begriffe präzisieren. Es geht dabei um ein pragmatisches Teilgebiet, das wir Informationsstruktur nennen.[53] Wie schon im Fall der Konversationsstruktur soll dieser Terminus auf strukturelle, auf die sprachliche Form bezogene Eigenschaften der Informationsweitergabe aufmerksam machen. Solche Eigenschaften gibt es lokal, auf die Äußerung oder das Äußerungspaar bezogen, und global, auf den ganzen Redebeitrag oder das ganze Gespräch bezogen. Obgleich es solche formalen sprachlichen Mittel gibt, die offensichtlich die Aufgabe haben, Informationen zu gliedern, ist die Untersuchung grundsätzlich auch eine Sache der Pragmatik, weil es immer um ein Wissen der Gesprächsteilnehmer geht, das von der aktuellen Gesprächssituation abhängig ist.

11.1 Zum Begriff der Information

Angenommen, ich habe drei Freunde, die immer nicht genau wissen, was gerade bei mir passiert. Der erste Freund will wissen, warum ich meine Dinosauriersammlung Nastassja geschenkt habe. Ich antworte ihm, daß ich sie ihr nicht geschenkt habe (die großen Buchstaben zeigen an, daß auf dem Wort ein starker Akzent liegt), indem ich sage:

(1) Ich habe Nastassja meine Dinosaurier VERKAUFT.

Der zweite Freund denkt, ich hätte meine Dinosauriersammlung Gustav verkauft. Ich korrigiere ihn, indem ich sage:

(2) Ich habe NASTASSJA meine Dinosaurier verkauft.

Später kommt der dritte Freund und fragt, warum ich meine Überraschungseier an Nastassja verkauft habe, und ich antworte:

---

[53] Der Terminus ‚Informationsstruktur‘ geht auf eine Arbeit des Linguisten Michael Halliday aus dem Jahr 1967 zurück.

(3) Ich habe Nastassja meine DINOSAURIER verkauft.

In diesen drei Dialogen geht es immer um die gleiche Proposition, nämlich ‚daß der Sprecher Nastassja seine Dinosaurier verkauft hat'.

Die **Information**, die die drei Freunde erhalten haben, ist jedoch unterschiedlich. Sie hängt von dem Wissensstand der drei Freunde ab, auf den ich meine Antwort abstimme. Daß ich mit meiner Antwort auf diesen Wissensstand – so wie er sich in der jeweiligen Frage zeigt –, reagiere, sieht man an der unterschiedlichen **Informationsstruktur** meiner Antworten. Ich nehme bei meinen Antworten jeweils an, daß das, was durch Großbuchstaben (bzw. durch einen starken Akzent) ausgezeichnet ist, relativ zum Wissensstand meines jeweiligen Freundes „neue" Information ist, der Rest des Satzes ist – so nehme ich an –, meinem Freund schon bekannt, es ist für ihn „alte" Information.

Während also Information immer auch propositionale Information ist, d.h. auf einer Proposition basiert, ist sie doch nicht mit einer Proposition identisch, weil eine Information stets in der Art und Weise der Bezugnahme auf einen bestimmten Wissensstand meines Kommunikationspartners besteht.

11.2 Alte und neue Information

Daß es in jedem Gespräch alte und neue Information gibt, sieht man vielleicht am deutlichsten, wenn man nach der Bekanntheit der Referenten von Nominalphrasen (NP) fragt. Ich stelle im folgenden kurz die einflußreiche Analyse von Prince (1981) vor, die **Bekanntheit** (engl. givenness) im Sinne eines (von Sprecher und Hörer gleichermaßen) geteilten Wissens verstehen möchte. Bekanntheit mit einem Referenten kann aus verschiedenen Quellen stammen, wie man sich an den folgenden Beispielen klarmachen kann:

(4) *Helmut Kohl* wird die Wahl gewinnen.
(5) Gestern habe ich *Nastassja* im Schwimmbad getroffen.
(6) Ich stieg gestern in *den Bus* und der Fahrer war anscheinend betrunken.
(7) *Ein Typ, den ich getroffen habe*, bot mir einen Job an.

Die in den Sätzen (4)–(7) kursivierten Ausdrücke beziehen sich auf Referenten, die neu in das Gespräch eingeführt werden.

Bei einem Eigennamen wie *Helmut Kohl* kann man in Deutschland wohl annehmen, daß sein Referent bekannt ist; ist das der Fall, aber wurde der Ausdruck in diesem Gespräch noch nicht gebraucht, gilt der Ausdruck als **ungebraucht** (engl. unused). Verwende ich einen Eigennamen wie *Nastassja* in (5), kann es sein, daß meinem Gegenüber die Referentin unbekannt ist; der Ausdruck gilt dann als **brandneu** (engl. brand-new). (Sollte es sich um die Schauspielerin Nastassja Kinski handeln, ist der Ausdruck für meinen Gesprächspartner vielleicht auch nur ungebraucht.) Auch die Ausdrücke in (6) und (7) gelten als brandneu: der besondere Bus, den ich gestern benutzt habe, war meinem Partner noch nicht bekannt, und auch nicht der Typ, den ich getroffen habe.

Bei den folgenden Fällen ist der Referent der kursivierten Ausdrücke dadurch bekannt, daß er entweder in der Gesprächssituation präsent ist, oder im aktuellen Gespräch schon einmal erwähnt worden ist. Den ersten Fall nennen wir **situativ evoziert** (engl. situationally evoked), den zweiten Fall **textuell evoziert** (engl. textually evoked):

(8) Entschuldigung, haben *Sie* eine Mark?
(9) [Ein Typ, den *ich* getroffen habe], bot mir einen Job an.
(10) Ein Typ, den ich getroffen habe, bot *mir* einen Job an.

Zum Beispiel ist der Referent von *Sie* in (8) dem Fragenden deshalb bekannt, weil er ihm physisch gegenübersteht. Das gleiche gilt für den Hörer einer Äußerung wie (9), wo der Sprecher der Referent von *ich* sein muß. Hier handelt es sich jeweils um situativ evoziertes Wissen. Der Ausdruck *mir* in (10) hat dagegen einen anderen Status, weil in der Subjekt-Nominalphrase der Referent von *ich* schon situativ evoziert ist: *mir* ist deshalb textuell evoziert.

Der Typ, von dem in (9) in der komplexen Subjekt-NP (durch eckige Klammern verdeutlicht) die Rede ist, stellt brandneue Information dar. Diese ist aber durch den situativ evozierten Referenten von *ich* „verankert". Solche Spezialfälle werden als brandneu verankert (engl. brandnew anchored) bezeichnet.

Ein weiterer Typ liegt in den beiden folgenden Beispielen vor:

(11) Ich stieg gestern in den Bus, und *der Fahrer* war anscheinend betrunken.
(12) Au wei, [*einer* von den Füllern] ist zerbrochen!

Daß es sich in (11) bei dem Referenten von *der Fahrer* um den Fahrer des Busses handelt, entnehmen wir unserem Weltwissen, in dem festgehalten ist, daß Busse Fahrer haben. Es handelt sich hier generell um ein Wissen, das logisch oder praktisch **erschließbar** sein muß (engl. inferrable). Ein spezieller Fall liegt in (12) vor: eine Menge von Füllern ist situativ evoziert, aber der Referent von *einer* als Element dieser Menge muß erschlossen werden. Dieser Spezialfall einer komplexen Nominalphrase wird als engl. containing inferrable bezeichnet.

Die folgende Tabelle faßt die soweit dargelegte Klassifikation zusammen (wobei ich von den Spezialfällen absehe):

Tabelle 11.1 Bekanntheit eines NP-Referenten (nach Prince 1981)

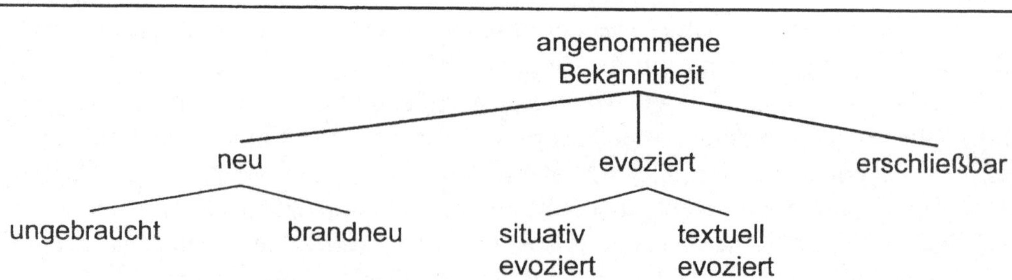

Die Vorstellung ist plausibel, daß jeder Gesprächsteilnehmer im Verlauf eines Gesprächs ein Wissenskonto führt, in dem genau eingetragen ist, was beim Anderen als bekannte Information angenommen werden kann, und was als geteiltes Wissen gelten kann. Offensichtlich ist eine solche ständige Abgleichung des Informationsstands eine Voraussetzung dafür, daß ein Informationsaustausch überhaupt stattfinden kann.

Diese Klassifikation ist in mehreren Arbeiten modifiziert worden, vgl. Brown/Yule (1983:179-188) und Lambrecht (1994:105-113). Im Sinne einer kognitiven Pragmatik wird dabei neuerdings herausgestellt, daß man zwischen der **Identifizierbarkeit** (engl. identifiability) und der **Aktivierung** (engl. activation) der beteiligten Referenten unterscheiden müsse. Es kommt nach dieser Auffassung nicht darauf an, ob ein Referent dem Hörer bekannt oder vertraut ist, sondern ob er ihn aufgrund der Beschreibung durch den Sprecher ermitteln kann, d.h. schon eine mentale Repräsentation besteht.[54] Identifizierbare Ausdrücke werden für den weiteren Gesprächsverlauf aktiviert, d.h. im Kurzzeitgedächtnis gespeichert. Der Aktivationsstatus kann von dreierlei Art sein: inaktiv (‚unused'), aktiv (‚given') oder zugänglich (‚accessible') (d.h. textuell, situativ oder inferentiell evoziert).

11.3 Fokus-Hintergrund-Gliederung

Die Einheiten, die in den Äußerungen (1)–(3) jeweils durch Großbuchstaben ausgezeichnet sind, können durchaus als neue Information betrachtet werden, der Rest der Äußerung ist alte, in der Gesprächssituation schon bekannte Information.[55] Alte Informationseinheiten werden auch oft als **Thema** oder **Hintergrund** bezeichnet, neue Informationeinheiten als **Rhema** oder **Fokus**.

Da die Ausdrücke Thema/Rhema eng an eine besondere Theorie der Informationsstruktur angelehnt sind (die sog. Prager Schule oder Funktionale Satzperspektive), verwende ich im folgenden die Termini Hintergrund/Fokus (vgl. Fn. 56, S. 152).

Wie wir gesehen haben, ist der Fokus in den Äußerungen (1)–(3) mit einem starken Akzent gekennzeichnet. Der Rest der Äußerungen gilt jeweils als Hintergrund. Im folgenden wird deutlich werden, daß die Informationsgliederung, wiewohl sie pragmatischen Zwecken dient, eine grammatische Grundlage hat.

Das bekannteste Mittel, die Gliederung eines Satzes in Fokus und Hintergrund auf die Probe zu stellen, d.h. den Fokus zu kontrollieren, ist der sogenannte **Fragetest** (im folgenden wird der Fokusausdruck durch eckige Klammern mit dem vorangestellten Index F markiert):

(13) A: Was mag Nastassja am liebsten?
B: Nastassja mag am liebsten [$_F$GUMMIbärchen].

---

54 Brandneue Ausdrücke sind (bei ihrer ersten Erwähnung) unidentifizierbar.

55 Bei dieser Redeweise gehen wir natürlich über die bloße Beschränkung auf NP-Referenten hinaus.

In (13B) ist *Gummibärchen* fokussiert, d.h. es stellt die neue Information dar, während der Rest des Satzes, der in der W-Frage schon erwähnt wurde, zum Hintergrund zählt. Einen weiteren Testfall bieten **Korrektursequenzen**:

(14) A: Nastassja mag am liebsten GUMMIbärchen.
B: Nein, das stimmt nicht. Nastassja mag am liebsten [$_F$KINDERschokolade].

In (14B) ist das fokussierte *Kinderschokolade* neue Information, während der Rest des Satzes Hintergrund ist.

Die in (13) und (14) angezeigten Foki nennt man auch **enge Foki**, weil der Fokus auf einfachen Konstituenten liegt, in diesem Fall Nominalphrasen. Es gibt aber auch den Fall des **weiten Fokus**, wo sich der Fokusbereich auch noch auf weitere Konstituenten (neben der akzentuierten Konstituente) erstreckt. Dieses Phänomen läßt sich gut an den folgenden Beispielen erläutern.

Wir gehen dabei von dem Satz (15) aus, bei dem das direkte Objekt *Buch* fokussiert ist:

(15) Ingo hat dem Kind das BUCH geschenkt.

Man kann nun diesen Satz als Antwort auf verschiedene Vorgängerfragen begreifen:

(16) A: Was hat Ingo dem Kind geschenkt?
B: Ingo hat dem Kind [$_F$das BUCH] geschenkt.

(17) A: Was hat Ingo hinsichtlich des Kindes getan?
B: Ingo hat dem Kind [$_F$das BUCH geschenkt].

(18) A: Was hat Ingo getan?
B: Ingo hat [$_F$dem Kind das BUCH geschenkt].

(19) A: Was hat das Kind erlebt?
B: [$_F$Ingo] hat dem Kind [$_F$das BUCH geschenkt].

(20) A: Was ist geschehen?
B: [$_F$Ingo hat dem Kind das BUCH geschenkt].

Was man hier beobachten kann, ist eine Art Erweiterung des Fokus; während er in (16B) nur auf *das BUCH* liegt, umfaßt er in den folgenden B-Sätzen immer größere Bereiche. Das Phänomen nennt man daher **Fokusprojektion**.

Man kann das auch so ausdrücken, daß mit dem Satz (15) ein grammatisch bestimmtes Fokuspotential verbunden ist, das durch die Vorgängersätze in (16)–(20), d.h. durch einen vorgegebenen Kontext, disambiguiert wird. Dies wird noch deutlicher, wenn wir in dem gleichen Satz andere Ausdrücke betonen oder die Reihenfolge der Satzglieder ändern, und dann prüfen, welche Projektionsmöglichkeiten erlaubt sind:

(21) Dem Kind hat Ingo das BUCH geschenkt.

In diesem Satz steht der Ausdruck *das Kind* im Vorfeld. Prüft man nun die entsprechenden Vorgängerfragen durch, dann sieht man, daß alle Möglichkeiten der Fokusprojektion, die bei (15) gegeben waren, auch möglich sind, bis auf eine, nämlich die mit dem maximalen Fokus in (26) (das Zeichen # bedeutet „in diesem Kontext ausgeschlossen").

(22) A: Was hat Ingo dem Kind geschenkt?
B: Dem Kind hat Ingo [$_F$das BUCH] geschenkt.

(23) A: Was hat Ingo hinsichtlich des Kindes getan?
B: Dem Kind hat Ingo [$_F$das BUCH geschenkt].

(24) A: Was hat Ingo getan?
B: [$_F$Dem Kind] hat Ingo [$_F$das BUCH geschenkt].

(25) A: Was hat das Kind erlebt?
B: Dem Kind hat [$_F$Ingo das BUCH geschenkt].

(26) A: Was ist geschehen?
B: # [$_F$Dem Kind hat Ingo das BUCH geschenkt].

Damit deutet sich aber an, daß es sich bei der Fokusprojektion um eine grammatische Angelegenheit handelt; nicht jeder Satz erlaubt die gleichen Projektionsmöglichkeiten, d.h. Sätze haben ein bestimmtes Fokuspotential.

Nimmt man nun noch Sätze wie unter (27) hinzu, bei denen die Abfolgen der Satzglieder verändert wurden (27a,b) bzw. der Fokus auf den infiniten Verbbestandteil gelegt wurde (27c), dann sieht man, daß alle diese Sätze nur einen engen Fokus erlauben:

(27) a. Ingo hat [$_F$das BUCH] dem Kind gegeben.
b. [$_F$Das BUCH] hat Ingo dem Kind gegeben.
c. Ingo hat dem Kind das Buch [$_F$GEGEBEN].

Auch dies spricht dafür, daß die Fokus-Hintergrund-Gliederung von Äußerungen auch eine syntaktische Seite hat.

Von manchen Forschern wird daher angenommen, daß in der Syntax ein Fokus-Merkmal an bestimmte Konstituenten vergeben wird. Dieses Merkmal kann dann bei Fokusprojektion an weitere Konstituenten weitergereicht werden, wobei natürlich auch Umstellungen zu beachten sind. Schließlich ist dieses Merkmal der Auslöser für die Akzentzuweisung in der phonologischen Komponente der Grammatik. In der Pragmatik werden die so ausgerüsteten Sätze dann im Sinne bestimmter Fokus-Hintergrund-Gliederungen gedeutet. Diese syntaktische Sicht der Fokussierung ist legitim, so lange dabei der Gedanke nicht verlorengeht, daß die konkrete Ausnutzung eines Fokuspotentials immer von den Zwecken motiviert ist, die ein Sprecher bei der Gesprächsführung hinsichtlich der Informationsstrukturierung verfolgt.

11.4 Weitere Fokusphänomene

Für sehr viele Fälle gilt, daß der Fokus gleich der neuen Information ist, und der Hintergrund gleich der alten Information. Die Gleichsetzung von Fokus mit neuer Information und von Hintergrund mit alter Information klappt jedoch in vielen Fällen nicht, wie wir gleich sehen werden. Solche Probleme haben dazu geführt, daß man eine Definition von Fokus und Hintergrund vorgeschlagen hat, die gegenüber der Distinktion alt/neu neutral ist.[56]

Zunächst ist zu beobachten, daß es wohl Sätze gibt, die nur neue Information bieten, aber keine Sätze, die nur alte Information bieten.[57] Einen Satz mit ausschließlich neuer Information hatten wir schon in (20), hier ist ein weiteres Beispiel:

(28) A: Was ist passiert?
B: Claudia SCHIFFER hat geheiratet!

Solche ‚**all-new sentences**' zeigen, daß die neue Information nicht mit dem Fokusausdruck selbst (also *Schiffer* in unserem Beispiel) identifiziert werden darf.

In anderen Fällen hat man Schwierigkeiten, den Fokusausdruck mit der Unterscheidung alt/neu in Zusammenhang zu bringen. Dies gilt zum Beispiel für den schon in Kap. 6.1 diskutierten Fall des **Exklamativakzents**.

(29) a. Jetzt hast du schon wieder die Schnapsflasche in der Hand. DU gehst aber oft an die Wodkaflasche!
b. ICH gehe nicht oft an die Wodkaflasche. DU gehst aber oft an die Wodkaflasche.

In (29a) handelt es sich bei dem Akzent auf *du* um einen Exklamativakzent. Aus dem Vorgängersatz kann die Bekanntheit des Referenten schon vorausgesetzt werden (textuell evoziert im Sinne von Prince). Exklamativakzente sind wohl generell nicht mit (brand-)neuer Information verknüpft.

In (29b) handelt es sich bei dem Akzent auf *du* um einen **Kontrastakzent**. Die Referenten sind situativ evoziert im Sinne von Prince, aber die Aufgabe des Fokus ist es nicht, neue Information einzuführen, sondern den Referenten in einen Kontrast zu einem anderen Referenten zu setzen.

Interessant sind ferner die Fälle von **Gradpartikelfokus** (vgl. Kap. 4.3) und **Negationsfokus**:

---

[56] Molnár (1993:170ff.) zieht aus solchen Fällen den Schluß, daß man sowohl eine Ebene der Thema-Rhema-Gliederung als auch eine Ebene der Hintergrund-Fokus-Gliederung annehmen müsse. Da aber die Thema-Rhema-Unterscheidung letztlich auf die Unterscheidung alt/neu hinausläuft, halte ich eine kognitiv-pragmatische Analyse im Sinne von Lambrecht (1994:Kap. 3), welche mit Begriffen der Identifizierbarkeit und Aktivierung von Diskursreferenten arbeitet, für adäquater.

[57] Jedenfalls wenn man von Fällen bloßer Repetition absieht.

(30) Frankreich, Deutschland und Korea haben an den Finals teilgenommen. Nur FRANKREICH hat das Ziel erreicht.

(31) A: Olli hat das Golden Goal geschossen.
B: Nicht OLLI hat das Tor geschossen, es war MATZE.

In (30) stellt *Frankreich* alte Information dar, ist aber fokussiert. Der Fokus auf *Frankreich* ist dadurch bedingt, daß *Frankreich* die Bezugskonstituente der Gradpartikel ist. Ein ähnliches Phänomen liegt bei (31) vor, wo *Olli* alte Information ist, aber im Bereich des Negationselements liegt und fokussiert ist.

Das Phänomen der Betonung eines finiten Verbs bzw. eines nebensatzeinleitenden Elements (Komplementierers) hat Höhle (1988), (1992) als **Verum-Fokus** bezeichnet. Dieser Fokus kommt in Verb-Zweit-Sätzen, Verb-Erst-Sätzen und Verb-Letzt-Sätzen vor:

(32) a. A: Ist Karl krank?
b. B: Karl IST krank.
c. ‚Es ist wahr, daß Karl krank ist.'

(33) a. A: Ich habe den Hund nicht getreten und Karl hat es auch nicht getan.
b. B: Wer HAT denn den Hund getreten?
c. ‚Hinsichtlich welcher Person x ist es denn wahr, daß x den Hund getreten hat?

(34) a. A: Es heißt, daß Karl den Hund getreten hat.
b. B: HAT Karl denn den Hund getreten?
c. ‚Ist es denn wahr, daß Karl den Hund getreten hat?'

(35) a. Ich bin sicher, DASS er den Hund getreten hat (aber ob das KÜRZLICH war, weiß ich nicht).
b. ‚Ich bin sicher, daß es wahr ist, daß er den Hund getreten hat.'

(36) a. Ich weiß nicht, OB er den Hund getreten hat (aber WENN das der Fall ist, muß es vor kurzer ZEIT gewesen sein)
b. ‚Ich weiß nicht, ob wahr ist, daß er den Hund getreten hat.'

In allen diesen Fällen wird mit dem Verum-Fokus, wie Höhle (1988:4) beobachtet, „das (behauptete oder erfragte) Wahrsein eines aus dem Kontext bekannten Gedankens hervorgehoben". Und dies ist zweifellos eine pragmatische Funktion dieses Fokustyps.

Für viele Fokustypen scheint ein unmittelbarer Zusammenhang mit der „alt/neu"-Unterscheidung nicht gegeben zu sein. Man hat sich deshalb – hauptsächlich in semantischen Ansätzen zur Fokusproblematik – um eine generelle Fokuskonzeption bemüht. Man geht dabei von der Beobachtung aus, daß mit jedem Fokus eine Menge von Alternativen im Spiel ist. Zum Beispiel ist eine solche Alternativenmenge in (1) die Menge der möglichen Transaktionen {verkaufen, verschenken, ausleihen...}, in (2) die Menge der möglichen Besitzer {Ingo, Ulrike, Nastassja, Gustav} und in (3) die Menge der möglichen Sammelgegenstände {Dinosaurier, Überraschungseier, Margarine-figuren}. Eine Voraussetzung dafür, daß etwas fokussiert werden kann, ist also, daß eine Auswahl aus einer **Menge von Alternativen** getroffen wird. Durch den Fokus wird ein Kontrast zu den nichtgewählten Mitgliedern der Alternativenmenge hergestellt.

11.5 Zur Pragmatik der Fokussierung

Es gibt eine Reihe von Ansätzen, die diversen Fokusphänomene zu erfassen, wobei aber eine integrative, die phonologischen, syntaktischen, semantischen und pragmatischen Aspekte gleichermaßen berücksichtigende Theorie noch aussteht.

Im folgenden möchte ich eine Typologie von Fokusphänomenen vorstellen, die von den Funktionen des Fokus ausgeht (nach Dik et al. 1981):

Tabelle 11.2 Funktionen des Fokus (nach Dik et al. 1981)

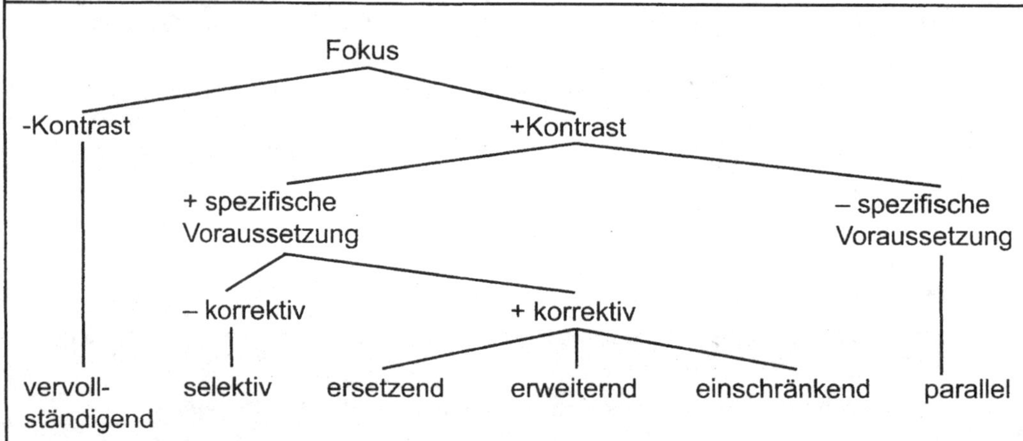

Vervollständigend ist ein Fokus, wenn er eine Information ohne irgendeinen Kontrast markiert, wie in (37):

(37) A: Was kaufte Nastassja?
B: Nastassja kaufte KAFFEE.

Selektiv ist ein Fokus, wenn er eine Information aus einer Menge von explizit vorgegebenen Alternativen auswählt:

(38) A: Kaufte Nastassja Kaffee oder Parfüm?
B: Nastassja kaufte PARFÜM.

Dieser Fokus bezieht sich also auf eine spezifische Voraussetzung und es wird ein Kontrast hergestellt. Aber es liegt keinerlei Korrektur vor.

Dagegen sind die folgenden drei Typen korrektiv:

Beim **ersetzenden** Fokus wird eine bestimmte Information ausgewechselt:

(39) A: Nastassja fuhr nach Berlin.
B: Sie fuhr nicht nach BERLIN, sie fuhr nach LONDON.

In diesem Fall liegt eine Zurückweisung und eine Korrektur vor.

Beim **erweiternden** Fokus wird eine im Kontext gegebene Voraussetzung aufgenommen, aber erweitert. Zum Beispiel sei eine Voraussetzung, daß Nastassja Kaffee kaufte:

(40) A: Nastassja kaufte Kaffee.
B: Nastassja kaufte nicht nur KAFFEE, sie kaufte auch PARFÜM.

Auch hier wird korrigiert, aber die Voraussetzung wird nicht ausgewechselt.

Beim **einschränkenden** Fokus wird eine Voraussetzung beschränkt; zum Beispiel sei eine Voraussetzung, daß Nastassja Kaffee und Parfüm kaufte:

(41) A: Nastassja kaufte Kaffee und Parfüm.
B: Nastassja kaufte nicht KAFFEE, sie kaufte nur PARFÜM.

Schließlich ist der **parallele** Fokus zu nennen, bei dem keine spezifischen Voraussetzungen gegeben sein müssen, weil die konstrastierte Information im gleichen Atemzug mitgeliefert wird:

(42) NASTASSJA kaufte KAFFEE, aber INGO kaufte PARFÜM.

In dieser Typologie wird ansatzweise klar, wie eine pragmatische, an den Funktionen des Fokus ausgerichtete Beschreibung aussehen könnte. Auch in diesem Gebiet muß die Hauptarbeit noch geleistet werden.

11.6 Der Quaestio-Ansatz

Im alltäglichen Sprachgebrauch stellt man sich unter einem Thema nicht die schon bekannte Information vor, sondern den Gegenstand bzw. den Inhalt eines Gesprächs. Der „Gang des Gesprächs", die spezifische Entwicklung eines Gesprächs, ist offenbar von einem übergreifenden Thema abhängig. Wenn es kein Thema gäbe, könnte man überhaupt nicht beurteilen, ob eine Äußerung relevant ist, oder zum Thema „paßt". Es muß daher einen Zusammenhang zwischen der lokalen Informationsstruktur auf der Ebene der Äußerung oder des Äußerungspaars (Mikrostruktur) und der globalen Gesprächsstruktur (Makrostruktur) geben, den man als **thematisches Fortschreiten** bezeichnen kann.

Im folgenden werden einige Aspekte dieses Zusammenhangs anhand des **Quaestio-Ansatzes** erläutert (Klein/Stutterheim 1987, Stutterheim 1997). Der Quaestio-Ansatz geht davon aus, daß ein Text in seiner Gesamtheit dazu dient, eine Frage zu beantworten. Diese Frage, die den Text bestimmt, wird **Quaestio** genannt.[58] Die Quaestio kann explizit sein, aber auch implizit bleiben. Jede Äußerung im Rahmen des Textes leistet einen Beitrag zur Beantwortung der Quaestio; umgekehrt beschränkt die Quaestio die Menge der überhaupt sinnvollen Äußerungen.

Zunächst ist festzustellen, daß die Quaestio teilweise festlegt, wie bestimmte Referenzbereiche innerhalb einer Äußerung zu belegen sind. Als Referenzbereiche werden von Klein/Stutterheim (1987) die folgenden Angaben, die in Äußerungen enthalten sein können, genannt:

(43) a. Angaben zu zeitlichen Eigenschaften
b. Angaben zu räumlichen Eigenschaften
c. Angaben zu an der Handlung beteiligten Personen
d. Angaben zu Vorgängen, Zuständen, Ereignissen
e. Angaben zu modalen Eigenschaften

Alle diese Angaben tragen etwas zur Proposition von Äußerungen bei, wobei natürlich nicht in jeder Äußerung alle Angaben belegt sein müssen. Es ist jedoch einleuchtend, daß die Art einer Quaestio entsprechende Beschränkungen für die Hauptstruktur mit sich bringt. Zum Beispiel fragt der Gehilfe in (44), ob der Anstreicher *am ersten Mai* geradelt ist, und entsprechend wiederholt der Anstreicher diese Zeitangabe in seiner Antwort.

(44) Gehilfe: Und? Ersten Mai? Geradelt?
Anstreicher: **Jâ, ersten Mai bin ich gut geradelt**, abends sind wir gut gegangen. Ahá, dreizehn Kilometer. (Ham wir) (wohl) gemacht,. Aber meine hundert Flaschen Bier, sin nich geworden.
Aus: Redder/Ehlich (1994:410)

Zeichenerklärung: ( ) = akustisch unverständlich; ^ = steigend – fallend; ´ = steigend; . = kurze Pause

Es wäre ein Verstoß gegen die Quaestio (die hier mit der Frage des Gehilfen identifiziert werden kann), wenn er über seine Erlebnisse am Rosenmontag berichten würde.

---

58 Der Begriff der Quaestio (dt. ‚Frage') kommt aus dem Lateinischen und ist der klassischen Rhetorik entlehnt, wo er die strittige Frage im Rahmen eines Gerichtsprozesses bezeichnet, vgl. Stutterheim (1997:15–19).– Obgleich Klein und Stutterheim sich auf monologische Texte (mündlich oder schriftlich) konzentrieren, läßt sich ihr Ansatz auch auf dialogische Texte (Gespräche) übertragen.

Was den Text sozusagen vorantreibt, sind „Bewegungen“ in den unter (43) beschriebenen Referenzbereichen. Ganz grob werden die folgenden Typen der **referentiellen Bewegung** unterschieden (vgl. Klein/Stutterheim 1987:173):

Tabelle 11.3 Typen der referentiellen Bewegung (nach Klein/Stutterheim 1987)

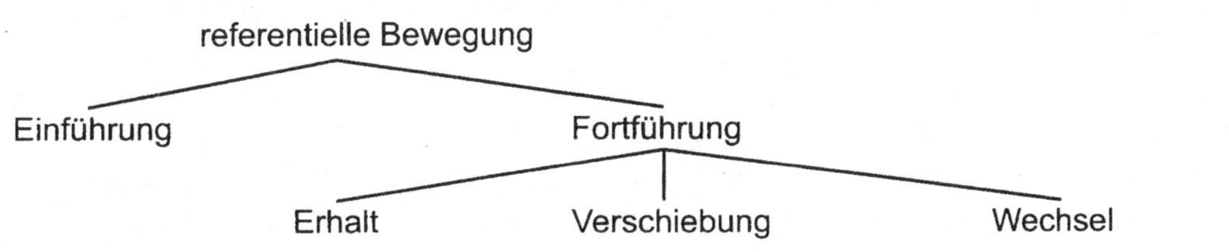

Eine bestimmte Angabe, sagen wir eine Zeitangabe, kann entweder eingeführt sein oder noch nicht. Ist sie erst einmal eingeführt, kann sie erhalten bleiben, verschoben werden oder gewechselt werden. Alle diese Möglichkeiten sind Arten der Fortführung.

Erhalt heißt, daß man sich auf denselben Zeitpunkt weiterhin bezieht, vielleicht mithilfe anderer Ausdrücke (*erster Mai, gestern*). Verschiebung heißt, daß ein anderer (in einer Erzählung zum Beispiel ein späterer) Zeitpunkt eingeführt wird, der aber auf den ersten Zeitpunkt bezogen ist (*später, am nächsten Tag*). Wechsel liegt typischerweise vor, wenn ein ganz neuer Zeitpunkt eingeführt wird, zum Beispiel einer, der im Kontrast zu dem Ausgangszeitpunkt steht (*im letzten Jahr, in diesem Jahr*).

Zweitens legt die Quaestio teilweise fest, was zum Fokus und was zum Hintergrund einer Äußerung zählt, die als Beitrag zur Beantwortung der Quaestio gilt.[59] Dies haben wir an Paaren wie unter (16)–(20) schon ausführlich besprochen. Man kann sagen, daß durch die Quaestio die Alternativenmenge festgelegt wird, aus welcher der Sprecher eine zu fokussierende Alternative auswählen muß. Bei einem Entscheidungsfragesatz besteht die Alternative in der positiven oder negativen Antwort; im Fall (44) ist die (fettgedruckte) Antwort positiv.

Drittens legt die Quaestio die **Hauptstruktur** und **Nebenstrukturen** des Textes fest. Damit ist gemeint, daß es in jedem Text Äußerungen gibt, die sich direkt auf die Quaestio beziehen, und solche, die in gewissem Sinne nebensächlich sind. Erstere tragen zur Hauptstruktur bei, letztere bilden die Nebenstrukturen. Damit ist nicht gesagt, daß diese weniger wichtig sind, als die Hauptstruktur; sie bilden nur keine direkte Antwort auf die Quaestio.

---

[59] Klein und Stutterheim reden hier von Topik (= Hintergrund) und Fokus. Diese Terminologie ist insofern verwirrend, als über die Unterscheidung von Thema/Rhema (alte/neue Information) und Fokus/Hintergrund hinaus oft noch von der **Topik-Kommentar-Gliederung** die Rede ist. Dabei handelt es sich um eine Spezifizierung dessen „wovon die Rede ist“ (engl. aboutness), vgl. Lambrecht (1994:Kap. 4). In manchen Sprachen (z.B. im Ungarischen), gibt es besondere strukturelle Positionen für topikalische Ausdrücke (vgl. Molnár 1993), im Deutschen gelten sog. Spaltsatzkonstruktionen wie *Es war PETER, der das Feuer angezündet hat*, als topikmarkierend.

Der Bezug zur Quaestio „Bist du am ersten Mai geradelt?“ wird in (44) durch die fettgedruckte Äußerung hergestellt. Die weiteren Äußerungen gehören schon zur Nebenstruktur. Man muß also für jeden Text unterscheiden, was zur „main story line“ gehört und was nur unterstützenden Charakter hat. Für Erzählungen scheint zu gelten, daß referentielle Bewegung und die Hauptstruktur einem Prinzip der **Linearisierung** unterworfen sind, welches besagt, daß Ereignisse in der Reihenfolge erzählt werden sollten, in welcher sie sich tatsächlich zugetragen haben (‚ordo naturalis‘), vgl. Levelt (1989:138f.).[60]

Um die Quaestio eines Textes herauszufinden, vor allem wenn sie implizit ist, muß man sich natürlich genau die jeweilige Textsorte angucken. Eine Zeugenaussage, ein Richterspruch, eine Wegauskunft verlangen unterschiedliche Quaestiones und unterschiedliche Arten ihrer Beantwortung. Das Thema eines Gesprächs scheint aber in hohem Maße bestimmte Vorgaben für die Textausgestaltung zu machen, die dann in spezifischer Weise erfüllt sein müssen.

Handelt es sich zum Beispiel um eine Wohnraumbeschreibung, dann evoziert die Quaestio (etwa „Wie sah deine alte Wohnung aus?“) ein bestimmtes Wohnraum-**Schema**, d.h. ein standardisiertes Wissen über Sachverhalte. Zum Beispiel nehmen wir in unserem Kulturkreis an, daß zu einer Wohnung eine Küche und ein Bad gehören. Information zu diesem Aspekt sollte in einer Wohnraumbeschreibung auftauchen. Allerdings muß der Befragte eine gewisse Auswahl aus der Fülle der möglichen Informationen vornehmen, er muß den Detaillierungsgrad seiner Ausführungen bestimmen und er muß die Teilinformationen in plausibler Weise anordnen (vgl. Ullmer-Ehrich 1979, Stutterheim 1997:21ff.).

Mit der Quaestio bzw. ihrer Beantwortung ist auch immer eine bestimmte **Perspektive** verbunden. Dies zeigt sich ebenfalls an Wohnraumbeschreibungen sehr deutlich, denn hier muß der Beschreibende eine raumzeitlich bestimmte Position einnehmen, von der aus Sachverhalte oder Beziehungen zwischen Gegenständen beschrieben werden. Dies ist im Kap. 2 zur Deixis und Referenz schon erläutert worden.

Insgesamt werden Texte dann als gelungen betrachtet, wenn sie nicht nur auf die Quaestio zufriedenstellend antworten, sondern auch kohärent sind. Sprunghafte, zerrissene, abschweifende Redebeiträge sind schwer zu verstehen. Die **Kohärenz** eines Textes wird wesentlich durch die (lokale) Fokus-Hintergrund-Gliederung, die referentielle Bewegung und die Beachtung der Hauptstruktur (den „roten Faden“) bestimmt.

11.7 Zusammenfassung

Von der Auffassung ausgehend, daß die Strukturierung der Information im Gespräch grundsätzlich pragmatischen Charakter hat, daß aber viele sprachliche Mittel diesem Ziel dienen, haben wir zunächst die zentrale Unterscheidung zwischen alter und neuer Infor-

---

60 Vgl. auch die Modalitätsmaxime von Grice (1989).

mation anhand von NP-Referenten betrachtet. Mit Lambrecht (1994) sind wir hier nicht von einer eigenen Thema/Rhema-Gliederung ausgegangen, sondern haben die Identifizierbarkeit und Aktivierung als kognitive Prozesse behandelt. In den meisten Fällen fällt die Unterscheidung zwischen alt/Thema und neu/Rhema mit der Fokus-Hintergrund-Gliederung zusammen, bei der der fokussierte Ausdruck durch eine starken Akzent formal gekennzeichnet wird. Es gibt aber eine Reihe von Fällen, wo dieser Gleichlauf nicht gegeben ist, was möglicherweise durch die Analyse der Fokussierung als Alternativenausschluß erfaßt werden kann. Daß darüber hinaus die Fokussierung bestimmte pragmatische Funktionen hat, wurde anschließend gezeigt. Abschließend sind wir von der lokalen auf die globale Betrachtungsweise übergegangen und haben anhand des Quaestio-Ansatzes einige Aspekte der Makrostruktur von Gesprächen kennengelernt.

Übungen

❶ Betrachten Sie das folgende dialogische Beispiel, das wir Dretske (1972) verdanken. (Weil es so schön ist, habe ich es nicht übersetzt.)

Clyde: Alex, I need your advice. I have a 1927 Lincoln in my garage that is in mint condition. I haven't driven it for 35 years and it runs perfectly. Schultz, down the street, has expressed an interest in buying it and has offered me $ 30,000 for it.
Alex: So what is your problem?
Clyde: Well, I thought maybe if I held on to it longer it would become even more valuable.
Alex: That isn't very likely. Your car isn't going to appreciate in value much more no matter how long you keep it, and you may never again receive such a fine offer. I advise you to sell it to him.

Clyde befolgt den Rat von Alex und verkauft das Auto an Schultz. Der Scheck, den er von Schultz bekommt, platzt jedoch und Schultz ist nicht mehr auffindbar. Das Auto ist weg und Clyde hat nichts als einen wertlosen Scheck. Als er das nächste Mal Alex trifft, entspinnt sich der folgende Dialog:

Clyde: You sure gave me a piece of rotten advice. Schultz took off with my car and left me with a bad check.
Alex: That is too bad, but why are you blaming me?
Clyde: YOU are the one who advised met to sell it to him.
Alex: Now wait a minute. You simply asked me for advice on whether or not you should sell the car for $ 30,000. You didn't ask me, nor did I advise you, about WHOM to sell the car. I don't even know Schultz.
Clyde: If you didn't know Schultz, you shouldn't have given me the advice you did. When I asked you whether I should sell my car to Schultz or not, you said

(I remember your exact words), „I advise you to sell it to him." So stop trying to avoid responsibility.
Für uns ist ganz klar, daß Alex zu Unrecht beschuldigt wird. Zeigen Sie dies, indem Sie prüfen, welcher der beiden folgenden Sätze wahr/falsch ist.

(a) Alex advised Clyde [$_F$to sell his car] to Schultz for $30,000.
(b) Alex advised Clyde to sell his car [$_F$to Schultz] for $30,000.

Überlegen Sie aufgrund dieses Beispiels, ob Fokus einen Einfluß auf Wahrheitsbedingungen hat.

❷ Betrachten Sie den folgenden Dialog:

A: Warum guckst [du] so glücklich?
B: [Petra], stell dir vor: [Ein Typ, den [ich] gestern getroffen] habe, hat [mir] [einen Job] angeboten.

Erläutern Sie den Bekanntheitsstatus der eingeklammerten Ausdrücke unter Verwendung der Klassifikation von Prince.

❸ Zeigen Sie an dem Satz unter (a) die möglichen Fokus-Hintergrund-Gliederungen und konstruieren Sie dazu jeweils passende Vorgängersätze, die den Fokus „kontrollieren". Überlegen Sie sich ferner, welches die Elemente einer Alternativenmenge sein könnten.

(a) Der Präsident hat dem Ausschuß eine Lüge gestanden.

❹ Die folgenden Beispiele bieten Evidenz dafür, daß Fokus nicht immer mit neuer Information gleichzusetzen ist. Erläutern Sie, warum.

(a) A: Wer spielt Klavier, Ingo oder Nastassja?
B: INGO spielt Klavier. (NASTASSJA spielt GEIGE.)

(b) A: Warum hast du dich bei Nastassja nicht entschuldigt?
B: SIE hat MICH beleidigt!

❺ Inwiefern läßt sich anhand des folgenden Texts die Unterscheidung zwischen Hauptstruktur und Nebenstruktur motivieren? (vgl. Stutterheim 1997)

[Quaestio: Wie sah deine alte Wohnung aus?]

1 Sie hatte vier Zimmer und eine relativ große Küche.
2 die Räume waren sehr hoch und hell
3 zwei gingen zur Straße und drei auf einen grünen Hof
4 dort haben die Kinder immer gespielt
5 so etwas fehlt uns jetzt
6 außerdem hatte sie in allen Räumen Parkett

Literaturhinweise

Einer der klassischen, auch heute noch lesenswerten Texte zur Informationsstruktur ist DRETSKE (1972). Zum Informationsbegriff siehe LAMBRECHT (1994:1–13). Die Unterscheidung zwischen alter und neuer Information wird in PRINCE (1981) untersucht; vgl. dazu BROWN/YULE (1983:179-188) und LAMBRECHT (1994:105–113). Zu den phonologischen Aspekten des Fokus siehe UHMANN (1991). Einen Überblick über die Fokus-Hintergrund-Gliederungen der verschiedenen Satztypen gibt ALTMANN (1993b), der auf der anspruchsvollen Theorie von JACOBS (1988) aufbaut. Zur Semantik des Fokus (im Sinne eines Alternativenausschlusses) vgl. den Handbuchartikel von ROOTH (1996). MOLNÁR (1993:155–177) argumentiert für die Unterscheidung von drei Ebenen der Informationsgliederung, nämlich Thema-Rhema-Gliederung, Fokus-Hintergrund-Gliederung und Topik-Kommentar-Gliederung. HÖHLE (1988) ist eine leicht verständliche Darstellung des Verum-Fokus. Zur Typologie von Fokus-Funktionen siehe DIK ET AL. (1981). Zugang zum Quaestio-Ansatz findet man über KLEIN/STUTTERHEIM (1987) und den umfassenden Überblick in STUTTERHEIM (1997:Kap. 2). Eine empirische Studie zu Wohnraumbeschreibungen ist ULLMER-EHRICH (1979). Zu den psycholinguistischen Aspekten der Textproduktion siehe LEVELT (1989:Kap. 4).

12. Pragmatik und Spracherwerb

Wir alle haben mal klein angefangen. Es gab eine Zeit, da wußten wir noch nicht, wie man ein Versprechen abgibt, wie man ironisch ist, was Höflichkeit bedeutet. Unsere pragmatische Kompetenz mußten wir uns erarbeiten, genauso wie wir auch das grammatische System unserer Sprache erwerben mußten. Wie der Erwerb der pragmatischen Kompetenz voranschreitet, darüber gibt es inzwischen eine Fülle von Untersuchungen. Allerdings wird der Erwerb der pragmatischen Kompetenz noch viel zu wenig als Untersuchungsgegenstand der linguistischen Pragmatik betrachtet.[61] Dabei gibt es mehrere Gründe, den kindlichen Erwerb der pragmatischen Kompetenz im Zusammenhang mit der "Erwachsenen-Pragmatik" zu betrachten:

Erstens haben pragmatische Phänomene wie etwa Deixis, Sprechakte und Konversationsstruktur, einen Ursprung in der kindlichen Entwicklung. Man kann etwa untersuchen, welche deiktischen Elemente zuerst benutzt werden (vermutlich sind dies *da* und *hier* in der sog. Einwortphase), welche Sprechakte zuerst realisiert werden (vermutlich eher Aufforderungen als Fragen), und wie das Kind den Sprecherwechsel erlernt (was vielleicht auf den Blickkontakt während des Stillens zurückzuführen ist). Für sämtliche Phänomene, die überhaupt als pragmatisch gelten, kann man sich fragen, wann und wie sie erworben werden, und wie sich ihre Beherrschung in der Kindheit entwickelt.

Zweitens ist klar, daß Pragmatikerwerb und Grammatikerwerb sich gegenseitig bedingen. Obwohl es durchaus plausible Gründe für die Annahme gibt, daß Kinder eine Art angeborene Prädisposition zum Spracherwerb mit sich bringen, kann doch keinesfalls bestritten werden, daß diese nur im Wechselspiel mit der kognitiven und sozialen Entwicklung zur Entfaltung gebracht werden kann. Daß Sprache der Kommunikation dient, wird vielleicht nirgendwo so deutlich wie bei kleinen Kindern, deren Entwicklung stark behindert wird, wenn sie nicht kommunizieren.

Drittens kann aber die Untersuchung des Pragmatikerwerbs unser Verständnis der Pragmatik verbessern. So weiß man, daß die Kommunikation mit kleinen Kindern nicht nur wegen ihrer mangelnden Sprachbeherrschung manchmal nicht klappt, sondern weil ihr Wissen über die Situation und die Welt noch klein ist.

Dieses Wissen wird aber rasch aufgebaut, wobei folgende Entwicklungstendenzen zu beobachten sind (Ochs 1979:11):

- Kinder werden mehr und mehr fähig, die Perspektive des Hörers zu übernehmen, d.h. verhalten sich weniger egozentrisch;

[61] Dies zeigt sich zum Beispiel darin, daß in den mir bekannten Einführungen in die Pragmatik der Spracherwerb nicht behandelt wird.

- während sie sich zunächst auf den unmittelbaren situativen Kontext stützen, beziehen sie später immer mehr nicht-situatives Wissen (generelles Hintergrundwissen) ein;
- schließlich sind sie mehr und mehr in der Lage, den sozialen Aspekt des Sprachgebrauchs, zum Beispiel bestimmte Sprechaktkonventionen, zu beachten.

Wenn man über diese Prozesse mehr weiß, weiß man auch mehr über pragmatische Phänomene wie Referenz, Präsupposition, oder fundamentale Sprechakte.

Noch ein methodischer Punkt soll hier hervorgehoben werden. Die Spracherwerbsforschung zeichnet sich durch einen großen Reichtum an Untersuchungsmethoden aus. Dies sind Tagebuchstudien, wie etwa die berühmte Untersuchung von Clara und William Stern *Die Kindersprache. Eine psychologische und sprachtheoretische Untersuchung* (1928[4]), Tonband- und Videoaufnahmen authentischer Kommunikation und psycholinguistische Experimente. Diese Vielfalt der Untersuchungsmethoden kann auch die linguistische Pragmatik der Erwachsenensprache befruchten.

12.1 An das Kind gerichtete Sprache

Es gibt viele Gründe dafür anzunehmen, daß Kinder die Sprache nur erlernen, wenn sie von früh an kommunizieren. Beinträchtigungen wie Isolation von der Gemeinschaft (bei sog. Wolfskindern) oder bestimmte Behinderungen haben in der Regel auch negative Auswirkungen auf den Spracherwerb. Aber in welcher Weise Kinder auf die von Erwachsenen oder anderen Kindern gehörte Sprache (den Input) angewiesen sind, um selbst die Sprache zu erwerben, ist in der Spracherwerbsforschung umstritten. Dieser Streit hängt zum Teil mit bestimmten theoretischen Positionen in der Spracherwerbsforschung zusammen. So behauptete Noam Chomsky ([1965]1973:250) folgendes:

> „Es ist erwiesen, daß viele Kinder eine erste oder zweite Sprache erfolgreich erwerben, selbst wenn sie nicht eigens darin unterrichtet werden und wenn ihrem Fortkommen keine besondere Aufmerksamkeit geschenkt wird. Außerdem besteht das Gros der beobachteten aktuellen Rede [der Erwachsenen, J.M.] offensichtlich aus Fragmenten und abweichenden Ausdrücken verschiedenster Art."

Die Fähigkeit der Kinder, trotz mangelhaften Inputs zu einer vollständigen Grammatik ihrer Sprache zu gelangen, müsse letztlich angeboren sein. Chomsky bezieht hier eine **nativistische** Position, da er von einem genetisch codierten Apriori des Spracherwerbs ausgeht, wobei er dieses mit der Universalgrammatik identifiziert. Dagegen vertritt Jean Piaget die Auffassung, daß es zwar angeborene kognitive Fähigkeiten des Kindes gibt, betont aber vor allem den kontinuierlichen Aufbau von Strukturen in der kindlichen Entwicklung; diese Position nennt man meist **Kognitivismus.** Diesen beiden theoretischen Ansätzen, die von grundlegenden angeborenen Fähigkeiten ausgehen, kann man den **Interaktionismus** (etwa durch Jerome Bruner vertreten) gegenüberstellen, der von der Auffassung ausgeht, daß sich sämtliche sprachlichen Fähigkeiten aus der Interaktion des Kinds entwickeln (vgl. Ingram 1989: Kap.4). Ein solcher interaktionistischer Ansatz müßte gerade zeigen können, wie Faktoren des Inputs den Gang des Spracherwerbs beinflussen.

Vor diesem Hintergrund findet ein Phänomen große Beachtung, welches am besten als die **an das Kind gerichtete Sprache (KGS)** bezeichnet wird.[62] Damit ist das Phänomen gemeint, daß Eltern (oder andere Erwachsene, die mit dem Kind umgehen) ihre an das Kind gerichteten Äußerungen in spezifischer Weise modifizieren. Die KGS ist langsamer, kürzer, manchmal formal oder inhaltlich einfacher, hochtoniger, mit ausgeprägterer Intonation, flüssiger, grammatisch korrekter und mehr situationsbezogen als vergleichbare Erwachsenensprache.[63] Man kann vermuten, daß diese Sprachausprägung in irgendeiner Weise dazu dient, den Kindern den Spracherwerb zu erleichtern. Anders als es Chomskys Behauptung entspricht, würde das heißen, daß dem sprachlichen Fortkommen der Kinder durchaus besondere Aufmerksamkeit geschenkt wird.

Im folgenden werden einige wesentliche Beobachtungen über die KGS zusammengefaßt (vgl. Snow 1995, Szagun 1996: Kap.7):

- KGS hat man in sehr vielen Sprachen der Welt nachweisen können, daher ist sie möglicherweise **universell**. Es scheint auch – abhängig vom Sprachtyp – Übereinstimmung hinsichtlich ihrer Eigenschaften zu geben. Nur in solchen Gesellschaften scheint es keine KGS zu geben, wo Erwachsene aus kulturellen Gründen nicht mit kleinen Kindern kommunizieren.[64]

- KGS scheint einer gewissen **Feinanpassung** (engl. finetuning) an die sprachlichen Fähigkeiten der Kinder zu unterliegen. Dies zeigt sich am deutlichsten im Bereich der großen Tonhöhe und der ausgeprägten Prosodie, die tatsächlich an den Entwicklungsstand der Kinder angepaßt und gegenüber 5jährigen gar nicht mehr verwendet wird. Ob eine Feinanpassung auch im Bereich der Syntax vorgenommen wird, ist umstritten, obwohl es auch dafür einige Indizien gibt (vgl. Snow 1995:182f.) Möglicherweise gibt es auch Grade der Feinanpassung, die vom Status als Mutter oder Vater abhängig sind.

- Im Bereich des Wortschatzerwerbs unterscheidet man zwischen solchen Kindern, die einen **referentiellen**, typischerweise viele Nomina enthaltenden Wortschatz haben und solchen Kindern, die einen **expressiven** Wortschatz haben. Expressive Wörter sind solche Wörter, die der Herstellung sozialen Kontakts, der Steuerung der Interaktion, und dem Ausdruck von Gefühlen dienen wie zum Beispiel *nein*, *doch*, *bitte*, *hallo*, *hm*,

[62] Ich folge darin Szagun (1996:209), die wiederum den engl. Terminus ‚child directed speech' eindeutscht. Andere geläufige Bezeichnungen sind dt. Ammensprache, Mutterisch, und engl. motherese, baby talk, caretaker talk.

[63] Vgl. die ausführliche Liste mit den Eigenschaften der KGS bei Szagun (1996:209).

[64] Wobei auch diese Kinder ihre Muttersprache erwerben.

guck, *aua*. Diese kindlichen Präferenzen scheinen zum Teil mit der KGS zusammen zuhängen. Eltern, die mehr Direktive benutzen, haben oft „expressive" Kinder, Eltern, die oft Gegenstände benennen und erläutern, haben oft „referentielle" Kinder. Darüber hinaus scheint die Schnelligkeit des Wortschatzerwerbs und der Umfang des Wortschatzes von Faktoren wie der Dichte des Inputs (z.B. Häufigkeit der Verwendung von Wörtern, Sprechgeschwindigkeit) mitbestimmt zu sein. Es hat sich auch gezeigt, daß die Entwicklung der narrativen Fähigkeiten von Kindern durch Nachfragen der Eltern positiv beeinflußt werden kann.

- Ein Standardargument vieler Nativisten (im Gefolge Chomskys) ist, daß Kinder keine **negative Evidenz** erhalten, d.h. keine Daten im Input haben, aus denen sich erschließen läßt, was ein grammatisch nicht korrekter Satz in der zu erlernenden Sprache wäre. Also müßten die Kinder die Fähigkeit haben, von alleine die korrekte Grammatik der Sprache zu erstellen. Es hat sich jedoch gezeigt, daß die KGS in äußerst sensibler Weise auf die kindlichen Äußerungen reagiert. Zwar vermeiden die meisten Eltern explizite Korrekturen grammatisch inkorrekter Äußerungen des Kindes, doch erweiterte Wiederholungen (die korrekte Form plus zusätzliche Information) oder klärende Nachfragen kommen häufig vor und können als implizite Hilfe beim Sprachlernen aufgefaßt werden.

Insgesamt weist das Phänomen der KGS darauf hin, daß Mütter und Väter sensibel gegenüber dem sprachlichen Fortschreiten der Kinder sind und die Eltern ihre eigenen Äußerungen an den sprachlichen Entwicklungsstand der Kinder anpassen. Damit muß der oben zitierten Auffassung Chomskys widersprochen werden; die KGS bietet durchaus einige Anhaltspunkte, die eine interaktionistische (oder funktionale) Sicht des Spracherwerbs unterstützen.

12.2 Aspekte des Erwerbs der pragmatischen Kompetenz

Es ist eine verbreitete Forschungspraxis, die Entwicklung der Kinder in Phasen einzuteilen. In der Spracherwerbsforschung orientiert man sich bei der Phaseneinteilung meist an der durchschnittlichen Äußerungslänge (z. B. Anzahl der Wörter pro Äußerung). Sehr grob lassen sich dabei vier **Erwerbsphasen** unterscheiden: (a) die Phase der **Einwortäußerungen**, die etwa zwischen 1;0 und 1;8 liegt; (b) die Phase der **Zweiwortäußerungen** zwischen 1;6 und 2;3, (c) die Phase der **Drei- und Mehrwortäußerungen** zwischen 2;0 und 4;0, und (d) die Phase der **komplexen Strukturen** ab ungefähr 4;0.[65]

Es ist wichtig zu betonen, daß diese Phasen überlappen können und daß es in der Schnelligkeit, mit der diese Phasen durchschritten werden, beträchtliche Unterschiede zwischen einzelnen Kindern gibt (sog. interindividuelle Variation). Im folgenden werden einige Aspekte des Erwerbs der pragmatischen Kompetenz skizziert.

---

[65] Die Angabe „2;3" heißt soviel wie „2 Jahre, 3 Monate".

Es gibt einige Indizien dafür, daß diese schon vor der Phase der Einwortäußerungen ihre Wurzeln hat. Kaum sind Kinder auf der Welt, produzieren sie Laute. Eltern reagieren auf diese Laute mit Aufmerksamkeit und interpretieren sie als „bedeutsam". Auf der anderen Seite kann man nicht mit Sicherheit feststellen, ab wann Lallen, Plärren, Schreien mit Intentionen verbunden sind. Man kann Babys nicht befragen, man kann sie nur schlecht testen, und aufgrund bloßer Beobachtung läßt sich kaum etwas über eine Mitteilungsabsicht erschließen. So hat man denn auch vermutet, daß die Reaktionen der Eltern auf kindliche Lautäußerungen den Kindern sozusagen erst zeigen, daß sie mit ihren Geräuschen etwas erreichen können. Auf diese Weise könnte sich langsam eine Interaktion zwischen Eltern und Kind herausbilden, wobei die Zu- und Abwendung von Blicken und das Lächeln weitere Signale der Koordination darstellen (vgl. Fernald 1994, Szagun 1996:187–193). Bei schon etwas größeren Babys kann man dann von der Entwicklung „lautlicher Gesten" sprechen, die als Vorläufer von Wörtern gelten können (Foster 1990:36ff.).

Wie wir in Kap. 10 gesehen haben, gehört es zur kommunikativen Kompetenz der Erwachsenen, die Regeln des Sprecherwechsels zu kennen. Kinder müssen diese Regeln, die zumal bei komplexer werdenden Gesprächen nicht einfach zu befolgen sind, lernen. Es läßt sich nun zeigen, daß das „turn-taking" schon früh geübt wird; bestimmte Muster der Koordination von Handlungen lernt das Baby nämlich schon beim Saugen an der Mutterbrust (Foster 1990:27). Babys saugen nämlich nicht kontinuierlich an der Mutterbrust, sondern machen dabei Pausen. Durch leichtes Schütteln veranlaßt die Mutter das Kind zum Weitersaugen; schüttelt sie aber zu sehr, verliert das Kind das Interesse am Saugen und konzentriert sich auf das Geschütteltwerden. Auf diese Weise entsteht schon ab der 2. Woche eine Koordination von Handlungsmustern, die auch für den Sprecherwechsel charakteristisch ist.

Bei kleinen Kindern sind die Lücken zwischen zwei Redebeiträgen größer als bei Erwachsenen, wie Untersuchungen ergeben haben. Im Laufe der kindlichen Entwicklung wird der zeitliche Abstand aber immer geringer, und die Übergabe des Rederechts wird mehr und mehr durch sprachliche Mittel deutlich gemacht (Foster 1990:112f.). In Versteckspielen, die Erwachsene mit Kindern zu beider Freude spielen, wird die Übergabe des Rederechts oft regelrecht eingeübt.

Schon die ersten sprachlichen Äußerungen (mit etwa 12 Monaten) sind wohl mit kommunikativen Intentionen verbunden. Geäußert werden einzelne Nomina (*ball*, *auto*), insbesondere auch Eigennamen, und Wörter wie *ab*, *weg*, *auf*, *runter*, *mehr*, *auch*, *da*, *hier*. Solche Äußerungen lassen sich als rudimentäre referentielle und prädikative Akte verstehen, die aber immer mit einer Illokution, z.B. der des Benennens, der Aufforderung oder sogar der Frage, verbunden sind (vgl. Dore 1979, Foster 1990: 53–62). Obgleich in diesem Alter schon kleine Dialoge geführt werden können, bleiben sie doch recht kurz und an das Hier und Jetzt gebunden. Kommunikation über Vergangenes oder Zukünftiges ist noch nicht möglich (Foster 1990: 63ff.).

Im Zweiwortstadium macht das Kind Äußerungen wie etwa *da auto*, *füße weg*, *mehr milch*, *baby weint*, *musik haben*, *dani tasse*, *karre rein*, *hexe krank* (Szagun 1996: 31f.), mit denen bestimmte Bedeutungen wie Vorhandensein, Nicht-Vorhandensein, Wieder-

Vorhandensein, Handlungsträger/Handlung, Objekt und Handlung, Besitzer und Besitz, Lokalisierung und Attribution ausgedrückt werden. In dieser Phase werden auch die Negation (mit *nein* und *nicht*) und die Frageintonation erlernt.

Sehen wir uns nun an einem konkreten Beispiel einmal an, welche Aspekte bei der pragmatischen Untersuchung zu bedenken sind. Simone, ein Kind im Alter von 21 Monaten, befindet sich in der Zweiwortphase, d.h. ihre Äußerungen bestehen typischerweise aus bis zu zwei Wörtern:

(1) Simone-Korpus von Miller (1976: 93)

	[Auf einem Spaziergang im Grüneburgpark. Simone im Kinderwagen. Simones Eltern treffen Bekannte und unterhalten sich]
runter	[Simone möchte aus dem Kinderwagen raus]
	[Simones Eltern unterhalten sich weiter mit ihren Bekannten]
raus	[klagend; Simone weint]
raus	[weinerlich; hohe Stimme; sitzt immer noch im Kinderwagen]
	[Ein paar Minuten später. Simone ist mit ihren Eltern zum Sandkasten hingelaufen]
	M: Simone! Wir backen jetzt Kuchen!
karre rein	
	M: Kuchen
karre rein	
	M: Willste in die Karre rein?
karre	
	M: In die Karre!
	[setzt Simone in die Karre]

Miller (1976/79), der für das Deutsche die wohl gründlichste pragmatische Analyse der Kindersprache vorgelegt hat, stellt fest, daß Simone in diesem Dialog durchaus illokutionäre Akte realisiert, denn Simones Äußerungen *raus* und *karre rein* sind als Aufforderungen zu deuten. Aufforderungen werden in diesem Alter mit einer gleichbleibenden Intonationskontur versehen.

Diese illokutionären Akte haben auch einen propositionalen Gehalt. Mit der Äußerung *raus* wird ausgedrückt, daß Simone aus dem Kinderwagen raus will, mit der Äußerung *karre rein* wird ausgedrückt, daß Simone in den Kinderwagen rein will. *Raus* und *rein* sind semantisch gesehen Prädikate, die einen Agens (Simone) und einen Ort (Kinderwagen) als Argumente haben.

Schließlich kann man in diesem Dialog auch kontextreferentielle Akte feststellen. Man muß dazu bedenken, daß das Kind in dieser Entwicklungsphase sich selbst als „deiktisches Kommunikationszentrum" (Miller 1976:95, 228) begreift. Da sich Simone in der Karre befindet, genügt es ihr, *karre* zu sagen, um damit zu bekunden, daß sie aus dem Kinderwagen heraus will. Wenn Simone sich aber nicht in dem Kinderwagen befindet, wird es nötig, *karre rein* zu sagen, um damit auszudrücken, daß sie in den Kinderwagen hinein will.

Nach Miller (1976:113–129) lassen sich im Zweiwortstadium die folgenden Sprechakttypen beobachten: Aufforderung/Bitte, Ja/Nein-Frage, Beschreibungen und Kommentare, Zustimmung, Ablehnung, Widerspruch, Aufforderung an sich selbst. Als illokutionäre Indikatoren spielen dabei die Intonation (fallend, steigend, gleichbleibend) und bestimmte Partikeln wie *ja, nein, doch* eine Rolle. Hinsichtlich der syntaktischen Struktur des propositionalen Aktes zeigt es sich, daß Kinder in diesem Alter dazu neigen, das Verb an das Satzende zu stellen. Dies kann mit der kindlichen Erwartung in Zusammenhang gebracht werden, daß sich bestimmte semantische Relationen wie die Prädikat-Argument-Struktur in der Anordnung der Elemente im Satz widerspiegeln. In bezug auf die Kontextreferenz gelangt Miller zu der Hypothese, daß Kinder den Bezug auf sich selbst zunächst implizit ausdrücken (*auch*), den Bezug auf andere Referenten jedoch explizit (*mama auch*). Später neigen sie dazu, auch den Bezug auf sich selbst explizit ausdrücken (*mone auch*) (vgl. Miller 1976:265ff., Wales 1976).

Wenn Kinder etwa 20 Monate alt sind, haben sie einen kleinen Wortschatz von etwa 50 Wörtern. Von diesem Zeitpunkt an schreitet der Wortschatzerwerb so rasch voran, daß man von einem **Wortschatzspurt** (engl. vocabulary spurt) spricht. Es ist klar, daß diese Erweiterung des Wortschatzes eine Voraussetzung für den Ausbau konversationeller Fähigkeiten ist. Auf bestimmte pragmatische Erwerbsprinzipien, die dabei eine Rolle spielen, gehe ich im nächsten Abschnitt ein.

In der Phase der Drei- und Mehrwortäußerungen erfahren die Flexionsmorphologie und die Syntax einen starken Ausbau (vgl. Szagun 1996: 35ff.). Das Geschlecht der Nomina und die Kasusmarkierungen, die Flexionsformen des Verbs werden erworben, wobei die Kinder zum Teil **übergeneralisieren**, in dem sie z.B. die regelmäßige Partizipflexion (*sagen – ich habe gesagt*) auf ein unregelmäßiges Verb (*schlafen – ich habe *geschlaft*) übertragen. Im Bereich der Syntax werden die verschiedenen Verbstellungstypen erlernt, die Regularitäten der Negation und der Interrogativsatztypen. In der Phase der komplexen Strukturen werden hauptsächlich Satzgefüge mit verschiedenen Typen von Nebensätzen, Relativsätze und das Passiv erlernt.

Während es zahlreiche (vorwiegend auf das Englische bezogene) Studien gibt, die sich mit einzelnen Aspekten des Erwerbs pragmatischer Fähigkeiten in diesen Phasen befassen, steht eine Theorie der pragmatischen Entwicklung aus.[66] Insbesondere gibt es wenige längsschnittliche Studien zu einzelnen pragmatischen Phänomenen, z.B. zum Erwerb der Fähigkeit, konversationelle Implikaturen abzuleiten. Im folgenden sollen daher nur einige wesentliche Erwerbsprozesse herausgegriffen werden:

---

66 Vgl. Foster (1990: 178): „Many of the studies of developmental pragmatics concern the role of conversation in the development of grammar: to what extent does experience with conversation teach or allow children to learn linguistic structure. Little attention has been paid to explanation for pragmatic development itself."

• Eine wichtige Frage hinsichtlich des Pragmatikerwerbs ist, ab wann Kinder **indirekte Sprechakte** verstehen. Dazu gibt es einige Forschungsergebnisse in bezug auf Sprechakte vom Typ *Do you want to do A?*, wobei diese Äußerung als eine Aufforderung, A zu tun, oder als ein Angebot, A selbst zu tun, verstanden werden konnte. Die Kinder zwischen 2;6 und 3;0 bevorzugten dabei die Angebots-Lesart (vgl. Foster 1990: 12ff.). Welche Strategien sie dabei verfolgen und inwiefern das Problem der primären und sekundären Illokutionen dabei überhaupt eine Rolle spielt, ist weitgehend unbekannt. Obgleich es einige Indizien dafür gibt, daß schon kleine Kinder sensibel für **Höflichkeit** sind (z.B. reden sie andere kleine Kinder anders an als Erwachsene), werden gewisse Aspekte des höflichen Verhaltens wie z.B. das Duzen/Siezen im Deutschen, erst sehr spät erlernt; dies hängt vermutlich damit zusammen, daß Kinder zunächst nur ein beschränktes Wissen über soziale Rollen haben.

• Hinsichtlich der Frage, ab wann Kinder dazu in der Lage sind, **Metaphern** und **Ironie** zu verstehen, gibt es ebenfalls einige Untersuchungen (Gibbs 1994:Kap. 9). So ist einerseits beobachtet worden, daß ein Kind mit 1;6 ein Spielzeugauto *Schlange* nannte, während das Kind das Auto in Kurven den Arm der Mutter hinauffuhr. Anderseits haben Kinder bis etwa 14 Jahren Schwierigkeiten, den Sinn einer Metapher wie *The prison guard was a hard rock* zu verstehen. Während man metaphorisches Denken auf frühe Erfahrungen mit Ähnlichkeitsbeziehungen zurückführen kann, scheint das Verstehen von Ironie mit der Fähigkeit zusammenzuhängen, die Einstellungen des Sprechers zu erschließen; entsprechend ist das Verständnis von (nicht-konventioneller) Ironie wohl erst im Schulalter vorhanden, und die Unterscheidung zwischen Ironie und simpler Täuschung scheint Kindern lange Zeit Schwierigkeiten zu bereiten.

• Eine bedeutende konversationelle Fähigkeit ist es, eine Geschichte zu erzählen. Vielen Kindern gelingt dies erst kurz vor dem Eintritt in die Schule. Die **narrative Kompetenz** reift sehr langsam heran. Die Kinder müssen über komplexe Strukturen wie z.B. Koordination und Subordination verfügen, damit eine lokale Verknüpfung der Äußerungen (Kohäsion) erreicht wird. Sie müssen über bestimmte Verfahren der Anaphorik verfügen, und sie müssen in der Lage sein, die zeitlichen Verhältnisse im Sinne der chronologischen Abfolge von Ereignissen deutlich zu markieren. Darüber hinaus müssen sie auch bestimmte Gliederungsprinzipien lernen, z.B. daß Geschichten typischerweise einen Anfang, einen Höhepunkt und einen Schluß haben (vgl. Berman, R.A./Slobin, D.I. 1994, Boueke et al. 1995).

Die wichtigste Frage in bezug auf das Grammatik-Pragmatik-Verhältnis ist, ob der Erwerb der Grammatik dem Erwerb der Pragmatik vorangeht und damit pragmatische Spielräume erst eröffnet, oder ob beide Prozesse weitgehend parallel laufen und sich gegenseitig befruchten, oder ob der Erwerb pragmatischer Fähigkeiten (wenigstens in manchen Bereichen) dem Grammatikerwerb vorangeht. Während es so aussieht, als würden elementare pragmatische Fähigkeiten wie das *turn-taking* oder das Bitten schon in der vorsprachlichen Phase (bis ca. 1;0) gelernt, scheint die spätere pragmatische Entwicklung sehr stark von dem Erwerb der grammatischen Kenntnisse, aber auch von dem immer größer werdenden Situations- und Weltwissen abhängig zu sein.

12.3 Pragmatische Erwerbsprinzipien

Eine wichtige Phase des Spracherwerbs ist erreicht, wenn Kinder in den Wortschatzspurt eintreten. Nach manchen Schätzungen lernen Kinder ab zwei Jahren durchschnittlich zehn neue Wörter am Tag und verfügen mit etwa sechs Jahren schon über einen Wortschatz von ungefähr 14.000 Wörtern (Clark 1993: 13). Die Erwerbsaufgabe besteht für die Kinder darin, neue Wörter aus dem Input zu isolieren und sie in ihr mentales Lexikon zu übernehmen. Nach und nach werden die Wörter dort mit einer Angabe über ihre Eigenschaften versehen, wobei phonologische, morphologische, syntaktische, semantische und pragmatische Eigenschaften zu unterscheiden sind. Wie diese enorme Aufgabe bewältigt wird, ist eine spannende Frage der Spracherwerbsforschung (vgl. Rothweiler/Meibauer 1998).

Clark (1993:Kap. 5) hat argumentiert, daß dabei zwei pragmatische Prinzipien, nämlich **das Prinzip der Konventionalität** und **das Prinzip des Kontrasts**, eine wichtige Rolle spielen. Diese Prinzipien sind gleichermaßen für Kinder und Erwachsene gültig, sie haben aber für Kinder andere Auswirkungen, weil ihr Wortschatz ja noch wachsen muß.

Betrachten wir zum Prinzip der Konventionalität das folgende Beispiel. Als mein Sohn 3;5 alt war, fuhren wir zum Spazierengehen öfter in einen nahegelegenen Ort mit einem alten Kloster. Bei dieser Gelegenheit hörte das Kind von uns das Wort *Kloster*; dieses Wort zu verstehen ist natürlich schwierig für ein Kind in diesem Alter. Mein Sohn hat es offenbar mit dem ihm schon bekannten Wort *Klo* (‚Toilette') in Verbindung gebracht, denn er ordnete der Form *Kloster* die Bedeutung ‚Anlage mit Klo' zu. Dieses Verständnis hat er mindestens bis zum Alter von 4 Jahren beibehalten. Als er einmal Schnupfen hatte, fragten wir ihn, ob es im Kindergarten Taschentücher gebe, und er antwortete: „Im Kindi, im Kloster, da haben sie auch Tücher." Damit meinte er, daß die Tücher irgendwo bei den Toiletten aufbewahrt werden.

Natürlich spricht nichts dagegen, daß *Kloster* soviel wie ‚Toilettenanlage' heißen *könnte*. Aber diese Bedeutung ist in der Erwachsenensprache nicht üblich; früher oder später muß das Kind die konventionelle Bedeutung des Wortes *Kloster* erlernen.

Clark (1993:67) verallgemeinert nun diesen Zwang, sich den Sprachnormen anzupassen, zu dem Prinzip der Konventionalität, welches folgendermaßen lautet:

(2) **Prinzip der Konventionalität**

Für jede Bedeutung existiert eine Form, von der die Sprecher der Sprachgemeinschaft erwarten, daß sie gebraucht wird.

Zum Beispiel sollte ich nicht das Wort *Unterrichtender* verwenden, wenn es dasselbe wie das konventionelle Wort *Lehrer* bedeutet, und ich sollte nicht *Polizeimann* sagen, wenn es dasselbe wie *Polizist* bedeutet.

Kinder orientieren sich im Spracherwerb schon früh an diesem Prinzip; wenn sie (unkonventionelle) Neubildungen vornehmen, dienen diese in der Regel dazu, lexikalische

Lücken zu füllen. So verwendete mein Sohn mit 2;0 den Ausdruck *Schienendecke* (in der Äußerung *Schienendecke zumachen!*), um damit die Gardinen zu bezeichnen (welche sich in Schienen bewegten); Hilde Stern bildete mit 2;5 das Wort *Brennlicht* für ‚Stern' (vgl. die Beispiele in Stern/Stern 1987:394ff.).

Betrachten wir nun das Kontrastprinzip. Ungefähr mit 6 Jahren nahm das Interesse meines Sohns an Zahlen und Zahlausdrücken sprunghaft zu. Als wir einmal über Taschengeld redeten und ich erst von *fünfzig* Pfennig, dann von *fuffzig* Pfennig sprach, war er ganz empört, denn seine Hypothese war, daß diese Ausdrücke etwas Verschiedenes bedeuten müßten. Er war sehr überrascht, als er von uns erfuhr, daß diese Ausdrücke das Gleiche bedeuten.

Das Kontrastprinzip wird von Clark (1993:69) folgendermaßen formuliert:

(3) **Prinzip des Kontrasts**
Sprecher nehmen an, daß Unterschiede hinsichtlich der Form auch Unterschiede in der Wortbedeutung signalisieren.

Wenn ein Kind zum Beispiel in seiner Familie immer nur das Wort *Opa* hört, und es begegnet dann zum ersten Mal dem Wort *Großvater*, wird es zunächst annehmen, daß das Wort *Großvater* etwas anderes bedeutet als das Wort *Opa*.

Inwiefern sind nun diese beiden Erwerbsprinzipien „pragmatisch" zu nennen? Das Prinzip der Konventionalität ist deshalb ein pragmatisches Prinzip, weil nur durch Beobachtung der konkreten Sprechsituationen ausgemacht werden kann, welche Form-Bedeutungs-Zuordnung den sozialen Konventionen entspricht. Dabei ist die frühe Beachtung dieses Prinzips durch die Kinder keineswegs selbstverständlich; rein theoretisch könnte das Kind ja auch von der Annahme ausgehen, daß Formen bei verschiedenen Gelegenheiten Verschiedenes bezeichnen könnten (wie es Deiktika ja auch tatsächlich tun).

Das Prinzip des Kontrastes ist eng mit pragmatischen Schlußprozessen verbunden (vgl. Kap. 3). Auch Erwachsene verwenden sehr häufig Neubildungen; diese sollten aber nur dann verwendet werden, wenn sie nicht mit schon existierenden konventionellen Bildungen gleichbedeutend sind. Dieses Wissen ist eine Voraussetzung dafür, daß in einem pragmatischen Schlußprozeß die vom Benutzer der Neubildung intendierte Bedeutung erschlossen werden kann.

Wenn ein Kind eine Neubildung verwendet, kann ein Erwachsener pragmatisch erschließen, was damit gemeint ist. Zu unterscheiden ist der Fall, wo eine Neubildung vorgenommen wird, ohne daß es ein konventionelles Wort in der Erwachsenensprache gibt (z.B. *Bestimmer* ‚jd. der über Kinder bestimmt') (**legitime Neubildung**) und der Fall, wo schon ein solches konventionelles Wort existiert (*Schienendecke* ‚Gardine') (**illegitime Neubildung**). Die Verwendung solcher Schlußprozesse dürfte auch eine Rolle bei der Selbstkorrektur kindlicher Lexikoneinträge eine Rolle spielen. Verwende ich zum Beispiel das Wort *Kloster* immer in solchen Zusammenhängen, wo nicht von Toiletten die Rede ist, sondern eher von Mauern, zwischen denen man gut Verstecken spielen kann, wird mein Sohn drauf kommen, daß seine Annahme über die Bedeutung des Worts *Kloster* nicht den Konventionen entspricht und geändert werden muß.

Ob das Kontrastprinzip, dem eigentlich die Auffassung zugrundeliegt, daß es im strengen Sinne keine Synonymie gibt, berechtigt ist, ist noch umstritten. Für den größten Teil des Wortschatzes und seinen Erwerb dürfte es jedoch gültig sein.

Die beiden genannten Prinzipien helfen, den Erwerb von Wortbedeutungen und die Schnelligkeit des Wortschatzerwerbs (im Zusammenspiel mit weiteren Prinzipien) zu verstehen. Wann und wie sie von den Kindern erfaßt werden, ist weitgehend unbekannt. Vom Studium solcher Prinzipien im Spracherwerb ist jedoch auch eine Bereicherung des Wissens über die erwachsenensprachliche Pragmatik zu erwarten.

12.4 Pragmatische Störungen

Für die Untersuchung der menschlichen Spracherwerbsfähigkeit ist die Untersuchung von Spracherwerbsstörungen von großer Bedeutung. Eine spezifische Störung des Spracherwerbs (SLI = specific language impairment) liegt dann vor, wenn folgendes der Fall ist (vgl. Szagun 1996:265):

- die Sprachentwicklung ist verzögert im Vergleich zum normalen Verlauf,
- die Intelligenz der Kinder liegt im Normalbereich,
- es liegt kein Hörschaden vor, und die Kinder haben keine emotionalen Störungen oder Verhaltensstörungen.

Während es viele Untersuchungen zur Störung des Grammatikerwerbs – insbesondere der Syntax und Flexionsmorphologie – gibt, steht die Untersuchung **pragmatischer Störungen** noch am Anfang (Craig 1995).

Im folgenden betrachten wir ein Beispiel aus Craig (1995: 626). In diesem Beispiel kommuniziert Clark, der 4;0 Jahre alt ist, mit seiner Mutter. Clark hält einen Spielzeugschraubenzieher und -hammer in der Hand und eine Spielzeugregistrierkasse steht auf dem Boden in der Nähe:

(5) Ein Dialog von Clark (4;0) nach Craig (1995)

Mutter	**Kind**
makes noise	[haut wiederholt mit dem Schraubenzieher auf die Registrierkasse]
	no
do you hear the noise?	

Mutter	**Kind**
	[haut weiter]
hear it?	
	airplane [legt den Schraubenzieher auf einige Bausteine und bewegt sie über den Boden]
airplane? what airplane?	
	up sky [zeigt mit dem Schraubenzieher zum Himmel]
up in the sky *do you like the noise* *the airplane makes?*	[legt den Schraubenzieher zurück auf einen der Bausteine]
	huh?
do you like the noise *the airplane makes?* *buzz-z-z-z*	[hält inne und schaut zu seiner Mutter auf]
can you be an airplane? *buzz-z-z-z* [breitet ihre Arme seitlich aus, und schüttelt sie wie Flügel]	
	[läßt den Schraubenzieher fallen und breitet seine Arme wie Flügel aus]

Die Antworten von Clark sind zu kurz für sein Alter; sie bestehen meist nur aus einem oder zwei Wörtern. Immerhin antwortet er aber auf drei von sechs Fragen und reagiert mit *no* und *huh?* auf die Äußerungen der Mutter. Möglicherweise sind seine mangelnden konversationellen Fähigkeiten allein auf seine wenig entwickelte Grammatik zurückzuführen. Dann könnte man nicht von einer genuin pragmatischen Störung sprechen.

Auf der anderen Seite wird das Thema *airplane* vollkommen unvermittelt eingeführt, und die Mutter steht vor der Schwierigkeit, sich auf dieses Thema einzustellen und es in der Konversation weiterzuentwickeln. Sie muß die größere Last bei der Konversationarbeit tragen. Man kann vermuten, daß es Kinder gibt, die zwar durchaus ausreichende Grammatikkenntnisse besitzen, aber nur rudimentäre Fähigkeiten, sie in konkreten Äußerungssituationen den konversationellen Erfordernissen anzupassen (vgl.

Leonard 1998:77–87). Es ist zu hoffen, daß bei genauerem Studium solcher pragmatischer Störungen auch Therapien entwickelt werden, die Kindern bei der Überwindung dieser Störungen helfen können.

12.5 Zusammenfassung

Obgleich die grundlegende Fähigkeit, eine menschliche Sprache zu lernen, wahrscheinlich angeboren ist, geschieht die Aneignung der Muttersprache doch immer in konkreten Handlungssituationen. Die Untersuchung der an Kinder gerichteten Sprache kann Aufschluß über diesen situationsgebundenen Spracherwerb geben. Während viele Aspekte der pragmatischen Kompetenz wie etwa die Beherrschung verschiedener Sprechakttypen, der Deixis oder konversationeller Regularitäten erst ab etwa 12 Monaten greifbar erscheinen, sind sie doch auf verschiedene Arten vorsprachlichen Verhaltens zurückführbar. Hat das Kind die vorsprachliche Phase erst hinter sich gelassen, macht der Erwerb der Grammatik, des Wortschatzes und der Pragmatik so erstaunliche Fortschritte, daß es schwer wird, das komplexe Zusammenspiel dieser Faktoren zu erfassen. Viele Aspekte des Erwerbs der pragmatischen Kompetenz sind daher noch unerforscht, zumal sich dieser Prozeß praktisch über die gesamte Schulzeit erstreckt. In dieser Situation sind Ansätze wie der von Eve Clark, die bestimmte Aspekte des Wortschatzerwerbs auf pragmatische Prinzipien zurückführt, ebenso zu begrüßen wie Bemühungen, im Bereich des gestörten Spracherwerbs Evidenz für pragmatische Störungen zu gewinnen.

Übungen

❶ Das folgende Transkript gibt einen Dialog wieder, der zwischen Nicole (N) und ihrem Vater (P) im Juli 1976 stattgefunden hat. Nicole ist zum Zeitpunkt der Aufnahme 1;8 Jahre alt. Der Dialog ist ein kleiner Ausschnitt aus einer insgesamt vierstündigen Tonbandaufnahme. Die gesamte Konversation ist in Wagner, K.R/Wiese, S. (1996): Teilkorpus NICOLE (1;8). Essen: Die blaue Eule (siehe Wagner 1990ff.), wiedergegeben; der Ausschnitt findet sich S. 61f.

Konventionen: Unverständliches, Kommentare in eckigen Klammern: / = kurze Pause (1/10 bis 9/10 Sekunden); / / = längere Pause (1 bis 5 Sekunden); / / / = lange Pause (über 5 Sekunden).

Kontext: N und P spielen zusammen; als N auf ihren Spielsachen ausrutscht, schlägt P vor, gemeinsam aufzuräumen.

P: siehst'e, ich glaub', wir müssen die Spielsachen gleich wieder einräumen. du fällst schon hin, soviel wie du hier zu liegen hast. wollen wir die Bank wieder aufmachen und alles einräumen?

N: ja.
P: ja? dann komm! alles wieder 'rein. soll Pappa helfen, hm?
N: ja.
P: komm, Papa hilft
N: Koll auch.
[,Nicole auch']
P: Koll auch.
N: Balla hm?
[der Ball soll draußen bleiben]
P: den Balla kannst 'e haben, jaha. aber alles andere räumen wir jetzt wieder ein, ne?
N: mit / ja?
P: ja, Nicole muß auch mithelfen. Nicole muß auch einsammeln.
N: Dosi.
[,Susi', die Spielzeugschildkröte]
P: da ist die Susi, jaha.
N: ja ham de Dusi.
[ja, haben die ,Susi'; die Schildkröte soll auch draußen bleiben]
P: ja, die kannst 'e auch haben. aber du mußt auch alles wieder schön einräumen. den Balla und die Susi legen wir hierher.
N: nein Nkoll ham ...
[,nein, Nicole haben']
P: paß auf, kann die Susi ...
N: ... he ham.
[ar. heeee / ,haben'; unwillig]
P: ja, dann kannst du ja nicht einräumen, wenn du die Susi hast.
N: ja ham. / [ar. haaam / quengelt] eh / die / ap / at / Koll.
[Bedeutung unklar; murmelt vor sich hin]
P: die legen wir hierhin, die Susi, und das andere räumen wir alles ein, ja?
N: Papa ham? / / ja?
[,Papa haben'; meint die Schildkröte]
P: nee, papa will das nicht haben. Papa will jetzt hier erst mal einräumen.
N: eh Kokoll ham. / / [,Nicole will sie haben'] hm / / [ar. hmm/ ,ja'] jaha. / / / e ball ham. / / [,einen Ball haben'] ihi / hi. / / / [ar. hii: lacht] hier du. [,hier zu'; meint die Spielbank]
P: nee, können wir nicht zumachen. ist ja noch nicht alles drin. guck mal, da unten liegt noch so viel, das muß noch alles da hinein.
N: e korke au? [,ein Korb auch?']
P: den Korb auch, jaha. weiter!
N: „heita".
[,weiter'; spricht nach]
P: ja, weiter, noch mehr einpacken. schmeiß alles 'rein! guck, der Frosch da unten, „Hops der Grüne", den packen wir auch ein und den Ring, jaha.

N: „Ding“ / ja?
[‚Ring, ja?‘; spricht nach]
P: ja, die Klötze kannst ’e behalten. komm, stelln wir auch hierher, ja?
N: nee, neme mit / Koll. / / [‚nein, die nimmt Nicole mit‘] neme mit. / / / [‚nimmt mit‘] Nikoll ham / / ja? [‚Nicole macht Hamham, ja?; meint das Essen, das die Mutter zubereitet]
M: du kriegst gleich Happehappe. dauert noch ’n Augenblickchen ne, Schätzelein?

(a) Versuchen Sie anhand der einschlägigen Fachliteratur (siehe Szagun 1996) zunächst herauszufinden, was ein Kind im Alter von Nicole normalerweise für sprachliche Fähigkeiten hat, und vergleichen Sie dies mit dem Befund bei Nicole.

(b) Beschreiben Sie dann unter Verwendung Ihrer pragmatischen Kenntnisse den Dialog möglichst vollständig und systematisch, und zwar in den folgenden Dimensionen:

- Deixis und Referenz (Wie wird auf Personen oder Dinge referiert?)
- Sprechakte (Welche Sprechakte verwenden Nicole und der Vater?)
- Konversationsstruktur (Wie funktioniert der Sprecherwechsel? Gibt es Reparaturen? Welche Gliederungssignale werden verwendet?)
- Wie schreitet der Dialog voran, und welches sind die Faktoren, die seinen Fortgang beeinflussen?
- Orientieren Sie sich in der Fachliteratur (siehe Szagun 1996) über den Begriff der Imitation, stellen Sie in einem kurzen (30 Zeilen) Essay die wichtigsten Aspekte zusammen, und illustrieren Sie diese anhand des obigen Dialogs.

❷ Diskutieren Sie aufgrund Ihrer Kenntnisse der pragmatischen Erwerbsprinzipien, vor welchen Schwierigkeiten ein Kind steht, das die Ausdrücke *fuffzig* versus *fünfzig* hört, und problematisieren Sie die Berechtigung des Kontrastprinzips hinsichtlich der Existenz oder Nicht-Existenz von echten Synonymen.

Literaturhinweise

Als Einführungen in die Spracherwerbsforschung sind SZAGUN (1996) und FOSTER (1990) zu empfehlen. Einen ausführlichen Überblick über den Stand der angloamerikanischen Spracherwerbsforschung gibt INGRAM (1989). Eine aktuelle Diskussion zur an Kinder gerichteten Sprache findet sich in SZAGUN (1996:Kap.7) und in SNOW (1995); vgl. auch den Sammelband von GALLAWAY/RICHARDS (1994). Eine anspruchsvolle Studie zur mütterlichen Prosodie ist FERNALD (1994).

Für den Erwerb des Deutschen siehe STERN/STERN (1928) und MILLS (1985). Pragmatische Fragen werden in MILLER (1976) anhand deutscher Korpora untersucht. Ein großer Datenschatz zur gesprochenen Kindersprache liegt mit WAGNER (1990 ff.) vor.

Eine anspruchsvolle Sammlung zum Thema pragmatische Entwicklung ist OCHS/SCHIEFFELIN (1979); siehe darin besonders die Einleitung von E. Ochs (OCHS 1979). Zum Sprechakterwerb siehe DORE (1979), zur Deixis WALES (1976), zur Konversation DORE (1985) und MENG (1994), zu Metapher und Ironie GIBBS (1995), zur Narration BERMAN/SLOBIN (1994) und BOUEKE ET AL. (1995). Viele andere Aspekte werden in FOSTER (1990) anhand englischer Daten referiert.

Die pragmatischen Erwerbsprinzipien hinsichtlich des Wortschatzerwerbs werden in CLARK (1993) erläutert. Einen Überblick zu pragmatischen Erwerbsstörungen bieten CRAIG (1995) und LEONARD (1998:77–87).

13. Schluß

In jedem Kapitel dieses Einführungsbuches ist es deutlich geworden, daß Funktionen an Formen gekoppelt sind. Zum Beispiel gibt es Deiktika, die dem Hinweisen dienen, Präsuppositionselemente, die das Präsupponieren signalisieren, bestimmte sprachliche Elemente, die Implikaturen auslösen, illokutionäre Indikatoren, die die intendierte Illokution anzeigen; es gibt sprachliche Formen, die der Steuerung der Konversation und der Vermittlung von Information dienen. Während es wahr ist, daß ohne gründliche Kenntnisse dieser formalen, in der Grammatik einer Einzelsprache verankerten Strukturen eine linguistische Pragmatik gar nicht möglich ist, kann die Pragmatik aber nicht bei der – auch minutiösen – Beschreibung dieser Elemente einfach stehenbleiben, sondern sie muß eigene, „funktionale" Begriffe entwickeln, auf die die sprachlichen Formen zu beziehen sind. Solche Begriffe, wie etwa Kontext, Implikatur, Illokution und Information sind in dieser Einführung ausführlich besprochen worden.

Da sie einerseits linguistisches Gemeingut sind, anderseits aber im Rahmen verschiedener wissenschaftlicher Ansätze durchaus unterschiedlich aufgefaßt werden, muß bei einer konkreten Analyse jeweils sorgfältig geprüft werden, welches theoretische Konzept hinter einer Verwendung des betreffenden Begriffs steht. Eine Reihe von Ansätzen wie etwa die Sprechakttheorie, die Implikaturentheorie oder die Relevanztheorie wurden hier vorgestellt. Während es einerseits sehr zu begrüßen ist, daß eine Vielfalt von theoretischen Ansätzen existiert, muß man sich anderseits doch sehr um eine Integration der theoretischen Ansätze bemühen, damit die Früchte der empirischen und theoretischen Arbeit auch wirklich tradiert werden können.

Einige wichtige Kapitel einer linguistischen Pragmatik konnten hier nicht behandelt werden. Ich möchte nur die Gebiete Historische Pragmatik, Kontrastive Pragmatik und Wissenschaftsgeschichte der Pragmatik nennen.

- In der **Historischen Pragmatik** untersucht man die Geschichte der pragmatischen Phänomene relativ zum Wandel der Grammatik und der Gesellschaft. So sind zum Beispiel Sprechakte selbst dem geschichtlichen Wandel unterworfen, z.B. mußten Bitten, Beleidigungen oder Komplimente im 13. Jahrhundert (je nach Region, Stand, Geschlecht und anderen sozialen Variablen) anders ausgeführt werden, als es heute der Fall ist. Dabei spielen einerseits die verwendete Sprache selbst eine Rolle (vgl. etwa Gloning 1997 zur Geschichte sog. modalisierter Sprechakte wie *Darf ich Sie bitten, das Rauchen einzustellen?*), anderseits aber auch die jeweiligen sozialen Bedingungen, unter denen sich die Kommunikation vollzieht. Darüber hinaus kann nachgewiesen werden, daß pragmatische Prozesse wie zum Beispiel konversationelle Implikaturen, die im Sprachgebrauch mehr und mehr konventionell werden, Einfluß auf die Sprache nehmen und sie verändern. Diese Phänomene des Sprachwandels werden unter den Stichwörtern Grammatikalisierung und Lexikalisierung erforscht (vgl. Meibauer 1995, Fritz 1998).

• In der **Kontrastiven** (oder interkulturellen) **Pragmatik** untersucht man die Gemeinsamkeiten und Unterschiede pragmatischer Phänomene relativ zu unterschiedlichen Sprachgemeinschaften. Zum Beispiel sind die Bedingungen, unter denen man sich entschuldigt, von Kultur zu Kultur unterschiedlich. Stößt eine englisch sprechende Frau im Supermarkt mit einem Israeli zusammen, ist es für diesen „zu wenig", wenn sie (auf hebräisch) nur sagt: *Entschuldigung*. Wenn der gleiche Israeli bei einer Versammlung von englisch Sprechenden zu spät kommt und nur sagt (auf Englisch) *Der Bus hatte sich verspätet*, ist das für die Versammlungsmitglieder „zu wenig". Dieses Beispiel (aus Gass/Neu 1996: 1f.) zeigt, daß die spezifische Realisierung von Sprechakten kulturspezifisch sein kann. Es ist zu hoffen, daß die Erforschung solcher Zusammenhänge langfristig konkreten Nutzen für die Verbesserung der Beziehungen zwischen Menschen aus verschiedenen Kulturen bringt.

• In den meisten Einführungen zur linguistischen Pragmatik bekommt man den Eindruck, als gäbe es das Fach erst seit den 50er Jahren. Zweifellos gehören Austin und Grice zu den Gründervätern der Pragmatik und haben ihrer weitgehenden Anerkennung zum Durchbruch verholfen, wobei sicherlich auch eine Rolle gespielt hat, daß das Bedürfnis für eine funktionale (d.h. nicht-strukturalistische und nicht-generativistische) Sprachbetrachtung seit Ende der 60er Jahre da war. Aber, wie Nerlich/Clarke (1996) zeigen, hat Pragmatik, verstanden als Reflexion über den Sprachgebrauch in der Gesellschaft, eine Frühgeschichte, die den Zeitraum 1780-1930 umspannt; sie beginnt mit John Lockes semiotischer Philosophie und endet mit Charles Morris behaviouristischer Pragmatik. Nach Nerlich/Clarke lassen sich drei Entwicklungsstränge unterscheiden, nämlich die (europäische) Protopragmatik (1785-1835) mit einer Übergangsperiode bis 1880, der (amerikanische) Pragmatismus (1860-1930), sowie die (europäische) Pragmatik *avant la lettre* (1880-1935) mit einer Übergangsperiode bis 1970. Die Erforschung der **Wissenschaftgeschichte der Pragmatik** ist auch wichtig, um bei aktuellen theoretischen Kontroversen und der gegenwärtigen raschen Entwicklung ein kritisches Urteilsvermögen zu bewahren.

Während diese Einführung den Schwerpunkt auf solche Aspekte der Pragmatik gelegt hat, die wichtig für eine integrative Theorie der Sprache und Kommunikation sind und dem Ziel der genauen Beschreibung einer Einzelsprache und deren Verwendung dienen, ist doch zu hoffen, daß die Lösung der damit verbundenen Probleme auch einen praktischen Nutzen hat. Daß diese Hoffnung nicht vollkommen illusorisch ist, wird etwa bei der Untersuchung pragmatischer Störungen oder im Bereich der Kontrastiven Pragmatik besonders deutlich.

Weitere Einführungen

BLAKEMORE, D. (1992): Understanding Utterances. An Introduction to Pragmatics. Oxford: Blackwell. [Ausgewählte Gegenstände der Pragmatik werden vom Standpunkt der Relevanztheorie von Sperber/Wilson (1986) betrachtet. Enthält Übungen. 191 S.]

GREEN, G.M. ([1989]1996²): Pragmatics and Natural Language Understanding. Hillsdale/Hove: Erlbaum. [Die Einführung rückt das Verhältnis von Semantik/Pragmatik und Syntax/Pragmatik in den Mittelpunkt. Keine Übungen. 186 S.]

GRUNDY, P. (1995): Doing Pragmatics. London: Arnold. [Die Einführung sympathisiert mit der Relevanztheorie von Sperber/Wilson (1986); sie regt zu eigenen pragmatischen Analysen an. Übungen sind fortlaufend in den Text integriert; enthält ein Glossar. 216 S.]

LEECH, G.N. (1983): Principles of Pragmatics. London/New York: Longman. [In diesem Buch wird die pragmatische Theorie des Autors dargestellt, mit einem Schwerpunkt auf Prinzipien der Höflichkeit. Keine Übungen. 250 S.]

LEVINSON, S.C. (1983): Pragmatics. Cambridge: Cambridge University Press. [dt. Übersetzung: ([1990]1994²): Pragmatik. Übersetzt von Ursula Fries. Tübingen: Niemeyer] [Der Klassiker unter den Einführungen konzentriert sich auf Deixis, Implikatur, Präsupposition, Sprechakte und Konversationsstruktur. Keine Übungen. 420 S.]

MEY, J.L. (1993): Pragmatics. An Introduction. Oxford: Blackwell. [Das Buch hebt die sozialen und kulturellen Aspekte der Pragmatik hervor. Enthält Übungen. 357 S.]

PECCEI, J.S. (1999): Pragmatics. London: Routledge. [Kurze, sehr elementare Einführung: Sehr viele, in den Text integrierte Übungen. 96 S.]

THOMAS, J. (1995): Meaning in Interaction. An Introduction to Pragmatics. London/New York: Longman. [Eine Einführung, die sehr viel Wert auf die Diskussion authentischer Beispiele legt. Thomas' Ansatz betont die „dynamische" Seite der Pragmatik, d.h. die Herstellung von Bedeutung im Kontext. Keine Übungen. 224 S.]

VERSCHUEREN, J. (1998): Understanding Pragmatics. London: Arnold. [Einführung mit einem breiten, soziale, kulturelle und kognitive Aspekte einbeziehenden Pragmatikbegriff. Enthält Übungen. 295 S.]

YULE, G. (1996): Pragmatics. Oxford: Oxford University Press. [Kurze Einführung in die wesentlichen Aspekte der Pragmatik. Enthält Ausschnitte wichtiger Texte, kommentierte Literaturhinweise und ein Glossar. Keine Übungen. 138 S.]

14. Literatur

A

Altmann, H. (1976): Die Gradpartikeln im Deutschen. Untersuchungen zu ihrer Syntax, Semantik und Pragmatik. Tübingen: Niemeyer.

Altmann, H. (1981): Formen der ‚Herausstellung' im Deutschen. Rechtsversetzung, Linksversetzung, Freies Thema und verwandte Konstruktionen. Tübingen: Niemeyer.

Altmann, H. (1987): Zur Problematik der Konstitution von Satzmodi als Formtypen. In: Meibauer, J. (Hg.) (1987): Satzmodus zwischen Grammatik und Pragmatik. Tübingen: Niemeyer, 22–56.

Altmann, H. (1993a): Satzmodus. In: Jacobs, J./Stechow, A. von/Sternefeld, W./Vennemann, T. (Hgg.) (1993): Syntax. Ein internationales Handbuch zeitgenössischer Forschung (=HSK 9.1). Berlin/New York: de Gruyter, 1006–1029.

Altmann, H. (1993b): Fokus-Hintergrund-Gliederung und Satzmodus. In: Reis, M. (Hg.) (1993): Wortstellung und Informationsstruktur. Tübingen: Niemeyer, 1–37.

Altmann, H./Batliner, A./Oppenrieder, W. (Hgg.) (1989): Zur Intonation von Modus und Fokus im Deutschen. Tübingen: Niemeyer.

Auer, P. (1991): Vom Ende deutscher Sätze. In: Zeitschrift für Germanistische Linguistik 19, 139–157.

Auer, P. (1997): Formen und Funktionen der Vor-Vorfeldbesetzung im gesprochenen Deutsch. In: Schlobinski, P. (Hg.) (1997): Syntax des gesprochenen Deutsch. Opladen: Westdeutscher Verlag, 55–91.

Austin, J.L. (1962): How to Do Things With Words. Oxford: Oxford University Press. (dt. Übersetzung: (1972): Zur Theorie der Sprechakte. Stuttgart: Reclam).

Autenrieth, T. (1997): Tautologien sind Tautologien. In: Rolf, E. (Hg.) (1997): Pragmatik. Implikaturen und Sprechakte (=Linguistische Berichte, Sonderheft 8/1997). Opladen: Westdeutscher Verlag, 12–32.

B

Bach, K. (1975): Performatives are statements too. In: Philosophical Studies 28, 229–236.

Bach, K. (1994): Semantic slack: what is said and more. In: Tsohatzidis, S.L. (Hg.) (1994): Foundations of speech act theory. London/New York: Routledge, 267–291.

Bach, K./Harnish, R.M. (1979): Linguistic Communication and Speech Acts. Cambridge, Mass./London: MIT Press.

Bach, K./Harnish, R.M. (1992): How performatives really work: A reply to Searle. In: Linguistics and Philosophy 15, 93–110.

Bar-Hillel, Y. (1954): Indexical Expressions. In: Mind 63, 359–379.

Bayer, J. (1991): German particles in a modular grammar: Neurolinguistic evidence. In: Abraham, W. (Hg.) (1991): Discourse Particles. Descriptive and theoretical investigations on the logical, syntactic and pragmatic properties of discourse particles in German. Amsterdam/Philadelphia: Benjamins, 253–302.

Bergmann, J.R. (1982): Schweigephasen im Gespräch – Aspekte ihrer interaktiven Organisation. In: Soeffner, H.-G. (Hg.) (1982): Beiträge zu einer empirischen Sprachsoziologie. Tübingen: Narr, 143–184.

Bergmann, J. R. (1994): Ethnomethodologische Konversationsanalyse. In: Fritz, G./ Hundsnurscher, F. (Hgg.) (1994): Handbuch der Dialoganalyse. Tübingen: Niemeyer, 3–16.

Berman, R.A./Slobin, D.I. (1994): Relating Events in Narrative. A Crosslinguistic Developmental Study. Hillsdale/Hove: Erlbaum.

Bertolet, R. (1994): Are there indirect speech acts? In: Tsohatzidis, S. L. (Hg.) (1994): Foundations of Speech Act Theory. London/New York: Routledge, 335–349.

Besch, W. (1996): Duzen, Siezen, Titulieren. Zur Anrede im Deutschen heute und gestern. Göttingen: Vandenhoeck & Ruprecht.

Bierwisch, M. (1979): Wörtliche Bedeutung – eine pragmatische Gretchenfrage. In: Grewendorf, G. (Hg.) (1979): Sprechakttheorie und Semantik. Frankfurt/M.: Suhrkamp, 119–148.

Bierwisch, M. (1980): Semantic Structure and Illocutionary Force. In: Searle, J.R./ Kiefer, F./Bierwisch, M. (Hgg.) (1980): Speech Act Theory and Pragmatics. Dordrecht: Reidel, 1–35.

Bierwisch, M. (1987): Linguistik als kognitive Wissenschaft – Erläuterungen zu einem Forschungsprogramm. In: Zeitschrift für Germanistik 8, 645–667.

Blakemore, D. (1992): Understanding Utterances. An Introduction to Pragmatics. Oxford: Blackwell.

Blühdorn, H. (1993): Deixis und Deiktika in der deutschen Gegenwartssprache. In: Deutsche Sprache 21, 44–62.

Boueke, D./Schülein, F./Büscher, H./Terhorst, E./Wolf, D. (1995): Wie Kinder erzählen. Untersuchungen zur Erzähltheorie und zur Entwicklung narrativer Fähigkeiten. München: Fink.

Brandt, M. et al. (1990): Die performativen Äußerungen – eine empirische Studie. In: Zeitschrift für Phonetik, Sprachwissenschaft und Kommunikationsforschung 43, 355–369.

Brandt, M./Reis, M./Rosengren, I./Zimmermann, I. (1992): Satztyp, Satzmodus und Illokution. In: Rosengren, I. (Hg.) (1992c): Satz und Illokution. Bd. I. Tübingen: Niemeyer, 1–90.

Brown, G./Yule, G. (1983): Discourse Analysis. Cambridge: Cambridge University Press.

Brown, P./Levinson, S.C. (1987): Politeness: Some universals in language usage. Cambridge: Cambridge University Press.

Bühler, K. (1934): Sprachtheorie. Die Darstellungsfunktion der Sprache. Jena: G. Fischer.

Burkhardt, A. (Hg.) (1990): Speech acts, meaning and intentions. Critical approaches to the philosophy of J.R. Searle. Berlin/New York: de Gruyter.
Bußmann, H. (1990²). Lexikon der Sprachwissenschaft. Stuttgart: Kröner.

C

Carston, R. (1988): Language and Cognition. In: Newmeyer, F. (Hg.) (1988): Linguistics: The Cambridge Survey. Vol. III. Language: Psychological and Biological Aspects. Cambridge: Cambridge University Press, 38–68.
Carston, R. (1995): Quantity maxims and generalised implicature. In: Lingua 96, 213–244.
Carston, R. (1996): Metalinguistic negation and echoic use. In: Journal of Pragmatics 25, 309–330.
Chapman, S. (1996): Some observations on metalinguistic negation. In: Journal of Linguistics 32, 387–402.
Chierchia, G./McConnell-Ginet, S. (1990): Meaning and Grammar. An Introduction to Semantics. Cambridge, Mass.: MIT Press.
Chomsky, N. ([1965]1973): Aspects of the Theory of Syntax. Cambridge, Mass.: MIT Press. (dt. Übersetzung (1973): Aspekte der Syntax-Theorie. Frankfurt/M.: Suhrkamp.)
Chomsky, N. (1977): Essays on Form and Interpretation. New York/Amsterdam: North-Holland.
Chomsky, N. (1986): Knowledge of Language: Its Nature, Origin, and Use. New York: Praeger.
Clark, E.V. (1993): The lexicon in acquisition. Cambridge: Cambridge University Press.
Clark, H.H./Bly, B. (1995): Pragmatics and Discourse. In: Miller, J./Eimas, P.D. (Hgg.) (1995): Speech, Language, and Communication. San Diego: Academic Press, 371–410.
Clark, H.H./Wilkes-Gibbs, D. (1992): Referring as a Collaborative Process. In: Clark, H.H. (1992): Arenas of Language Use. Chicago: Chicago University Press & Center for the Study of Language and Information, 107–143.
Cohen, P.R./Morgan, J./Pollack, M.E. (Hgg.) (1990): Intentions in Communication. Cambridge, Mass.: MIT Press.
Craig, H.K. (1995): Pragmatic Impairments. In: Fletcher, P./MacWhinney, B. (Hgg.) (1995): The Handbook of Child Language. Oxford: Blackwell, 623–640.
Croft, W. (1995): Autonomy and Functionalist Linguistics. In: Language 71, 490–532.

D

Dascal, M. (1994): Speech Act Theory and Gricean pragmatics: some differences of detail that make a difference. In: Tsohatzidis, S.L. (Hg.) (1994): Foundations of Speech Act Theory. London/New York: Routledge, 323–334.
Davis, S. (1991): Pragmatics. A Reader. Oxford: Oxford University Press.

Davis, W.A. (1998): Implicature. Intention, convention, and principle in the failure of Gricean theory. Cambridge: Cambridge University Press.
Dietrich, R. (1992): Modalität im Deutschen. Zur Theorie der relativen Modalität. Opladen: Westdeutscher Verlag.
Dik, S. et al. (1981): On the typology of focus phenomena. In: Hoekstra, T./Hulst, H. van der/Moortgat, M. (Hgg.) (1981): Perspectives on Functional Grammar. Dordrecht/ Cinnaminson: Foris, 41–74.
Donnellan, K. (1966): Reference and definite descriptions. In: Philosophical Review 75, 291–204.
Dore, J. (1979): Conversational acts and the acquisition of language. In: Ochs, E./Schieffelin, B. (Hgg.) (1979): Developmental Pragmatics. New York: Academic Press, 339–361.
Dore, J. (1985): Children's Conversations. In: Dijk, T.A. van (Hg.) (1985): Handbook of Discourse Analysis. Vol. 3. Discourse and Dialogue. New York: Academic Press, 47–65.
Dretske, F. (1972): Contrastive statements. In: Philosophical Review 81, 411–437.
[Duden-Grammatik] Drosdowski, G. (Hg.) (1995^{5}) Duden. Grammatik der deutschen Gegenwartssprache. Mannheim/Leipzig: Dudenverlag.
[DUW=] Duden. Deutsches Universalwörterbuch. (1989^{2}). Mannheim: Dudenverlag.

E

Ehlich, K./Redder, A. (1994): Einleitung. In: Redder, A./Ehlich, K. (Hgg.) (1994): Gesprochene Sprache. Transkripte und Tondokumente. Tübingen: Niemeyer, 1–17.
Ehrich, V. (1992a): Hier und Jetzt. Studien zur lokalen und temporalen Deixis im Deutschen. Tübingen: Niemeyer.
Ehrich, V. (1992b): Wann ist *jetzt*? Anmerkungen zum Adverbialen Zeitlexikon des Deutschen. In: Kognitionswissenschaft 2, 119–135.
Eisenberg, P. (1994^{3}): Grundriß der deutschen Grammatik. Stuttgart: Metzler.

F

Falkenberg, G. (1992): Drohen. In: Falkenberg, G./Fries, N./Puzynina, J. (Hgg.) (1992): Sprachliche Bewertung, polnisch und deutsch. Warschau: Wydawnictwa Uniwersytetu Warszawskiego, 177–191.
Fernald, A. (1994): Human maternal vocalizations to infants as biologically relevant signals: An evolutionary perspective. In: Bloom, P. (Hg.) (1994): Language Acquisition. Core readings. Cambridge, Mass.: MIT Press, 51–94.
Fillmore, C.J. (1972): Ansätze zu einer Theorie der Deixis. In: Kiefer, F. (Hg.) (1972): Semantik und Generative Grammatik I. Frankfurt/M.: Athenäum, 147–174.
Fillmore, C.J. (1997): Lectures on Deixis. Stanford: CSLI Publications.
Fodor, J. (1983): The modularity of mind. Cambridge, Mass.: MIT Press.

Foster, S.H. (1990): The communicative competence of young children: A modular approach. London: Longman.
Fries, N. (1992): Interjektionen, Interjektionsphrasen und Satzmodus. In: Rosengren, I. (Hg.) (1992c): Satz und Illokution. Bd. 1. Tübingen: Niemeyer, 307–341.
Fritz, G. (1998): Historische Semantik. Stuttgart: Metzler.
Fritz, G./Hundsnurscher, F. (Hgg.) (1994): Handbuch der Dialoganalyse. Tübingen: Niemeyer.

G

Gallaway, C./Richards, B. (1994): Input and Interaction in Language Acquisition. Cambridge: Cambridge University Press.
Garfield, J.L. (1987): Introduction: Carving the Mind at Its Joints. In: Garfield, J.L. (Hg.) (1987): Modularity in Knowledge Representation and Natural Language Understanding. Cambridge, Mass.: MIT Press, 1–13.
Gass, S.M./Neu, J. (Hgg.) (1996): Speech Acts Across Cultures. Challenges to Communication in a Second Language. Berlin/New York: de Gruyter.
Gazdar, G. (1979): Pragmatics: Implicature, Presupposition, and Logical Form. New York: Academic Press.
Geis, M.L. (1995): Speech Acts and conversational interaction. Toward a theory of conversational competence. Cambridge: Cambridge University Press.
Geurts, B. (1998): Scalars. In: Ludewig, P./Geurts, B. (Hg.) (1998): Lexikalische Semantik aus kognitiver Sicht. Tübingen: Narr, 95–117.
Gibbs, R.W., Jr. (1994): The poetics of mind. Figurative thought, language, and understanding. Cambridge: Cambridge University Press.
Gloning, T. (1997): Modalisierte Sprechakte mit Modalverben. Semantische, pragmatische und sprachgeschichtliche Untersuchungen. In: Fritz, G./Gloning, T. (Hgg.) (1997): Untersuchungen zur semantischen Entwicklungsgeschichte der Modalverben des Deutschen. Tübingen: Niemeyer, 307–437.
Goatly, A. (1997): The language of metaphors. London: Routledge.
Goodwin, C./Duranti, A. (1992): Rethinking context: An introduction. In: Duranti, A./ Goodwin, C. (Hgg.) (1992): Rethinking context. Language as an interactive phenomenon. Cambridge: Cambridge University Press, 1–42.
Green, G. M. ([1989] 1996[2]): Pragmatics and Natural Language Understanding. Hillsdale/Hove: Erlbaum.
Grewendorf, G. (Hg.) (1979): Sprechakttheorie und Semantik. Frankfurt/M.: Suhrkamp
Grewendorf, G. (1982): Zur Pragmatik der Tempora im Deutschen. In: Deutsche Sprache 10, 213–236.
Grewendorf, G. (1988): Aspekte der deutschen Syntax. Frankfurt/M.: Suhrkamp.
Grewendorf, G./Hamm, F./Sternefeld, W. (1987): Sprachliches Wissen. Eine Einführung in moderne Theorie der grammatischen Beschreibung. Frankfurt/M.: Suhrkamp.
Grice, P. (1989): Logic and Conversation. In: Grice, P. (1989): Studies in the Way of Words. Cambridge, Mass.: Harvard University Press, 22–40.
Grundy, P. (1995): Doing Pragmatics. London: Arnold.

H

Haase, M. (1995): Respekt: Die Grammatikalisierung von Höflichkeit. Unterschleißheim: Lincom Europa.
Harnish, R.M. (1982): Katz as Katz can. In: The Journal of Philosophy 97, 168–171.
Harnish, R.M. (1990): Speech acts and intentionality. In: Burkhardt, A. (Hg.) (1990): Speech acts, meaning and intentions. Critical approaches to the philosophy of J.R. Searle. Berlin/New York: de Gruyter, 169–193.
Harnish, R.M. (1994): Mood, meaning and speech acts. In: Tsohatzidis, S.L. (Hg.) (1994): Foundations of Speech Act Theory. London/New York: Routledge, 407–459.
Harnish, R.M. (1997): Performatives and Standardization: A Progress Report. In: Rolf, E. (Hg.) (1997): Pragmatik. Implikaturen und Sprechakte (=Linguistische Berichte, Sonderheft 8/1997). Opladen: Westdeutscher Verlag, 161–175.
Harnish, R.M./Farmer, A.K. (1984): Pragmatics and the modularity of the linguistic system. In: Lingua 63, 255–277.
Harras, G. (1983): Handlungssprache und Sprechhandlung. Berlin/New York: de Gruyter
Helbig, G. (1988): Lexikon deutscher Partikeln. Leipzig: Verlag Enzyklopädie.
Henne, H./Rehbock, H. (1982^2): Einführung in die Gesprächsanalyse. Berlin/New York: de Gruyter.
Hirschberg, J. (1985): A theory of scalar implicature. Ann Arbor: University Microfilms International.
Höhle, T.N. (1988): VERUM-Fokus. In: Sprache und Pragmatik 5, 1–7.
Höhle, T.N. (1992): Über Verum-Fokus im Deutschen. In: Jacobs, J. (Hg.) (1992): Informationsstruktur und Grammatik (= Linguistische Berichte, Sonderheft 4/1991–92). Opladen: Westdeutscher Verlag, 112–141.
Horn, L.R. (1984): Toward a new taxonomy for pragmatic inference: Q-based and R-based implicature. In: Schiffrin, D. (Hg.) (1984): Georgetown University Round Table on Language and Linguistics 1984. Meaning, Form, and Use in Context: Linguistic Applications. Washington, D.C.: Georgetown University Press, 11–42.
Horn, L.R. (1989): A Natural History of Negation. Chicago: University of Chicago Press.
Horn, L.R. (1996): Presupposition and Implicature. In: Lappin, S. (Hg.) (1996): The Handbook of Contemporary Semantic Theory. Oxford: Blackwell, 299–319.

I

Ilie, C. (1994): What Else Can I Tell You? A Pragmatic Study of English Rhetorical Questions as Discursive and Argumentative Acts. Stockholm: Almqvist & Wiksell.
Ingram, D. (1989): First Language Acquisition. Method, Description and Explanation. Cambridge: Cambridge University Press.
Irvine, J.T. (1995): Honorifics. In: Verschueren, J./Östman, J.- O./Blommaert, J. (Hgg.) (1995): Handbook of Pragmatics 1995. Amsterdam/Philadelphia: Benjamins.

J

Jacobs, J. (1988): Fokus-Hintergrund-Gliederung und Grammatik. In: Altmann, H. (Hg.) (1988): Intonationsforschungen. Tübingen: Niemeyer, 89–134.

Jacobs, J. (1991): Implikaturen und ‚alte Information' in w-Fragen. In: Reis, M./ Rosengren, I. (Hgg.) (1991): Fragen und Fragesätze. Tübingen: Niemeyer, 201–221.

K

Kasher, A. (1991a): On the pragmatic modules: A lecture. In: Journal of Pragmatics 16, 381–397.

Kasher, A. (1991b): Pragmatics and Chomsky's Research Program. In: Kasher, A. (Hg.) (1991): The Chomskyan Turn. Oxford: Blackwell, 122–149.

Kasher, A. (Hg.) (1997): Pragmatics. Critical Concepts. 6 vls. London: Routledge.

Katz, J.J. (1977): Propositional Structure and Illocutionary Force: A Study of the Contribution of Sentence Meaning to Speech Acts. Hassocks: The Harvester Press.

Kemmerling, A. (1991): Implikatur. In: Stechow, A. von/Wunderlich, D. (Hgg.) (1991): Semantik. Ein internationales Handbuch der zeitgenössischen Forschung. Berlin/ New York: de Gruyter, 319–333.

Kempson, R. (1988): Grammar and conversational principles. In: Newmeyer, F.J. (Hg.) (1988): Linguistics: The Cambridge Survey. Vol: II. Linguistic Theory: Extensions and Implications. Cambridge: Cambridge University Press, 130–163.

Kiefer, F. (1987): On defining modality. In: Folia Linguistica XXI, 67–94.

Kiparsky, P./Kiparsky, C. (1971): Fact. In: Steinberg, D./Jakobovits, L. (Hgg.) (1971): Semantics: an interdisciplinary reader in philosophy, linguistics and psychology. Cambridge: Cambridge University Press, 345–369.

Klein, W. (1978): Wo ist *hier*? Präliminarien zu einer Untersuchung der lokalen Deixis. In: Linguistische Berichte 58, 18–40.

Klein, W./von Stutterheim, C. (1987): Quaestio und referentielle Bewegung in Erzählungen. In: Linguistische Berichte 109, 163–183.

König, E. (1991a): The Meaning of Focus Particles. A Comparative Perspective. London/New York: Routledge.

König, E. (1991b): Gradpartikeln. In: Stechow, A. von/Wunderlich, D. (Hgg.) (1991): Semantik. Ein internationales Handbuch der zeitgenössischen Forschung (= HSK 6). Berlin/New York: de Gruyter, 786–803.

L

Lambrecht, K. (1994): Information structure and sentence form. Topic, focus and the mental representation of discourse referents. Cambridge: Cambridge University Press.

Lang, E. (1983): Einstellungsausdrücke und ausgedrückte Einstellungen. In: Růžička, R./Motsch, W. (Hgg.) (1983): Untersuchungen zur Semantik. Berlin: Akademie, 305–341.

Lapp, E. (1992): Linguistik der Ironie. Tübingen: Narr.

Leech, G.N. (1983): Principles of Pragmatics. London/New York: Longman.

Lenerz, J. (1986): Tempus und Pragmatik – oder: Was man mit Grice so alles machen kann. In: Linguistische Berichte 102, 136–154.

Leonard, L.B. (1998): Children with Specific Language Impairment. Cambridge, Mass.: MIT Press.

Lepore, E./Van Gulick, R. (1991): John Searle and his critics. Oxford: Blackwell.

Levelt, W.J.M. (1989): Speaking. From Intention to Articulation. Cambridge, Mass.: MIT Press.

Levinson, S.C. (1983): Pragmatics. Cambridge: Cambridge University Press. [dt. Übersetzung: ([1990]1994²): Pragmatik. Tübingen: Niemeyer].

Levinson, S. (1987): Minimization and Conversational Inference. In: Verschueren, J./ Bertucelli-Papi, M. (Hgg.) (1987): The pragmatic perspective. Amsterdam: Benjamins, 61–129.

Levinson, S.C. (1989): Review of Sperber/Wilson (1986). In: Journal of Linguistics 25, 455–472.

Liedtke, F. (1997): Gesagt – getan: Über illokutionäre Indikatoren. In: Rolf, E. (Hg.) (1997): Pragmatik. Implikaturen und Sprechakte (=Linguistische Berichte, Sonderheft 8/1997). Opladen: Westdeutscher Verlag, 180–213.

Linke, A./Nussbaumer, M./Portmann, P.R. (1994²): Studienbuch Linguistik. Tübingen: Niemeyer.

Lyons, J. (1995): Linguistic Semantics. An introduction. Cambridge: Cambridge University Press.

M

Meibauer, J. (1986): Rhetorische Fragen. Tübingen: Niemeyer.

Meibauer, J. (1987a): Zur Form und Funktion von Echofragen. In: Rosengren, I. (Hg.) (1987): Sprache und Pragmatik. Lunder Symposium 1986. Malmö: Almqvist & Wiksell, 335–356.

Meibauer, J. (Hg.) (1987b): Satzmodus zwischen Grammatik und Pragmatik. Tübingen: Niemeyer.

Meibauer, J. (1991): Existenzimplikaturen bei rhetorischen w-Fragen. In: Reis, M./ Rosengren, I. (Hgg.) (1991): Fragesätze und Fragen. Tübingen: Niemeyer, 223–242

Meibauer, J. (1994): Modaler Kontrast und konzeptuelle Verschiebung. Studien zur Syntax und Semantik deutscher Modalpartikeln. Tübingen: Niemeyer.

Meibauer, J. (1995): Komplexe Präpositionen – Grammatikalisierung, Metapher, Implikaturen und *division of pragmatic labour*. In: Liedtke, F. (Hg.) (1995): Implikaturen – grammatische und pragmatische Analysen. Tübingen: Niemeyer, 47–74.

Meibauer, J. (1997): Modulare Pragmatik und die Maximen der Modalität. In: Rolf, E. (Hg.) (1997): Pragmatik. Implikaturen und Sprechakte (= Linguistische Berichte, Sonderheft 8/1997). Opladen: Westdeutscher Verlag, 226–256.

Meng, K. (1994): Die Entwicklung der Dialogfähigkeit bei Kindern. In: Fritz, G./ Hundsnurscher, F. (Hgg.) (1994): Handbuch der Dialoganalyse. Tübingen: Niemeyer, 377–392.

Mey, J.L. (1993): Pragmatics. An Introduction. Oxford: Blackwell.

Mey, J.L. (Hg.) (1998): Concise Encyclopedia of Pragmatics. Oxford/New York: Pergamon Press.

Meyer, R. (1994): Probleme von Zwei-Ebenen-Semantiken. In: Kognitionswissenschaft 4, 32–46.

Miller, M. (1976[1979]): Zur Logik der frühkindlichen Sprachentwicklung. Empirische Untersuchungen und Theoriediskussion. Stuttgart: Klett. [Engl. Übersetzung: (1979): The Logic of Language Development in Early Childhood. Berlin: Springer.]

Mills, A. (1985): The acquisition of German. In: Slobin, D.I. (Hg.) (1985): The cross-linguistic study of language acquisition. The data. Hillsdale: Erlbaum, 141–254.

Moeschler, J./Reboul, A. (1994): Dictionnaire Encyclopédique de Pragmatique. Paris: Editions de Seuil.

Molnár, V. (1993): Zur Pragmatik und Grammatik des TOPIK- Begriffes. In: Reis, M. (Hg.) (1993): Wortstellung und Informationsstruktur. Tübingen: Niemeyer, 155–202.

Motsch, W./Reis, M./Rosengren, I. (1990): Zum Verhältnis von Satz und Text. In: Deutsche Sprache 18, 97–125.

N

Näf, A. (1984): Satzarten und Äußerungsarten im Deutschen. Vorschläge zur Begriffsfassung und Terminologie. In: Zeitschrift für Germanistische Linguistik 12, 21–44.

Nerlich, B./Clarke, D.D. (1996): Language, Action, and Context. The Early History of Pragmatics in Europe and America, 1780–1930. Amsterdam: Benjamins.

Newmeyer, F.J. (1998): Language Form and Language Function. Cambridge, Mass.: MIT.

O

Ochs, E. (1979): Introduction: What Child Language Can Contribute to Pragmatics. In: Ochs, E./Schieffelin, B.B. (Hgg.) (1979): Developmental Pragmatics. New York: Academic Press, 1–17.

Ochs, E./Schegloff, E.A./Thompson, S.A. (1996): Interaction and Grammar. Cambridge: Cambridge University Press.

Ochs, E./Schieffelin, B.B. (Hgg.) (1979): Developmental Pragmatics. New York: Academic Press.

Önnerfors, O. (1997): Verb-erst-Deklarativsätze. Grammatik und Pragmatik. Stockholm: Almqvist & Wiksell.

Oppenrieder, W. (1991): Zur intonatorischen Form deutscher Fragesätze. In: Reis, M./ Rosengren, I. (Hgg.) (1991): Fragesätze und Fragen. Tübingen: Niemeyer, 243–261

P

Peccei, J.S. (1999): Pragmatics. London: Routledge

Posner, R. (1979): Bedeutung und Gebrauch der Satzverknüpfer in den natürlichen Sprachen. In: Grewendorf, G. (Hg.) (1979): Sprechakttheorie und Semantik. Frankfurt/M.: Suhrkamp, 345– 385

Primus, B. (1997): Maximen in Interaktion: Faktoren der Informativitätsverstärkung. In: Rolf, E. (Hg.) (1997): Pragmatik. Implikaturen und Sprechakte (=Linguistische Berichte, Sonderheft 8/1997). Opladen: Westdeutscher Verlag, 257–282

Prince, E.F. (1981): Toward a taxonomy of given-new information. In: Cole, P. (Hg.) (1981): Radical Pragmatics. New York: Academic Press, 223–255

R

Récanati, F. (1987): Meaning and force. The pragmatics of performative utterances. Cambridge: Cambridge University Press

Récanati, F. (1995): The alleged priority of literal interpretation. In: Cognitive Science 19, 207–232

Redder, A./Ehlich, K. (Hgg.) (1994): Gesprochene Sprache. Transkripte und Tondokumente. Tübingen: Niemeyer

Rehbock, H. (1991): Fragen stellen – Zur Interpretation des Interrogativsatzmodus. In: Reis, M./Rosengren, I. (Hgg.) (1991): Fragen und Fragesätze. Tübingen: Niemeyer, 13–47

Reimer, M. (1995): Performative Utterances. A Reply to Bach and Harnish. In: Linguistics and Philosophy 18, 655–675

Reis, M. (1977): Präsuppositionen und Syntax. Tübingen: Niemeyer

Reis, M. (1991): Echo-w-Sätze und Echo-w-Fragen. In: Reis, M./Rosengren, I. (Hgg.) (1991): Fragen und Fragesätze. Tübingen: Niemeyer, 49–76

Reis, M. (1999): On Sentence Types in German. An Enquiry into the Relationship between Grammar and Pragmatics. In: Interdisciplinary Journal for Germanic Linguistics and Semiotic Analysis 4.2, 195-236

Reis, M./Rosengren, I. (Hgg.) (1991): Fragesätze und Fragen. Tübingen: Niemeyer

Renkema, D. (1993): Discourse Studies. An Introductory Textbook. Amsterdam: Benjamins

Rolf, E. (1994): Sagen und Meinen. Paul Grices Theorie der Konversations-Implikaturen. Opladen: Westdeutscher Verlag

Rolf, E. (1997): Illokutionäre Kräfte. Grundbegriffe der Illokutionslogik. Opladen: Westdeutscher Verlag

Rooth, M. (1996): Focus. In: Lappin, S. (Hg.) (1996): The Handbook of Contemporary Semantic Theory. Oxford: Blackwell, 271–297.

Rosengren, I. (1992a): Satztyp, Satzmodus und Illokution aus modularer Sicht. In: Hoffmann, L. (Hg.) (1992): Deutsche Syntax. Ansichten und Aussichten. Berlin/New York: de Gruyter, 435–457.

Rosengren, I. (1992b): Zur Grammatik und Pragmatik der Exklamation. In: Rosengren, I. (Hg.) (1992c): Satz und Illokution. Bd. 1. Tübingen: Niemeyer, 263–306.

Rosengren, I. (Hg.) (1992c): Satz und Illokution. Bd. 1. Tübingen: Niemeyer.

Rosengren, I. (1993a): Imperativsatz und „Wunschsatz" – zu ihrer Grammatik und Pragmatik. In: Rosengren I. (Hg.) (1993b): Satz und Illokution. Bd. 2. Tübingen: Niemeyer, 1–47.

Rosengren, I. (Hg.) (1993b): Satz und Illokution. Bd. 2. Tübingen: Niemeyer.

Rothweiler, M./Meibauer, J. (1998): Das Lexikon im Spracherwerb – ein Überblick. In: Meibauer, J./Rothweiler, M. (Hgg.) (1998): Das Lexikon im Spracherwerb. Tübingen: Francke (UTB), 9–31.

S

Sacks, H./Schegloff, E./Jefferson, G. (1974): A simplest systematics for the organization of turn-taking for conversation. In: Language 50, 696–755.

Sadock, J.M. (1978): On testing for conversational implicatures. In: Cole, P. (Hg.) (1978): Syntax and Semantics 9. Pragmatics. New York: Academic Press, 281–298.

Sadock, J.M. (1983): The Necessary Overlapping of Grammatical Components. In: Papers from the Parasession on the Interplay of Phonology, Morphology and Syntax. Chicago Linguistic Society 1983, 198–221.

Sadock, J.M. (1988): Speech act distinctions in grammar. In: Newmeyer, F.J. (Hg.) (1988): Linguistics: The Cambridge Survey. Vol. II: Linguistic Theory: Extensions and Implications. Cambridge: Cambridge University Press, 183– 197.

Sadock, J.M. (1994): Toward a grammatically realistic typology of speech acts. In: Tsohatzidis, S.L. (Hg.) (1994): Foundations of Speech Act Theory. London/New York: Routledge, 393–406.

Sadock, J.M./Zwicky, A.M. (1985): Speech act distinctions in syntax. In: Shopen, T. (Hg.) (1985): Language typology and syntactic description. Vol. I: Clause structure. Cambridge: Cambridge University Press, 155–196.

Sandt, R.A. van der (1988): Context and Presupposition. London: Croom Helm.

Schegloff, E./Jefferson, G./Sacks, H. (1977): The preference for self-correction in the organization of repair in conversation. In: Language 53, 361–382.

Scheutz, H. (1997): Satzinitiale Voranstellungen im gesprochenen Deutsch als Mittel der Themensteuerung und Referenzkonstitution. In: Schlobinski, P. (Hg.) (1997): Syntax des gesprochenen Deutsch. Opladen: Westdeutscher Verlag, 27–54.

Schiffrin, D. (1994): Approaches to Discourse. Oxford: Blackwell.

Schlobinski, P. (Hg.) (1997): Syntax des gesprochenen Deutsch. Opladen: Westdeutscher Verlag.

Scholz, U. (1991): Wunschsätze im Deutschen – Formale und funktionale Beschreibung. Satztypen mit Verberst- und Verbletztstellung. Tübingen: Niemeyer.

Schwarz, M. (1992): Einführung in die kognitive Linguistik. Tübingen: Francke (UTB).

Schwarz, M. (1997): Anaphern und ihre diversen Antezedenten: Koreferenz und Konsorten. In: Dürscheid, C./Ramers, K.H./Schwarz, M. (Hgg.) (1997): Sprache im Fokus. Festschrift für Heinz Vater zum 65. Geburtstag. Tübingen: Niemeyer, 445–455.

Schwitalla, J. (1997): Gesprochenes Deutsch. Berlin: E. Schmidt.

Searle, J.R. (1971): Sprechakte. Ein sprachphilosophischer Essay. Frankfurt/M.: Suhrkamp.

Searle, J.R. (1982a): Eine Taxonomie illokutionärer Akte. In: Searle, J.R. (1982c): Ausdruck und Bedeutung. Frankfurt/M.: Suhrkamp, 17–50.

Searle, J.R. (1982b): Indirekte Sprechakte. In: Searle, J.R. (1982c): Ausdruck und Bedeutung. Frankfurt/M.: Suhrkamp, 51–79.

Searle, J.R. (1982c): Ausdruck und Bedeutung. Untersuchungen zur Sprechakttheorie. Frankfurt/M.: Suhrkamp.

Searle, J.R. (1983): Intentionality. An essay in the philosophy of mind. Cambridge: Cambridge University Press. (dt. Übersetzung (1987): Intentionalität. Eine Abhandlung zur Philosophie des Geistes. Frankfurt/M.: Suhrkamp.).

Searle, J.R. (1989): How performatives work. In: Linguistics and Philosophy 12, 535–558.

Searle, J.R./Vanderveken, D. (1985): Foundations of Illocutionary Logic. Cambridge: Cambridge University Press.

Selting, M. (1995): Prosodie im Gespräch. Aspekte einer interaktionalen Phonologie der Konversation. Tübingen: Niemeyer.

Selting, M. (1997): Sogenannte ‚Ellipsen' als interaktiv relevante Konstruktionen? Ein neuer Versuch über die Reichweite und Grenzen des Ellipsenbegriffs für die Analyse gesprochener Sprache in der konversationellen Interaktion. In: Schlobinski, P. (Hg.) (1997): Syntax des gesprochenen Deutsch. Opladen: Westdeutscher Verlag, 117–155.

Selting, M. et al. (1998): Gesprächsanalytisches Transkriptionssystem (GAT). In: Linguistische Berichte 173, 91–122.

Shapiro, A.M./Murphy, G.L. (1993): Can You Answer a Question for Me? Processing Indirect Speech Acts. In: Journal of Memory and Language 32, 211–229.

Sinclair, M. (1995): Fitting pragmatics into the mind: Some issues in mentalist pragmatics. In: Journal of Pragmatics 23, 509–539.

Snow, C. (1995): Issues in the Study of Input, Finetuning, Universality, Individual and Developmental Differences, and Necessary Causes. In: Fletcher, P./MacWhinney, B. (Hgg.) (1995): The Handbook of Child Language. Oxford: Blackwell, 180–193.

Sökeland, W. (1980): Indirektheit von Sprechhandlungen. Eine linguistische Untersuchung. Tübingen: Niemeyer.

Sperber, D./Wilson, D. (1986 [1995²]): Relevance. Communication and Cognition. Oxford: Blackwell.

Stalnaker, R.C. (1972): Pragmatics. In: Davidson, D./Harman, G. (Hgg.) (1972): Semantics of Natural Language. Dordrecht: Reidel, 380–397.
Stechow, A. von/Wunderlich, D. (Hgg.) (1991): Semantik. Ein internationales Handbuch der zeitgenössischen Forschung (=HSK 6). Berlin/New York: de Gruyter.
Stern, C./Stern, W. ([1928[4]]1987): Die Kindersprache. Eine psychologische und sprachtheoretische Untersuchung. Darmstadt: WBG. [Nachdruck].
Strawson, P.F. (1950): On referring. In: Mind 59, 320–344.
Stutterheim, C. von (1997): Einige Prinzipien des Textaufbaus. Empirische Untersuchungen zur Produktion mündlicher Texte. Tübingen: Niemeyer.
Szagun, G. (1996[6]): Sprachentwicklung beim Kind. Weinheim: Beltz (PVU).

T

Thim-Mabrey, C. (1988): Satzadverbialia und andere Ausdrücke im Vor-Vorfeld. In: Deutsche Sprache 16, 52–67.
Thomas, J. (1995): Meaning in Interaction. An Introduction to Pragmatics. London/New York: Longman.
Thurmair, M. (1989): Modalpartikeln und ihre Kombinationen. Tübingen: Niemeyer.
Tsohatzidis, S.L. (Hg.) (1994): Foundations of Speech Act Theory. London/New York: Routledge.

U

Uhmann, S. (1991): Fokusphonologie. Tübingen: Niemeyer.
Uhmann, S. (1997a): Selbstreparaturen in Alltagsdialogen: Ein Fall für eine integrative Konversationstheorie. In: Schlobinski, P. (Hg.) (1997): Syntax des gesprochenen Deutsch. Opladen: Westdeutscher Verlag, 157–180.
Uhmann, S. (1997b): Grammatische Regeln und konversationelle Strategien. Tübingen: Niemeyer.
Uhmann, S. (1998): Verbstellungsvariation in *weil*-Sätzen: Lexikalische Differenzierung mit grammatischen Folgen. In: Zeitschrift für Sprachwissenschaft 17, 92–139.
Ullmer-Ehrich, V. (1979): Wohnraumbeschreibungen. In: Zeitschrift für Literaturwissenschaft und Linguistik 33, 58–83.

V

Vanderveken, D. (1990): Meaning and Speech Acts. Vol. I. Principles of Language Use. Cambridge: Cambridge University Press.
Vater, H. (1991a): Einführung in die Zeit-Linguistik. Hürth-Efferen: Gabel.
Vater, H. (1991b): Einführung in die Raum-Linguistik. Hürth- Efferen: Gabel.

Vater, H. (1992): Einführung in die Textlinguistik. Struktur, Thema und Referenz in Texten. München: Fink (UTB).

Vennemann, T./Jacobs, J. (1982): Sprache und Grammatik. Grundprobleme der linguistischen Sprachbeschreibung. Darmstadt: WBG.

Verschueren, J. (1987): Pragmatics as a Theory of Linguistic Adaption. In: IPRA Working Document 1, 5–127.

Verschueren, J. (1995): The pragmatic perspective. In: Verschueren, J./Östman, J.-O./ Blommaert, J. (Hgg.) (1995): Handbook of Pragmatics. Manual. Amsterdam/Philadelphia: Benjamins, 1–19.

Verschueren, J. (1998): Understanding Pragmatics. London: Arnold.

Verschueren, J./Östman, J.-O./Blommaert, J. (Hgg.) (1995): Handbook of Pragmatics. Manual. Amsterdam/Philadelphia: Benjamins.

W

Wagner, K.R. (Hg.) (1990ff.): Das Dortmunder Korpus der spontanen Kindersprache. 13 Bde. Essen: Die blaue Eule.

Wales, R. (1986): Deixis. In: Fletcher, P./Garman, M. (Hgg.) (1986): Language Acquisition. 2nd edition. Cambridge: Cambridge University Press, 401–428.

Ward, G.L./Hirschberg, J. (1990): A pragmatic analysis of tautological utterances. In: Journal of Pragmatics 15, 507– 520.

Wiese, R. (1982): Remarks on modularity in cognitive theories of language. In: Linguistische Berichte 80, 18–31.

Wilson, D./Sperber, D. (1991): Pragmatics and Modularity. In: Davis, S. (Hg.) (1991): Pragmatics. A Reader. New York/Oxford: Oxford University Press, 583–595.

Wunderlich, D. (1976): Studien zur Sprechakttheorie. Frankfurt/M.: Suhrkamp.

Wunderlich, D. (1980): Arbeitsbuch Semantik. Kronberg/Ts.: Athenäum.

Wunderlich, D. (1986): Wie kommen wir zu einer Typologie der Sprechakte? In: Neuphilologische Mitteilungen 87, 498–509.

Y

Yule, G. (1996): Pragmatics. Oxford: Oxford University Press.

Z

[ZHS=] Zifonun, G./Hoffmann, L./Strecker, B. et al. (1997): Grammatik der deutschen Sprache. 3 Bde. Berlin/New York: de Gruyter.

15. Glossar

Dieses Glossar umfaßt eine Auswahl der im Text erläuterten und dort hervorgehobenen Begriffe. Zugang zu den genauen Textstellen findet man durch das Sachregister (Kap. 16). Die Definitionen sind möglichst einfach und knapp gehalten. Zu weiteren Begriffen, ausführlicheren Erläuterungen und Literaturangaben siehe auch die verschiedenen terminologischen Lexika, insbesondere BUSSMANN (1990^2).

Anakoluth
Satzabbruch, der von einem Sprecher absichtlich (als rhetorisches Mittel) oder unabsichtlich produziert wird.

Anapher
Das Wort (typischerweise ein Pronomen), mit dem man sich auf ein anderes Wort im Text (den Antezedenten) zurückbezieht, z.B. „Der Weihnachtsmann kommt morgen. *Er* bringt uns viele Gaben." ⇒ Katapher

An das *K*ind *g*erichtete *S*prache (KGS)
An Kinder gerichtete Äußerungen von Erwachsenen, die sich durch bestimmte Eigenschaften (z.B. langsamer, kürzer, hochtoniger) von vergleichbaren Äußerungen unter Erwachsenen unterscheiden.

Anpassungsrichtung (engl. direction of fit)
Art des Bezugs des propositionalen Gehalts eines Sprechakts auf die Welt, z.B. Wort-an-Welt bei Assertiven und Welt-an-Wort bei Direktiven. ⇒ Tabelle 7.4, S. 96

Antezedent
Das Wort, auf das man sich mit einer Anapher zurückbezieht, z.B. „*Der Weihnachtsmann* kommt morgen. Er bringt uns viele Gaben."

Assertive
Klasse von Sprechakten nach J. R. SEARLE, zu der z.B. Behauptungen, Feststellungen, Voraussagen gehören.

Ausrufesatz ⇒ Exklamativsatz

Äußerungsakt
Derjenige Teilakt des Sprechakts, der in der Äußerung von Sätzen (Wörtern, Morphemen) besteht. ⇒ propositionaler Akt, ⇒ illokutionärer Akt

Äußerungsbedeutung
Ebene der Bedeutung im Modell von M. BIERWISCH, auf der unter Rückgriff auf den Äußerungskontext u. a. deiktische Variablen gefüllt werden. ⇒ Satzbedeutung, ⇒ kommunikativer Sinn

Bekanntheit (engl. givenness)
Ein von Sprecher und Hörer gleichermaßen geteiltes Wissen, z.B. in Bezug auf den Referenten einer Nominalphrase. ⇒ Tabelle 11.1, S. 148

Deixis
Verweisen auf Personen, Orte und Zeiten mithilfe deiktischer Ausdrücke, z.B. *ich* –

hier – jetzt. Die wichtigsten Typen der Deixis sind Personaldeixis, ⇒ Lokaldeixis, ⇒ Temporaldeixis.

Deklarationen
Klasse von Sprechakten nach J. R. SEARLE, zu der z.B. Taufen, Eröffnen einer Sitzung, Kriegserklärung gehören.

Deklarativsatz (Aussagesatz)
Im Deutschen ein Satz mit Verbzweitstellung und fallendem Tonmuster, z.B. *Peter kocht die Suppe*.

Direktive
Klasse von Sprechakten nach J.R. SEARLE, zu der z.B. Aufforderungen, Befehle, Bitten gehören.

Einstellung
Durch Einstellungsausdrücke angezeigte psychische Haltung zu einer Proposition. Einstellungsausdrücke können propositional sein (z.B. *Fritz weiß*, daß p = propositionale Einstellung) oder nicht-propositional (z.B. *Hoffentlich* p = Sprechereinstellung).

E-Interrogativsatz
(Entscheidungsfragesatz)
Satztyp mit Verberststellung und typischerweise steigendem Tonmuster, z.B. *Kommst du mit*? Auf Entscheidungsfragen wird in der Regel mit *Ja /Nein* geantwortet.

Ellipse
Unvollständiger Satz, dessen fehlende Elemente lexikalisch, syntaktisch oder pragmatisch rekonstruiert werden müssen.

Entailment ⇒ Implikation, semantische

Entscheidungsfragesatz
⇒ E-Interrogativsatz

Ergänzungsfragesatz
⇒ W-Interrogativsatz

Erwerbsphasen
Phasen des kindlichen Spracherwerbs. Man unterscheidet die Phasen der Einwortäußerung, der Zweiwortäußerung, der Drei- und Mehrwortäußerung und der komplexen Strukturen.

Exklamativsatz
Satztypen, die durch einen Exklamativakzent und eine Einstellung des Staunens über den durch die Proposition bezeichneten Sachverhalt gekennzeichnet sind, z.B. *Klingelt DÈR aber heftig!*

Explikatur
In der Relevanztheorie verwendeter Begriff (im Gegensatz zur ⇒ Implikatur), der die Anreicherung einer Äußerung mit Information bezeichnet.

Expressive
Klasse von Sprechakten nach J.R. SEARLE, zu der z.B. Grüße, Entschuldigungen und Gratulationen gehören.

Extension
Klasse der Elemente, die ein sprachlicher Ausdruck bezeichnet. ⇒ Intension

Fokus/Rhema
Neue, nicht schon aus dem Kontext bekannte Information. Z.B. ist in der Antwort *Fritz hat PETER getroffen* auf die Frage *Wen hat Fritz getroffen?* der Ausdruck *Peter* der Fokus/das Rhema.

Gesicht (engl. face)
Öffentliches Ansehen einer Person, welches durch gesichtsbedrohende Akte beschädigt, durch gesichtswahrende Akte erhalten werden kann.

Gespräch ⇒ Konversation

Glückensbedingungen
Bedingungen, die erfüllt sein müssen, damit ein Sprechakt gelingen kann. Die wichtigsten Bedingungen sind nach J. R. SEARLE die Bedingung des propositionalen Gehalts, die Einleitungsbedingung, die Aufrichtigkeitsbedingung und die Wesentliche Bedingung. ⇒ Tabelle 7.2, S. 90

Gradpartikel (Fokuspartikel)
Unflektierbare Wörter, die zusammen mit einer Bezugskonstituente im Vorfeld stehen können und eine quantifizierende oder skalierende Bedeutung aufweisen, z.B. „*Nur/sogar Peter* hat protestiert."

Grammatik
Sprachliches System, welches die Form von Sätzen bestimmt. Grammatische Komponenten sind die Phonologie, Morphologie, Syntax und Semantik sowie in manchen Ansätzen das Lexikon.

Hintergrund/Thema
Alte, aus dem Kontext schon bekannte Information. Z.B. ist in der Antwort *Fritz hat PETER getroffen* auf die Frage *Wen hat Fritz getroffen?* der Ausdruck *Fritz hat jemand getroffen* der Hintergrund/das Thema.

Hintergrundwissen
Das gemeinsame Wissen von Sprecher und Hörer, das in ihrer Konversation vorausgesetzt wird.

Höflichkeit
Ausdruck sozialer Distanz oder Nähe mithilfe sprachlicher (z.B. Duzen/Siezen) oder nicht-sprachlicher Mittel. Höflichkeit manifestiert sich unter anderem in gesichtsbedrohenden oder gesichtsbewahrenden Akten. ⇒ Gesicht

illokutionärer Akt/Illokution
Teilakt eines Sprechakts nach J.R. SEARLE, wie z.B. Versprechen, Behauptung, Frage, Aufforderung.

illokutionärer Indikator (engl. *i*llocutionary *f*orce *i*ndicating *d*evice/IFID)
Jedes sprachliche Mittel, das eine Illokution explizit macht, z.B. performative Verben, der Satztyp, die Intonation, Modalpartikeln, Modalverben, etc.

Imperativsatz
Satztyp, der im Deutschen durch den Verbmodus Imperativ und fallende Intonation gekennzeichnet ist, z. B. *Gib das sofort her!*

Implikation, semantische (engl. entailment)
Logisch-semantischer Schluß aufgrund der wörtlichen Bedeutung eines Satzes, z.B. *Fritz ist ein Junggeselle ⇒ Fritz ist unverheiratet.*

Implikatur
⇒ konventionelle Implikatur
⇒ konversationelle Implikatur

indirekter Sprechakt
Form und Funktion einer Äußerung entsprechen einander nicht, z.B. wenn die Äußerung *Die Tür ist offen* als Aufforderung (primäre Illokution) statt als Feststel-

lung (sekundäre Illokution) aufgefaßt wird. ⇒ Tabelle 8.1, S. 102

Informationsstruktur
Gliederung einer Äußerung nach ⇒ Fokus/Rhema und ⇒ Hintergrund/Thema (und weiteren Dimensionen, wie z.B. Topik – Kommentar).

Inskription
Phonetische oder graphische Repräsentation eines Sprechakts.

Intension
Semantische Merkmale („Sinn") eines sprachlichen Ausdrucks, durch die seine ⇒ Extension (Klasse der Elemente, die er bezeichnet) bestimmt wird.

Interaktionssystem
System im Modell von M. BIERWISCH, das das Wissen über die Regularitäten des sprachlichen Handelns (einschließlich des kommunikativen Sinns) enthält.

Interjektion
Interjektionen sind unflektierbare Wörter wie *pfui*, *pst*, *au* etc.; sie dienen der Signalisierung von Bewertungen, Emotionen oder Illokutionen.

Ironie
Mit einer ironischen Äußerung wird im allgemeinen das Gegenteil von dem gemeint, was gesagt wird, z.B. *Das hast du wieder fein hingekriegt* im Sinne von ‚Das ist total schiefgegangen'.

Katapher
Das Wort (typischerweise ein Pronomen), mit dem man sich auf ein anderes Wort im Text vorbezieht, z.B. „*Er* bringt uns viele

Kognition
Der menschliche Geist, der unter anderem Prozesse und Strukturen des Wahrnehmens, Denkens und Sprechens umfaßt.

Kommissive
Klasse von Sprechakten nach J. R. SEARLE, zu der z.B. Versprechen, Geloben, Vereinbaren gehören.

kommunikativer Sinn
Im Ansatz von M. BIERWISCH diejenige Bedeutung eines Sprechakts, die sich in einer spezifischen Interaktionssituation ergibt. ⇒ Satzbedeutung, ⇒ Äußerungsbedeutung

Kompetenz
Wissen jedes Sprechers einer natürlichen Sprache, welches die grammatische Kompetenz (Wissen über die Grammatik einer Sprache) und die pragmatische Kompetenz (Wissen darüber, wie die Grammatik in Äußerungssituationen anzuwenden ist) enthält.

Konstanz unter Negation
Typische Eigenschaft von Präsuppositionen, welche durch die Negationsprobe getestet wird: *Nastassjas Tochter ist volljährig/Nastassjas Tochter ist nicht volljährig >> Nastassja hat eine Tochter.*

Kontext
Der Kontext einer Äußerung umfaßt mindestens den Sprecher, einen oder mehrere Hörer, einen Zeitpunkt, einen Ort sowie das gemeinsame Hintergrundwissen.

Kontextabhängigkeit
Eigenschaft konversationeller Implikatu-

einem veränderten Kontext brauchen sie nicht aufzutreten.

konventionelle Implikatur
Implikatur, die auf der konventionellen Bedeutung von Wörtern basiert, und daher nicht rekonstruierbar, streichbar und kontextvariabel ist, z.B. die mit *aber* verbundene Implikatur des Konstrasts in *Nastassja ist reich, aber unglücklich.*

Konversation (Gespräch)
Alltägliche, mündliche Kommunikation zwischen zwei oder mehr Personen.

Konversationsanalyse
Theoretischer Ansatz, der sich mit der Analyse der Konversationsstruktur befaßt.

konversationelle Implikatur
Nach der Theorie von P. GRICE pragmatische Schlußfolgerungen aus einer Äußerung, welche rekonstruierbar, kontextvariabel und streichbar sind.

Konversationsmaximen
Die Maximen der Quantität, Qualität, Relevanz und Modalität in der Implikaturentheorie von P. GRICE. ⇒ Tabelle 3.1, S. 25

Konversationsstruktur
Systematische Eigenschaften von Konversationen, z.B Organisation des Sprecherwechsels (⇒ Sprecherwechselsystem), Aufbau von ⇒ Nachbarschaftspaaren und ⇒ Redebeiträgen.

konzeptuelles System
System im Modell von M. BIERWISCH, welches unter anderem das Situationswissen enthält, das für die Füllung deiktischer Variablen zuständig ist.

Kooperationsprinzip
Prinzip in der Implikaturentheorie von P. GRICE, dem die einzelnen Konversationsmaximen untergeordnet sind.
⇒ Tabelle 3.1, S. 25

Lokaldeixis
Sprachliches Verweisen auf Orte. Lokaldeiktische Ausdrücke sind z.B. *hier*, *dort*, *da*.

Löschbarkeit ⇒ Streichbarkeit

Maximen der Modalität
Konversationsmaximen in der Implikaturentheorie von P. GRICE, die sich auf die Klarheit des Geäußerten beziehen.

Maximen der Qualität
Konversationsmaximen in der Implikaturentheorie von P. GRICE, die sich auf die Wahrheit des Geäußerten beziehen.

Maximen der Quantität
Konversationsmaximen in der Implikaturentheorie von P. GRICE, die sich auf die Informativität des Geäußerten beziehen.

Maxime der Relevanz
Konversationsmaxime in der Implikaturentheorie von P. GRICE, die die Relevanz des Geäußerten im Gesprächszusammenhang fordert.

Metapher
Metaphern sind ein Fall von übertragener, nicht-wörtlicher Bedeutung, z.B. *Dieser Porsche hat dicke Socken* (‚Reifen‘).

Modularität
Aufbau eines Modells eines Gegenstands oder einer Theorie aus Modulen (Kompo-

nenten), welche durch jeweils eigene Einheiten und Regularitäten gekennzeichnet sind.

Optativsatz (Wunschsatz)
Satztyp mit Verberststellung, finitem Verb im Konjunktiv II und fallender Intonation, z.B. *Wärst du doch in Düsseldorf geblieben*!

Origo (lat. origo ‚Ursprung')
Die Ich-Jetzt-Hier-Origo ist in K. BÜHLERS Sprachtheorie der Ausgangspunkt der personalen, temporalen und lokalen Struktur einer Äußerung. ⇒ Deixis

Paarsequenz (engl. adjacency pair)
Paar benachbarter Sprechakte/Redebeiträge, die konversationell aufeinander bezogen sind, z.B. Frage/Antwort, Vorwurf/Entschuldigung, Gruß/Gegengruß.

performative Äußerung
Eine performative Äußerung liegt vor, wenn ein performatives Verb in der 1. Ps. Sg. Ind. Präs. Akt. (evt. zusammen mit dem Ausdruck *hiermit*) verwendet wird und den ausgeführten Sprechakt bezeichnet, z.B. *Ich verspreche dir (hiermit), zu kommen* (= Versprechen).

performatives Verb
Verb, das in ⇒ performativen Äußerungen verwendet wird.

Personaldeixis
Sprachliches Verweisen auf Personen. Personaldeiktische Ausdrücke sind z.B. *ich*, *wir*, *ihr*.

Prädikation
Nach J. SEARLE das Zusprechen einer Eigenschaft, z.B. wird in dem Satz *Fritz raucht Pfeife* dem Referenten Fritz die Eigenschaft zugesprochen, Pfeife zu rauchen (= Prädikation).

Pragmatik
Je nach sprachwissenschaftlichem Ansatz Theorie über kontextabhängige Bedeutung, Theorie der Sprachverwendung, Theorie der pragmatischen Kompetenz (weitere Definitionen in Kapp. 1, 5, 9); als pragmatische Kerngebiete betrachtet man mit S. LEVINSON meist Deixis, Präsupposition, Implikatur, Sprechakt und Konversationsstruktur.

pragmatische Erwerbsprinzipien
Prinzipien nach E. CLARK, die den Wortschatzerwerb von Kindern betreffen, insbesondere das Prinzip der Konventionalität (Kinder orientieren sich an den gebräuchlichen Bezeichnungen) und das Prinzip des Kontrasts (Kinder erwarten Bedeutungsverschiedenheit von Wörtern aufgrund von Formunterschieden).

pragmatische Module
Module der Pragmatik sind nach Auffassung von A. KASHER die Kernpragmatik, die Konversationspragmatik, die Zentralpragmatik und die Schnittstellen-Pragmatik.

Präsupposition
Eine Voraussetzung, die der Sprecher in der Konversation macht. Diese kann durch bestimmte präsuppositionale Elemente explizit gemacht werden, vgl. Tab. 4.1, S.48. Ein klassischer Test zur Ermittlung von Präsuppositionen ist der Negationstest, der auf ⇒ Konstanz unter Negation basiert.

primäre Illokution
Gemeinte Illokution, z.B. Aufforderung bei der Äußerung *Da ist die Tür*.

Proposition
Der wahrheitsbewertungsfähige Inhalt einer Äußerung, z.B. ist die Proposition des Satzes *Fritz liebt halt Beethoven* gleich ‚daß Fritz Beethoven liebt'.

propositionaler Akt
Teilakt des Sprechakts nach J. SEARLE, der aus Referenz (dem referentiellen Akt) und Prädikation (dem prädikativen Akt) besteht.

Prosodie
Sammelbegriff für sprachliche Eigenschaften wie Akzent, Intonation, Pausen, Sprechgeschwindigkeit, Rhythmus, etc.

Quaestio-Ansatz
Ansatz von W. KLEIN und C. V. STUTTERHEIM, der die Text-/Konversationsstruktur als Antwort auf eine Ausgangsfrage (der Quaestio) auffaßt.

Redebeitrag (engl. turn)
Die Gesamtheit der Äußerungen eines Sprechers bis zur Übernahme des Rederechts durch einen Hörer.

Referenz
Sprachliche Bezugnahme auf Personen, Dinge oder Sachverhalte durch referierende Ausdrücke, z.B. Eigennamen oder definite Kennzeichnungen. Im Ansatz von J. SEARLE macht die Referenz/der referentielle Akt zusammen mit der Prädikation/dem prädikativen Akt die Proposition/den propositionalen Akt aus. Als Referenten bezeichnet man diejenige Entität, auf die beim Sprechakt Bezug genommen wird.

Rekonstruierbarkeit
Rekonstruierbarkeit, verstanden als Simulation eines Griceschen Schlußprozesses, ist eine zentrale Eigenschaft konversationeller Implikaturen.

Relevanztheorie
Kognitiv-pragmatischer Ansatz von D. SPERBER und D. WILSON, der Relevanz als größtmögliche Informativität bei kleinstmöglichem Verarbeitungsaufwand definiert.

Reparatur
Korrektur des Geäußerten, durch den Sprecher selbst (Selbstreparatur) oder den Hörer (Fremdreparatur), aufgrund von eigener Initiative (Selbstinitiierung) oder von Hörerinitiative (Fremdinitiierung).
⇒ Tabelle 10.2, S. 141

rhetorische Frage
Frage, der kein Informationsbedürfnis zugrundeliegt, sondern eine (indirekte) Behauptung, z.B. *Wer will das schon*? im Sinne von ‚Das will doch keiner!'

Satzbedeutung
Wörtliche Bedeutung eines Satzes nach M. BIERWISCH im Gegensatz zur ⇒ Äußerungsbedeutung und zum kommunikativen Sinn. Die Satzbedeutung wird durch die Semantik (als Teil der Grammatik) festgelegt und kann mit den ⇒ Wahrheitsbedingungen des Satzes identifiziert werden.

Satzmodus
Strukturelle Bedeutung von Satztypen (Satzmodalität), je nach Ansatz erfaßt durch einen Einstellungstyp oder einen Referenztyp.

Satztyp
Als grundlegende Satztypen können im Deutschen unterschieden werden: Dekla-

rativsatz (Aussagesatz), E-Interrogativsatz (Entscheidungsfragesatz), W-Interrogativsatz (Ergänzungsfragesatz), Imperativsatz (Aufforderungssatz), Exklamativsatz (Ausrufesatz) und Optativsatz (Wunschsatz). Die Unterscheidung wird im Ansatz von H. ALTMANN durch intonatorische, kategoriale, morphologische und Reihenfolge-Merkmale vorgenommen.

sekundäre Illokution
Bei einem indirekten Sprechakt die zugrundeliegende, nicht gemeinte Illokution, z.B. ist bei *Da ist die Tür* (primäre Illokution: Aufforderung) die sekundäre Illokution eine Feststellung.

Semantik
Theorie über die wörtliche, kontextunabhängige Bedeutung von Wörtern und Sätzen.

Sprechakt
Sprachliche Handlung wie z.B. das Versprechen. Sprechakte bestehen nach J. SEARLE aus dem ⇒ Äußerungsakt, dem ⇒ propositionalen Akt und dem ⇒ illokutionären Akt (der Illokution). Sie werden durch ⇒ Glückensbedingungen definiert. ⇒ Tabelle 7.1, S. 86

Sprecherwechselsystem
Regeln, nach denen ein Sprecherwechsel (Übergabe bzw. Übernahme des Rederechts) stattfindet. ⇒ Tabelle 10.1, S. 132

Streichbarkeit (Löschbarkeit)
Die Streichbarkeit eines Bedeutungselements durch einen Zusatz zur Äußerung (ohne daß ein Widerspruch entsteht) ist ein Indiz für die Kontextabhängigkeit des Bedeutungselements; Streichbarkeit ist eine zentrale Eigenschaft konversationeller Implikaturen.

Tautologie
Äußerung vom Typ *Geschäft ist Geschäft*, die an und für sich uninformativ (weil immer wahr) ist, jedoch konversationelle Implikaturen auslöst.

Temporaldeixis
Sprachliches Verweisen auf Zeiten. Temporaldeiktische Ausdrücke sind z.B. *jetzt, gestern, übermorgen*; auch das Tempus gehört zur Temporaldeixis.

Transkription
Schriftliche Wiedergabe eines Gesprächs zum Zwecke der Konversationsanalyse mithilfe bestimmter Transkriptionssysteme.

übergaberelevante Stelle (engl. transition relevance place)
Stelle im Konversationsverlauf, an der ein Sprecherwechsel stattfinden kann.

Verbstellungstyp
Im Deutschen unterscheidet man Verberststellung (kein Vorfeld), Verbzweitstellung (Vorfeld besetzt) und Verbendstellung (finites Verb in der rechten Satzklammer).

Verum-Fokus
Hervorhebung des finiten Verbs oder eines nebensatzeinleitenden Elements zur Unterstreichung eines Wahrheitsanspruchs, z.B. [A: *Hat Fritz gelogen*? B:] *Fritz HAT gelogen*.

Wahrheitsbedingungen
Bedingungen für die Wahrheit eines Satzes, z.B. ist der Satz *Fritz trifft sich mit Nastassja* genau dann wahr, wenn sich Fritz mit Nastassja trifft, sonst falsch. Die Wahrheitsbedingungen eines Satzes ergeben sich aus der wörtlichen Bedeutung des Satzes.

Wahrheitswert
Wahrheitswerte sind wahr/falsch. Zur Bestimmung des Wahrheitswertes eines Satzes muß der Kontext einer Äußerung bekannt sein.

W-Interrogativsatz (Ergänzungsfragesatz)
Satztyp, bei der ein W-Wort im Vorfeld steht, Verbzweitstellung vorliegt und typischerweise ein fallendes Tonmuster vorhanden ist, z.B. *Wer kommt da*? Bei einer W-Frage wird eine Antwort erwartet, die die durch das W-Wort angezeigte Lücke füllt, z. B. *Nastassja*.

wörtliche Bedeutung
Kontextunabhängige Bedeutung, der Gegenstand der Semantik.

Wortschatzspurt
Phase im Spracherwerb von Kindern, in welcher der Wortschatz rapide erweitert wird.

16. Sachregister

Das Sachregister enthält die im Text fettgedruckten und dort erläuterten Fachausdrücke. Die mit einem Stern * versehenen Stichwörter werden zusätzlich im Glossar (Kap. 15) knapp definiert. Die Ziffern verweisen auf die entsprechenden Seitenzahlen.